U0604211

清代學術名著叢刊

讀書雜志（一）

[清] 王念孫 撰
徐煒君 樊波成 虞思徵 張靖偉 等 校點

上海古籍出版社

圖書在版編目(CIP)數據

讀書雜志／(清)王念孫撰；徐煒君等點校. —上海：上海古籍出版社，2014.7（2022.8重印）
(清代學術名著叢刊)
ISBN 978-7-5325-7150-5

Ⅰ.①讀… Ⅱ.①王… ②徐… Ⅲ.①經學—訓詁—研究 Ⅳ.①H131.6

中國版本圖書館CIP數據核字(2013)第310644號

清代學術名著叢刊

讀書雜志

(全五册)

[清]王念孫　撰

徐煒君等　點校

上　海　古　籍　出　版　社　出　版　發　行

(上海市閔行區號景路159弄1-5號A座5F　郵政編碼201101)

(1) 網址：www.guji.com.cn

(2) E-mail：guji1@guji.com.cn

(3) 易文網網址：www.ewen.co

上海中華商務聯合印刷有限公司印刷

開本850×1168　1/32　印張91.5　插頁24　字數1,760,000

2014年7月第1版　2022年8月第8次印刷

印數：5,201—6,000

ISBN 978-7-5325-7150-5

H·110　定價：398.00元

如有質量問題，請與承印公司聯繫

王念孫像

戰國策弟二　　讀書雜志

高郵王念孫

楚

虛辭

夫從人者、飾辯虛辭、高主之節行、念孫案、虛辭、本作曼辭、後人據史記張儀傳改之耳、文選報任少卿書、今雖欲自雕琢曼辭以自飾、李善注、如淳曰、曼、美也、戰國策蘇秦曰、當作張儀夫從人飾辯曼辭、曼音萬、據此、則策文本作曼辭、與史記異也、

兩虎相搏

家刻本《讀戰國策雜志》書影

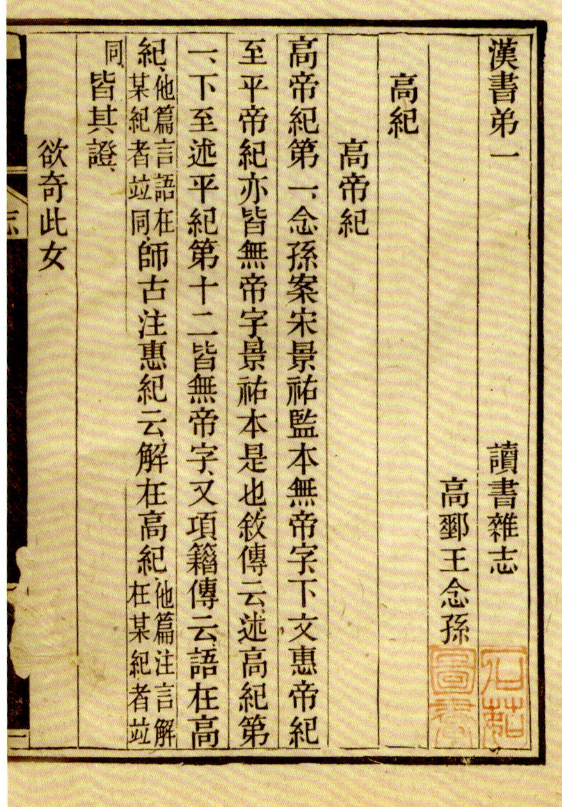
漢書弟一　讀書雜志

高郵王念孫

高紀

高帝紀

高帝紀第一、念孫案宋景祐監本無帝字、下文惠帝紀至平帝紀亦皆無帝字、景祐本是也、敘傳云述高紀第一、下至述平紀第十二、皆無帝字、又項籍傳云語在高紀、他篇言語在某紀者竝同、師古注惠紀云解在高紀、他篇注言解在某紀者竝同、皆其證、

欲奇此女

家刻本《讀漢書雜志》書影

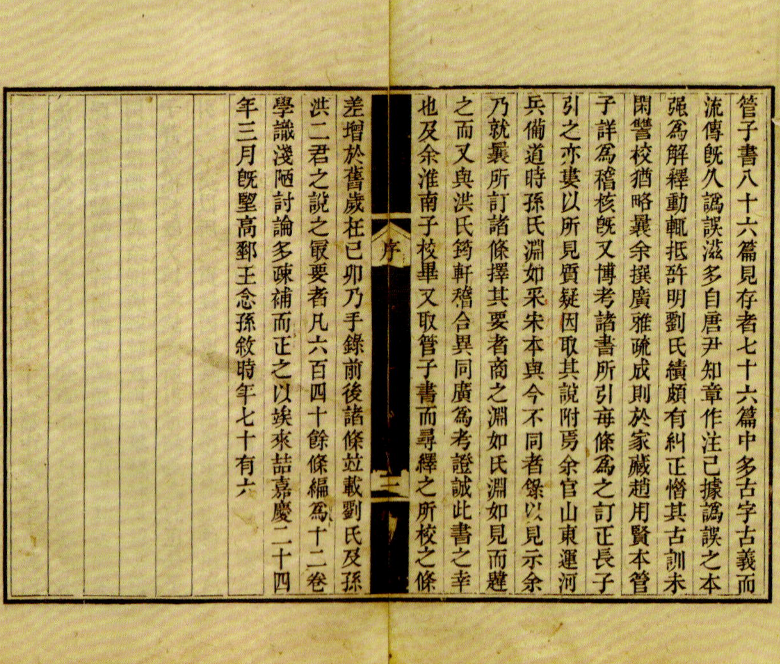

管子書八十六篇見存者七十六篇中多古字古義而
流傳既久譌誤滋多自唐尹知章作注已據譌誤之本
强爲解釋動輒抵牾明劉氏績頗有糾正惜其古訓未
閑讐校猶略曩余撰廣雅疏成則於家藏趙用賢本管
子詳爲稽核既又博考諸書所引每條爲之訂正長子
引之亦婁以所見質疑因取其說附焉余官山東運河
兵備道時孫氏淵如采宋本與今不同者錄以見示余
乃就曩所訂諸條擇其要者商之淵如氏淵如見而韙
之而又與洪氏筠軒稽合異同廣爲考證誠此書之幸
也及余校淮南子畢又取管子書而尋繹之所校之條

序　三

差增於舊歲在己卯乃手錄前後諸條並載劉氏及孫
洪二君之說之最要者凡六百四十餘條編爲十二卷
學識淺陋討論多疏補而正之以俟來喆嘉慶二十四
年三月既望高郵王念孫敘時年七十有六

家刻本《讀管子雜志》序

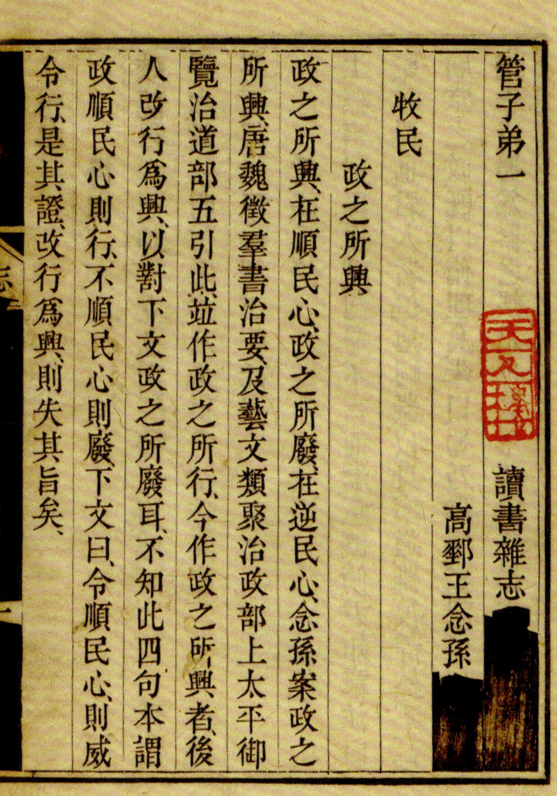

管子弟一　讀書雜志

高郵王念孫

牧民

政之所興

政之所興、在順民心、政之所廢、在逆民心、念孫案政之所興、唐魏徵羣書治要及藝文類聚治政部上太平御覽治道部五引此竝作政之所行、今作政之所興者、後人改行爲興、以對下文政之所廢耳、不知此四句本謂政順民心則行、不順民心則廢、下文曰、令順民心、則威令行、是其證、改行爲興、則失其旨矣、

家刻本《讀管子雜志》書影

皇清經解續編卷二百九　　南菁書院

逸周書雜志一　　高郵王念孫懷祖著

政

度訓篇力爭則力政力政則無讓念孫案政與征同古字多以政爲征不可枚舉力征謂以力相征伐吳語曰以力征一二兄弟之國大戴記用兵篇曰諸侯力政不朝於天子皆是也又大武篇武有七制政攻侵伐陳戰鬭今本七誤作六陳誤作摶又脫鬭字辯見本篇政亦與征同故與攻侵伐陳戰鬭並列而爲七而孔注云政者征伐之政則誤讀爲政事之政矣

力竟

揚舉力竟盧氏抱經曰力竟疑力競之訛競盛也强也念孫案

《皇清經解續編》本《讀逸周書雜志》書影

題作二校

經傳攷證序

余曩與劉端臨台拱善端臨數以所為經說示余余歎其好古而能求是深得作者之意而不為傳注所域其學識有過人者朱武曹彬端臨之內兄弟也其識與端臨相伯仲昔在京師與余講論經義多相符合今年寓書於余以所作經傳攷證八卷見示余讀而善之其中若書之朋淫于家一無起穢以自臭予仁若考以修我西土遏佚前人光在家不知天命不易及釋大一篇詩之維葉莫莫秩秩斯干如竹苞矣如松茂矣則敢多又厥猶翼翼居然生子辭之懌矣民之莫矣禮記之疑女於夫子非意之也左傳之憂心

高郵王念孫

王念孫手稿《經傳考證序》之一

鸛焉、不蓋、不義、寶龜、僂句、五叔無官、論語之食饐而餲二句、微子去之三句、孟子之堯之於舜也一節、以及光字、方字、弔字、焉亦丕誕洪諸字、皆揆之文義而安、求之古訓而合、采漢唐宋諸儒之所長、而化其鑿空之病、与拘牽之習、蓋非置前人之說而不之用、乃師前人之說而善用之者也、至其援據之確、搜討之精、非用力之深且久者、不能有是、是〻可謂傳注之功臣矣、讀武曹書訖、因舉其犖〻大者、以告於經學之士云、道光二年六月既望高郵王念孫時年七十有九

王念孫手稿《經傳考證序》之二

本書出版得到國家古籍整理出版專項經費資助

上海交通大學經學文獻研究中心項目

高郵二王著作集

主　編：虞萬里

副主編：黄曙輝

點校人員（以姓氏筆畫爲序）：

王園園　李花蕾　沈毅驊　馬　濤　徐煒君

張　鉉　張靖偉　程羽黑　虞思徵　鄭　蕊

趙思木　樊波成　龔志偉

高郵二王著作集出版説明

顧炎武《日知録》和《九經誤字》牖導清代校勘、考訂式學術筆記，邵晉涵《爾雅正義》則開啓學者字韻書疏證。乾嘉以還，學者由經而史，而子而集，潭思深研，時術密藝，一時名著如姚黄魏紫，各盡其妍。其中獨樹一幟，卓爾堪傳，傳且能久者，當推高郵王念孫、王引之父子所著《廣雅疏證》《讀書雜志》《經義述聞》及《經傳釋詞》四種。

王念孫，字懷祖，號石臞，亦作石渠，乾隆九年（一七四四）三月十三日生於高郵里第。幼年隨其父禮部尚書安國寓京，生而穎悟，四歲讀《尚書》，隨口成誦，已有神童之目。十歲讀遍十三經，旁涉史籍。二十一年（一七五六）安國延請碩儒戴震館於家，使念孫從學。相從一年，念孫問震曰：「弟子將何學而可？」震沉思良久而曰：「君之才，竟無所不可也。」期許甚高。二十二年（一七五七）遭父喪，扶柩歸里，從同邑夏嘯門學舉業。服闋，應童子試，州試第二，府院試皆第一。年十九，娶吴恭人。此後數年，與江都汪中、寶應劉台拱、興化任大椿、歙縣程瑶田等書札往返，討論古學。三十年（一七六五）乾隆巡幸江南，念孫以迎鑾獻頌詔賜舉人。明年會試不第，在京購得江永《古韻標準》，始治古韻之學，返里後取三百篇反覆尋繹，分古韻爲二十一部。後兩試春闈皆不第，在京得謁朱筠之門，與談六書精義，始研治《説文》字學，並爲朱筠校正小徐本《説文》《大戴禮記》等。四十年（一七七五）中進士，殿試賜二甲第七名，改翰林院庶吉士。旋乞假歸里，獨居於鄉邑之湖濱精舍，窮蒐冥討，著述盈箱，爲日後著《廣雅疏證》《讀書雜志》等奠定學術基礎。四年後入都，供職翰林，恒日手一編，不與人事。次年補行散館，以試《日處君而盈度賦》列一等第五名，奉旨任工部都水司主事，自是與治水結不解之緣。因字學精深，於四十七年（一七八二）充任四庫全書館篆隸校對官，成就卓著。四十九年（一七八四）補工部虞衡司主事，次年，擢工部營繕司員外郎，保送御史。明年，擢工部製造庫郎中。五十二年（一七八七），奉旨從工部侍郎德曉峰往勘浙江海塘工，次年，補陝西道監察御史，明年，轉山西道監察御史，又轉京畿道監察御史。嘉慶二年（一七九七），轉吏科掌印給事中。四年（一七九九）正月，密草奏疏《敬陳剿賊事宜摺》彈劾和珅，指責和珅受乾隆「知遇之隆，位居台輔，爵列上公，不思鞠躬盡瘁，惟知納賂營私，圖一己之苞苴，忘國家之大計，金錢充於私室，鋪面遍於畿輔」，謂「和珅之罪不減於教匪。内賊不除，外賊不可得而滅也」，並以乾隆比帝堯，嘉慶比虞舜，而將和珅況共工、驩兜，直逼嘉慶誅殛和珅。佞臣伏法，天下稱快，念孫亦因此英名遠播。旋奉命巡視淮安漕務，特授直隸永定河道，九年（一八〇四），予四品頂戴，賞授山東運河道，十三年（一八〇八），調任直隸永定河道。嘉慶十五年（一八一〇），永定河洪水泛濫，兩岸同時滿溢，念孫具奏，自請治罪，得旨以六品休致。適長子引之自河南學政歸，乃迎養於京邸。自後除隨引之往濟南學署數年，皆在京城生活。晚年嘗病手足偏枯之疾，猶忘憂忘食，鋭意著述，終成《讀書雜志》八十四卷。道光十二年（一八三二）正月二十四日，卒於北京寓所，年八十九。

念孫一生著作豐贍，《廣雅疏證》《讀書雜志》外，已刊者尚有《方言疏證補》一卷，《釋大》八篇，《毛詩群經楚辭古韻譜》二卷，《王光禄遺文集》六卷，《王石臞先生遺文》四卷，《王石臞文集補編》一卷，《丁亥詩鈔》一卷，《春圃府君行狀》一卷，未刊稿本有《雅詁表》二十一卷，《爾雅分韻》四卷，《方言廣雅小爾雅分韻》一卷，《古音義雜記》不分卷，《雅詁纂》一卷，《疊韻轉語》不分卷，《周秦韻譜》一卷，《兩漢合韻譜》十七卷，《諧聲譜》二卷，《古音索隱》不分卷，《雅音釋》一卷，《逸周書戰國策合韻譜》一卷，《説文諧聲譜》不分卷，《諧聲表》二卷。其他《群經字類》《六書正俗》《説文考正》《讀説文札記》等，雖未定稿成書，而精義卓見，皆爲日後著作所取資。其校讀他人著作，時有簽記，後人輯録，因有《爾雅郝注刊誤》《説文段注簽記》等，亦可覘見王氏學術見解。

王引之，字曼卿，又字伯申，念孫長子。乾隆三十一年（一七六六）三月十一日生於高郵里第。生而弱小，幼而聰穎，五歲啓蒙，篤志於學。年十七，補博士弟子員。旋進京侍父，入國子監肄業。年二十一，應順天鄉試不售。次年歸里侍母，從事文字、聲音、訓詁之學，日夕取《爾雅》《説文》《方言》《六書略》《六書故》等研讀求索，於諧聲一端特有見解。復研習顧炎武、江永、段玉裁之小學著作，折衷其父《毛詩九經音》之旨，於古韻有較深之領悟。同時撰《周秦名字解詁》一書，後收入《經義述聞》中。乾隆六十年（一七九五）順天鄉試，策問五經小學，古韻部分異同，以條對出人意表，援證詳賅，斷論精确中式。嘉慶四年（一七九九）及第，會試、殿試以一甲三名賜進士，授翰林院編修。六年（一八〇一）散館簡放貴州正考官，八年（一八〇三）大考擬潘岳《籍田賦》，欽取一甲三名，擢侍講，旋充日講起居注官、詞林典故館總纂。簡放湖北鄉試正考官。嘉慶十二年（一八〇七）、十九年（一八一四）先後簡放河南、山東學政，頗有政績。二十二年（一八一七）奉命往福建治李賡芸被誣自經之獄，使李氏冤情得以昭雪。此後十年，遷轉禮部、吏部、刑部、户部左右侍郎，充仁宗實録總裁官、國史館總裁、經筵直講大臣等。道光七年（一八二七）擢工部尚書，八年（一八二八）署吏部尚書，十一年（一八三一）署工部尚書。十四年（一八三四）十一月廿四日，以工部尚書卒於京城寓所。

引之所著有《經義述聞》與《經傳釋詞》二種，及《廣雅疏證》卷十上、下「釋草」以後部分，《字典考證》十二卷，《王文簡公遺文集》八卷，《石臞府君行狀》一卷，《王伯申文集補編》二卷等。

《廣雅疏證》十卷，王念孫撰，附王氏校正隋曹憲《博雅音》十卷。爲念孫第一部用力之作。經始於乾隆五十三年（一七八八）八月，稿成於嘉慶元年，歷時八載。嘉慶初年有王氏家刻本，道光以後，淮南書局據家刻本重刊，《清經解》與《畿輔叢書》亦如是。民國時，《叢書集成初編》據《畿輔叢書》本影印，《四部備要》則據家刻本排印。一九八三年上海古籍出版社據上海圖書館所藏嘉慶本影印，附以羅振玉《殷禮在斯堂叢書》本王念孫《廣雅疏證補正》。一九八三年中華書局據家刻本影印，參校《畿輔叢書》本斷句，後附《廣雅疏證補正》。一九八四年江蘇古籍出版社以家刻本爲底本影印，前有徐復所撰《弁言》，《清儒學案》卷一百一王念孫、王引之傳，後附《廣雅疏證補正》及詞目索引。

《讀書雜志》八十二卷，《餘編》二卷，王念孫撰。係於經部之外對史部如《逸周書》《戰國策》《史記》《漢書》《後漢書》，子部如《管子》《晏子春秋》《墨子》《荀子》《淮南子》《老子》《莊子》《呂氏春秋》《韓非子》《法言》，集部如《楚辭》《文選》和部分漢碑所作校勘與考訂。書繼《廣雅疏證》之後，於嘉慶元年開始陸續撰寫，十七年後陸續付梓，至道光十一年（一八三一）撰畢刊成。其中《後漢書》和《老子》以後數種係其歿後長子引之從遺稿中檢尋編成，次年附刻於後，殆屬未成之稿。《雜志》校正各書傳寫譌誤、衍奪、倒文計二千數百條，並於《淮南子雜志》後總結古書譌誤之例六十二條，足爲校勘古書之範式。同治九年金陵書局據家刻本重刊，光緒間鴻文書局、點石齋、鴻寶齋皆取家刻本付石印，一九三〇年商務印書館排印後收入《萬有文庫》，一九三三年商務印書館《國學基本叢書》、一九八五年中國書店皆據《萬有文庫》本影印。一九八五年江蘇古籍出版社亦據家刻本影印，一九九一年中華書局據金陵書局本斷句影印。道光九年嚴杰纂輯《清經解》，選取《讀史記雜志》和《讀漢書雜志》中有涉經義者若干條，編爲二卷，次於所收《廣雅疏證》後。光緒十四年王先謙編《清經解續編》，以《逸周書》爲《尚書》類文獻，故收入《逸周書雜志》四卷。

《經義述聞》三十二卷，王引之撰。書係對《周易》《尚書》《毛詩》《周官》《儀禮》《大戴禮記》《禮記》《春秋左傳》《國語》《春秋公羊傳》《春秋穀梁傳》《爾雅》十二部經典之校勘和語詞考釋，重點在補正古書中訓詁後人未能發明者。另有《春秋名字解詁》和《通説》，前者發明古人名與字之關係，爲《春秋左傳》之附屬，後者下卷總結古書譌誤、古書文義和文字假借規律，揭示後人誤解誤改古書實例，如《經文假借》《語詞誤解以實義》《經義不同不可强爲之説》《經傳平列二字上下同義》《經文數句平列上下不當歧異》《經文上下兩義不可合解》《衍文》《形譌》《上下相因而誤》《上文因下而省》《增字解經》《後人改注疏釋文》

等，於理解、閱讀古書大有裨益。全書二千三四百條，雖重在訓詁，而校正其中之譌字、倒文、衍奪竟有六百餘條。王氏父子所刻《雜志》與《述聞》，以統一版式，成書一種或一部即付梓，有所增補則重刻，最後彙集拼合，故《述聞》有數種版本。初刻於嘉慶二年，不分卷；重刻於嘉慶二十二年，增補二百數十條，分爲十五卷；三刻於道光七年，增補五百餘條，釐爲二十三卷；之後數年又刻《爾雅》《太歲考》《通説》及前曾刊刻復又增補之《春秋名字解詁》，總爲三十二卷，至道光十年完成。《清經解》刊成於道光九年，所收無《太歲考》二卷與《通説》二卷，故僅二十八卷。及三十二卷本刊成，學海堂又於卷一千二百零七後增刻《通説》二卷爲卷一千二百零七中、卷一千二百零七下，實爲三十卷。或因《太歲考》無法疊牀架屋且非純粹之經學，故舍之不補。一九三六年中華書局《四部備要》據家刻本排印，一九八五年江蘇古籍出版社據家刻本影印。

《經傳釋詞》十卷，王引之撰。書係擇取九經、三傳及周秦、西漢之書中虚詞一百六十條，參互比勘，予以解釋。以古聲紐喉、牙、舌、齒、唇序次，使人易於理解古代語辭之聲韻關係。前有引之嘉慶三年（一七九八）與阮元嘉慶二十四年（一八一九）之序，蓋其書萌於嘉慶初年，撰於十六年至二十二年，刻成於嘉慶末年。道光二十一年（一八四一）錢熙祚校勘刻入《守山閣叢書》，後鴻文書局、成都書局等多據錢本翻刻、影印或排印。

王氏父子著作留存於世者數十種，然其生前定稿付梓者主要即此《廣雅疏證》《讀書雜志》《經義述聞》《經傳釋詞》四種。二百年來，薪傳學者，播譽人口，非唯成二王之代表作，抑亦爲乾嘉之學術名著。然雖翻刻、影印，一而再三，至今竟無四種一式之整理本。兹取家刻本爲底本，參取各本優點，以閲讀參考爲要旨，不作繁細校記。古人引書，往往隨心所欲，以致五花八門，故利用標號與點號本身功能，兼顧版式疏密美觀，在盡量統一前提下，稍有變通，使文意層次邏輯清晰，並列專名合理區别，期收原著本意畢現之效。其有曲解二王文意而産生之譌誤，敬請讀者不吝指正，謹先此致謝。

二〇一三年十一月七日　虞萬里於榆枋齋

《讀書雜志》整理本序

虞萬里

《讀書雜志》八十二卷餘編二卷，爲高郵王氏四種之一，王念孫撰。《雜志》於王氏四種中篇幅最大，都一百餘萬字，係王念孫數十年所校子史古籍劄記之總匯，計有《逸周書雜志》四卷、《戰國策雜志》三卷、《史記雜志》六卷、《漢書雜志》十六卷、《管子雜志》十二卷、《晏子春秋雜志》二卷、《墨子雜志》六卷、《荀子雜志》八卷補遺一卷、《淮南内篇雜志》廿二卷補遺一卷、《漢隸拾遺》一卷和《讀書雜志餘編》二卷。前八十二卷自嘉慶十六年（一八一一）録成《戰國策雜志》三卷，十七年（一八一二）起陸續付梓，至道光十一年（一八三一）仲冬刊畢，《餘編》二卷係伯申於懷祖逝世後三月（一八三二），檢尋遺稿，得其手訂成稿二百六十餘條，釐爲二卷，上卷爲《後漢書》《老子》《莊子》《吕氏春秋》《韓非子》《法言》，下卷爲《楚辭》和《文選》，刊刻附於其後。全書以史、子、集之年代先後序次。

王氏父子《雜志》《述聞》之爲乾嘉學術名著，斯已無人不曉無人不謂以致無人而不讀矣。讀之而知其以校勘之記拓而爲考證之文，固顯而易見。若溯清初以還考訂校勘著作，其跡或可得而仿佛焉。洎顧炎武著《日知録》及《九經誤字》，開啓經史考訂劄記與經籍校勘識記兩類，其後雜考、校記，塗轍兩分：若姜西溟《湛園札記》、閻百詩《潛邱劄記》、吴養齋《十三經疑義》、徐位山《管城碩記》、胡廷佩《訂譌襍録》、杭大宗《經史質疑》《訂譌類編》以至錢曉徵《十駕齋養新録》、李成裕《群經識小》等，《日知録》之亞也；若沈椒園《十三經注疏正字》、沈寅馭《九經辨字瀆蒙》、沈季和《經玩》等，《九經誤字》之比也。《日知録》之亞，出入經史，旁徵博引，以證獨見。《九經誤字》之比，綴輯注疏，羅陳衆本，畢陳甲乙，按而不斷，偶有是非可判，遂是甲非乙，然不多見也。乾嘉之際，學者幾無不知校勘之爲學問之基，亦幾無不操此術以爲學問之始，甚有終生以之而不疲者。懷祖之前，畢生獨立事鉛黄校群書者，仁和盧抱經也，其《群書拾補》所校典籍遍涉四部，而《拾補》「審定善本姓氏」赫然識「高郵王念孫懷祖」之名，則其乾隆五十二年（一七八七）至五十五年間曾爲盧氏審定若干卷固無疑焉。〔一〕是時懷祖方始疏證《廣雅》，直至嘉慶元年（一七九六）

〔一〕盧文弨《群書拾補序》作於乾隆五十二年（一七八七）八月，而錢大昕《群書拾補序》作於乾隆五十五年（一七九〇）五月，懷祖有時間與其役。

完成，[二] 轉而忙於河道水利之役。

溯懷祖於三十歲前後爲朱筠河校《説文》，與汪容甫校《大戴禮記》，復校《方言》，此乾嘉學人從事學術之塗轍。唯懷祖所校，有異於時流者。盧召弓乾隆四十五年（一七八〇）《與王懷祖念孫庶常論校正〈大戴禮記〉書》云：

> 讀所校《大戴禮記》，凡與諸書相出入者，並折衷之以求其是，是足以破注家望文生義之陋。然舊注之失誠不當依違，但全棄之則又有可惜者。若改定正文而與注絶不相應，亦似未可。不若且仍正文之舊，而作案語繫於下，使知他書之文固有勝於此之所傳者。觀漢魏以上書，每有一事至四五見而傳聞互異，讀者皆當用此法以治之，相形而不相掩，斯善矣。[三]

是時盧召弓六十四歲，懷祖三十七歲。此函見懷祖與召弓二人之校勘形式略有異同：懷祖校出異同，必「折衷之以求其是」，並「改定正文」；而召弓謂此固可「破注家望文生義之

[二] 陳鴻森考證懷祖《廣雅疏證》經始於乾隆五十三年（一七八八），完成於嘉慶元年（一七九六），與劉盼遂《年譜》稍有出入，此從陳説。見《阮元刊刻〈古韻廿一部〉相關故實辨正——兼論〈經義述聞〉作者疑案》，中研院《歷史語言研究所集刊》第七十六本第三分，二〇〇五年，第四五七頁。

[三] 盧文弨《抱經堂文集》卷二十，《抱經堂叢書》本，乾隆六十年刊刻，第一葉。

陋」，然「改定正文而與注絶不相應，亦似未可」，召弓以爲「仍正文之舊，而作案語繫於下」，斯爲善。翌年，作《十三經注疏正字跋》稱頌椒園、浦鏜，亦同此意。〔一〕召弓此意於懷祖有何影響，已無可徵實，然據上圖所藏趙用賢刻、懷祖手校本《管子》與《管子雜志》校覈，尚有端緒可尋。懷祖《讀管子雜志敘》謂有十二卷六百四十餘條，實則六百五十條，〔二〕其手校本《管子》有三百四十四條不見於《雜志》，其中有校本校語兩條合爲《雜志》一條者，總計校本校語約上千條。量以卷帙條數，《雜志》僅取校語三分之二擴充寫成；衡以内容字數，《雜志》短者僅二十一字（卷二「搏大」條），長者竟達七八百字（卷二「置大夫以爲廷安入共受命焉」條）；而數百條《雜志》未録校語僅約十五條有案語，他皆僅校其文字異同而已。此見懷祖不願規規逐録《管子》校語以成《管子校記》之類著作，而撮其可深發者寫成《雜志》。就懷祖情愫設想，召弓訓誨意見、校勘法式雖是，而以聲音貫穿訓詁之獨特解讀能力固不能因校記形式而掩没；就《雜志》形式體察，乃係綰合顧炎武以下《日知録》與《九經誤字》亦即雜考與校勘兩種形式而成一校勘考證型文體。此種文體在乾嘉諸

〔一〕盧文弨《抱經堂文集》卷八，《抱經堂叢書》本，乾隆六十年刊刻，第一葉。

〔二〕按，王念孫《讀管子雜志敘》謂六百四十餘條，此據張錦少《王念孫管子校本研究》統計，《臺灣大學中文學報》第三十九期，臺灣大學中國文學系，二〇一二年。

老著作中雖時見不乏，而純然以此成百餘萬字之大著作，二三百年中一人而已。

《雜志》始作之年，論者忽焉。懷祖《致宋小城書》云：「念孫於公餘之暇，惟耽小學，《經義述聞》而外，擬作《讀書雜志》一書，或作或輟，統計所成，尚未及三分之二，剞劂正未有期也。」[一]予友陳鴻森考定此書撰於嘉慶十五年（一八一〇）七月王念孫休致之前，並云「玩味此信之語，顯示王念孫此時之撰述工作，似以《述聞》爲主」，[二]此論頗是。以文意逆之，「或作或輟」、「未及三分之二」皆指《讀書雜志》言。以今百餘萬字計之，當已成七十萬許，此字數與「擬作」一詞似不相應。夷考《雜志》各敘及師友往來函牘，約略得各書大致譔著年月如下：

《逸周書》與《戰國策》二志未見有敘，唯懷祖《與宋小城書二》有「夏間校讀《戰國策》，録成三卷，茲特寄請教正。兒子秋日有灤河之役，昨甫回寓」云云，此伯申隨駕幸木蘭事，時在嘉慶十六年（一八一一）秋，是《戰國策雜志》作於此前。此《雜志》始作之年也。陳奐

[一] 王念孫《致宋小城書》之一，羅振玉輯《王石臞先生遺文》卷四，《高郵王氏遺書》，江蘇古籍出版社二〇〇〇年版，第一五四頁上。

[二] 陳鴻森《阮元刊刻〈古韻廿一部〉相關故實辨證——兼論〈經義述聞〉作者疑案》，第四五一頁。王章濤《王念孫王引之年譜》係於嘉慶十五年春夏間。廣陵書社二〇〇六年版，第一七六頁。

道光七年三月望日《致王引之書二》云：「昨奉到去年九月望日復書，並蒙老伯大人惠教《逸周書雜志》一種。」知《逸周書雜志》刻成於道光六年（一八二六）九月前。

《史記雜志敘》云：「余鄙好此學，研究《集解》《索隱》《正義》三家訓釋，而參攷經史諸子及群書所引，以釐正譌脱。與錢氏、梁氏所説或同或異」，「凡所説與錢、梁同者，一從刊削」。[一]其始作年代不明，蓋或早有校記。末署「嘉慶二十二年（一八一七）冬十一月」。

《漢書雜志》無敘，懷祖《復朱郁甫書》云：「《經義述聞》新刻者譌字甚多，又板在江西會垣，手頭見無存者。此書年來又續添三四百條，擬于都中再刻之，容俟刻後再呈左右。《讀書雜志》惟增《漢書》一種，去冬草成，今尚未及付梓也。」考書中屢言「弟衰病日增，不堪思索」，又云「弟養痾京邸，步履艱難」，[二]與其《答江晉三論韻學書》自謂「春秋七十有八，左畔手足偏枯，不能步履，精日銷亡」相應。[三]與懷祖道光二年（一八二二）六月所作《經傳考證序》校讀，年月當相近，知《漢書雜志》爲嘉慶末、道光初所作。而讀伯申《與陳奂書之二》有「《漢書雜志》現在校刻，約明年夏間可畢耳」之語，是遲至道光五年（一八二

[一] 王念孫《史記雜志敘》，《王石臞先生遺文》卷三，《高郵王氏遺書》，第一三五頁上。

[二] 王念孫《與朱郁甫書》二函，《王石臞文集補編》，江蘇古籍出版社二〇〇〇年版，第一二頁上下。

[三] 王念孫《答江晉三論韻學書》，《王石臞先生遺文》卷四，《高郵王氏遺書》，第一五六頁下。

五）始付梨棗，旋刊成，故陳壽祺於六年十二月收到伯申所寄《讀漢書雜志》。

《讀管子雜志》云：「曩余撰《廣雅疏證》成，則於家藏趙用賢本《管子》詳爲稽核。」[一]《疏證》成於乾隆六十年（一七九五）前後，似《管子雜志》嘉慶初開始撰寫。又云：「余官山東運河兵備道時，孫氏淵如采宋本與今不同者，録以見示。余乃就曩所訂諸條，擇其要者商之淵如氏，淵如見而韙之。又與洪氏筠軒稽合異同，廣爲考證。」是嘉慶八年（一八〇三）十二月後又有修訂。[二]後云「及余《淮南子》校畢，又取《管子》書而尋繹之，所校之條差增於舊。歲在己卯，乃手録前後諸條，並載劉氏及孫洪二君之説之最要者」，己卯即末署「嘉慶二十四年（一八一九）」。其《淮南子雜志》畢功於嘉慶二十年（一八一五），知二十年後又有修訂增補。

《讀晏子春秋雜志敘》云：「嘉慶甲戌（十九年，一八一四），淵如復得元刻影鈔本以贈吴氏山尊。山尊屬顧氏澗薲校而刻之」，「澗薲以此書贈予，時予年八十矣，以得觀爲幸。因復合諸本及《群書治要》諸書所引，詳爲校正。其原本未誤而各本皆誤及盧孫二家已加

[一] 王念孫《讀管子雜志敘》，《王石臞先生遺文》卷三，《高郵王氏遺書》第一三五頁上。

[二] 王章濤《王念孫王引之年譜》係於嘉慶十四年，第一六九頁。

訂正者，皆世有其書，不復羅列。唯舊校所未及及所校尚有未確者，復加考正」。懷祖年八十，時在道光三年（一八二三）。末署「道光十一年（一八三一）三月九日」，是所作在三年至十一年間。

《讀荀子雜志敘》云：「又得陳碩甫文學所鈔錢佃本、龔定庵中翰所得龔士卨本及元明諸本，以相參訂，而俗本與舊本傳寫之譌胥可得而正也。」末署「道光九年（一八二九）十二月二十日」。此可與陳奐《師友淵源記》《致王引之書一》等參證。《補遺敘》云「今年顧澗蘋文學又以手録吕、錢二本異同見示」，乃發現諸本仍各有不同，因《荀子雜志》已付梓，不可追改，乃作《補遺》一編，時在道光十年（一八三〇）五月二十九日。

《墨子雜志敘》無始作年月，僅言「予不揣寡昧」，「復合各本及《群書治要》所引詳爲校正」，末署「道光十一年（一八三一）九月十三日」，伯申《行狀》云「去年夏，府君猶自撰《墨子雜志敘》，且手書之」，蓋其辭世前之作，推知《墨子雜志》所作或在此前不久。

《讀淮南子雜志書後》未記具體年月，末署「嘉慶二十年（一八一五）歲在乙亥季冬之二十日」。然《行狀》謂懷祖致仕後「乃以著述自娱，亟取所校《淮南子内篇》重加校正，博考諸書以訂譌誤」，知嘉慶十五年前曾校此書，致仕後復加增訂，或如《管子雜志》先校異同，而後撮取其可深發者寫成《雜志》。就篇幅及《書後》概括古書錯亂六十二例觀之，懷祖於此書頗爲用心，其前後校訂或曾頗費時日。嘉慶二十五年（一八二〇）八月五日，顧千里遵懷祖、伯申父子之囑，精校宋本《淮南子》，函寄校勘記及考證數條，供懷祖增補。道光元年（一八二一）二月，伯申刻以附於《淮南子雜志》後。

《漢隸拾遺敘》謂曩未講求金石文字，家藏漢隸亦甚少，「前官運河道時，友人以漢碑拓本相贈。余因於殘闕剥落之中推求字畫。凡宋以後諸家所已及者略之，有其字而未之及與誤指爲佗字者補之」。此敘末署「道光十一年（一八三一）三月二十一日」，然其云「蓋當時目尚未衰，故注視久之，亦能得其一二，今則並此而不能矣」，則係嘉慶八年（一八〇三）署山東運河道以後，時在六十歲後不久所寫。後文「兒子請以付梓」，是晚年爲足此《雜志》，伯申請附，非道光年間所著可知。

《雜志餘編》，伯申《餘編目録附記》云：「先子所著《讀書雜志》十種，自嘉慶十七年以後陸續付梓，至去年仲冬甫畢」，「敬檢遺稿，十種而外，猶有手訂二百六十餘條，恐其久而散失，無以遺後學，謹刻爲《餘編》二卷，以附於全書之後」。末署「道光十二年四月朔日」。此二百數十條雖刻於斯時，而應是懷祖歷年所作，時日無考。

條繫《雜志》各書年代，知其疏證《廣雅》後於嘉慶初年即校《管子》，八年後曾推求漢碑隸字，而其著成乃至刊刻，皆嘉慶十七年以後之事。檢上圖所藏懷祖《管子》校本，校記形式多與乾嘉諸老經史子集校本相類，而與《雜志》重在考證者相去甚遠。故《與宋小城書》云「擬作《讀書雜志》一書」，是擬撮取校記而另著一書。蓋謹羅陳諸本，記其異同，附書而行，不足抒發其真知卓見，故有此想。然此時即已遍校諸書，寫有校記，固未有數十萬之《雜志》也。況觀其各敘及師友間往來索贈善本校記書函，比勘異同，皆在嘉慶末道光初年事也。頗疑「擬作」一語，爲一時興到補筆，而所謂「三分之二」，殆承前《述聞》而言。

抑予猶有疑者，方懷祖已著《經義述聞》，且不斷更增，何以忽而於嘉慶十五年春夏間改弦更張，欲作《雜志》，且此後二十年孜孜於此而矻矻不懈，以致無暇增補《述聞》而畀伯申續成。其間因由，或可得而溯焉。

昔懷祖校《大戴禮記》，折衷己意，改定文字，召弓違之。盧氏校勘經典數量，爲當時之冠，而其校例，亦爲學者所從。乾隆四十六年（一七八一）著《十三經注疏正字跋》云「余有志欲校諸經已數十年」，《周易注疏輯正題辭》云「余有志欲校經書之誤，蓋三十年於兹矣」，惜賫志以殁。弟子臧鏞堂本其書作《周易注疏校纂》，並依式著《毛詩注疏校纂》《尚書注疏校纂》，書雖成而未梓。乾隆末，鏞堂受知於阮宮保伯元，嗣後因有《十三經校勘記》之輯。嘉慶四年（一七九九），伯元於詁經精舍立十三經局，延請段懋堂主其事，何夢華、臧鏞堂、顧千里、徐心田、洪櫆堂、嚴厚民、孫雨人、李尚之八人分纂，十一年（一八〇六）刊成《校勘記》二百四十五卷，儼然士林盛事，經典碩果。《校勘記》於乾嘉時已可謂鉅細靡遺矣。觀其文，簡者數字，固《正字》之比，而繁者百數十甚乃數百字，間引經史典籍及老師宿儒如惠棟《九經古義》等說，評判而按斷之，不僅羅陳衆本也。

《校勘記》單刊而不改經文，本抱經校例，而其折衷是非，正懷祖情愫。然懷祖已著之《述聞》，所校即《易》《書》《詩》《禮》衆經與《國語》之類，適與《校勘記》重複。因人熱而拾牙慧，非懷祖所願，蓋其嘗訓陳碩甫云：「凡學者著書，必逕後人不能諟正者董理之。」故曾校《說文》而欲爲注，因段懋堂之注而罷，校《方言》而欲疏，因戴東原之疏而止，遂乃獨疏《廣雅》，以成盛業；即《雜志》中凡前哲時賢已論及者，盡皆刊落，志可觀矣。乃作輟已成之《述聞》而別撰《讀書雜志》之想，是豈偶然也哉。今比勘兩書，非唯經史子集四部之異，《校記》爲一代校勘鴻業，所謂「大清朝之《經典釋文》也」，而《雜志》由校勘入手，駕《校記》而上之，用聲韻貫穿文字，駸駸乎由字形而字義，而詞彙，而文句，而衍奪，而誤倒，而段落錯簡，儼然成不刊之名著。

《雜志》八十二卷百餘萬字，校勘古籍九種，漢碑二十五方；《餘編》二卷，校勘古籍八種，係伯申摭拾遺稿所得，僅七八萬字。今《晏子春秋》《墨子》等《雜志》皆懷祖耄耋高齡所定，蓋晚年爲偏枯之疾所苦，不能暢其懷肆其意而盡其能，否則《餘編》亦過百萬言矣。雖然，即今所成，已校正古書誤字千二百五十九，補脱四百六十，乙倒百四十九，删衍五百三十一，〔一〕數目可觀。計此二千二百餘條，遽讀之，不能得古書致誤之因由大概，乃懷祖於《讀淮南子雜志書後》長文中概括古書錯亂之由爲傳寫譌脱者半與憑意妄改者半兩種，復將譌誤衍奪與增删移易參互之，區爲六十二種類型，並舉實例以證，兹依次列其目而説之。云：

有因字不習見而誤者；有因假借之字而誤者；有因古字而誤者；有因隸書而誤者；有因草書而誤者；有因俗書而誤者；

此六種分析字誤類型。其中因隸書和草書而誤，最能表見《淮南子》時代之字形。篆隸之變，章草之筆，當時不免有誤，後世更有未能辨識者，致成譌誤。又云：

有兩字誤爲一字者；有誤字與本字並存者；有校書者旁記之字而闌入正文者；有衍至數字者；有脱數字至十數字者；有誤而兼脱者；有正文誤入注者；有注文誤入正文者；有錯簡者；有因誤而致誤者；

〔一〕此數字據單殿元《王念孫王引之著作析論》所統計，社會科學文獻出版社二〇〇九年版，第一三二頁。

漢代文字書於簡牘，上下字緊挨易錯成一字。簡牘狹長，時有誤字須旁記正字，或須加識記、注解而旁記之，經師或有識者記之，弟子或寫手不知而鈔入正文，亦是常事。漢代簡牘篇章皆經綫編，然勤翻則易致韋編散亂，故錯簡爲簡牘時代時見不鮮之事。唯懷祖於脱字下列舉脱十一、十二、十三字者數例，疑爲一簡之錯脱。蓋《淮南》爲子書，依漢制用簡不長，每簡在十數字者極爲正常。秦漢間正文與注文别行，後漢始有合鈔者。曹魏董遇創朱墨别異之前，正文、注文難以區别，故有互竄舛亂者。漢人因篆隸草俗譌成誤字，爲後世字韻書及私人著作收入，徒滋紛擾，是爲因誤而誤。懷祖又云：

有不審文義而妄改者；有因字不習見而妄改者；有不識假借之字而妄改者；有妄加字而失其句讀者；有不識假借之字而妄加者；有不審文義而妄加者；有不識假借之字而妄删者；有不識加數字至二十餘字者；有不審文義而妄删者；有不識假借之字而妄删者；有不識假借之字而顛倒其文者；有失其句讀而妄移注文者；有既誤而又妄改者；有因誤字而誤改者；有既誤而又妄加者；有既誤而又妄删者；有既脱而又妄加者；有既脱而又妄删者；有既衍而又妄加者；有既衍而又妄删者；有既誤而又改注文者；有既誤而又增注文者；有既誤而又移注文者；有既改而又改注文者；有既改而復增注文者；有既改而復删注文者；有既脱且誤而又妄增者；有既誤且改而又改注

文者；有既誤且衍而又妄加注釋者；

古書輾轉傳抄，形成各種衍奪譌誤，原因多端，難以質指。漢代以還，古籍從簡牘轉成紙張，復變寫本而爲刻本，一再校勘翻刻，更增淆亂。乃校者或不審文義文例，或不識古字假字，而師心自用，欲改正文本，付諸梨棗，遂妄自增刪改易，轉致滿紙魯魚。此二十八例爲後人因不識古字、不懂古書而新增之誤，係後人主觀逞臆所致。復云：

有因字誤而失其韻者；有因字脱而失其韻者；有因字倒而失其韻者；有因句倒而失其韻者；有句倒而又移注文者；有錯簡而失其韻者；有改字而失其韻者；有改字以合韻而實非韻者；有改字以合韻而反失其韻者；有改字而失其韻又改注文者；有改字而失其韻又刪注文者；有加字而失其韻者；有句讀誤而又加字以失其韻者；有既誤且脱而失其韻者；有既誤且倒而失其韻者；有既誤且改而失其韻者；有既誤而又加字以失其韻者；有既脱而又加字以失其韻者。

此十八條致誤之由與前同，唯其著眼於韻文之諧韻，以察古本失韻之譌誤，雖爲列舉後人主觀妄改之失，亦可度吾人以糾正古書譌誤之金針。

以上六十二條，先言誤字，繼言衍脱錯簡，繼言不明古書體例、文字假借、衍脱錯簡而妄加妄刪妄改，繼言誤倒衍脱而失其韻，大較爲四類。其誤固在於《淮南》，而其例則存於

《雜志》乃至一切古書。近有論者謂此六十二例未能包容《雜志》所有之誤，蓋不知其作在嘉慶末年，且專就《淮南》而言，道光元年以後所校所著溢出其外者已無法涵蓋。四類六十二例，固不能盡古書所有之誤，然其總結古書鈔刻、流傳中滋生譌誤之舉，誠遠邁古人而啓導來者者也。有此六十二例，而後有《經義述聞・通説下》「語詞誤解以實義」、「經傳平列二字上下同義」、「經文數句平列上下不當歧異」、「經文上下兩義不可合解」諸例，而後有俞曲園之《古書疑義舉例》（八十八例），而後有劉申叔之《補》（十一例）、楊遇夫之《續補》（二十八例）、馬彝初之《校録》（二十五例）、姚維鋭之《增補》（十五例）、徐仁甫之《廣》（百二十例），而後有陳援庵《校勘學釋例》（五十例），而後有王叔岷《斠讎學・通例》（百二十四例）。推而廣之，會而通之，而後有孫受之之《古書讀法略例》，而後有胡樸安之《古書校讀法》，而後有陳鐘凡之《古書讀校法》。是其繩究古人，辯誣求真，溉沾後學，息疑啟牖之功豈淺尠哉！即以《雜志》爲矜式，後有俞曲園之《諸子平議》、陶鴻慶之《讀諸子札記》、高亨之《諸子新箋》、于省吾之《雙劍誃諸子新證》、徐士復之《後讀書雜志》，繩續轉精之著不一而足，其澄清古書迷霧，張揚乾嘉學術，奠基導夫之功豈容疑哉！

懷祖嘗訓伯申云：「詁訓之指，存乎聲音。字之聲同聲近者，經傳往往假借。學者以聲求義，破其假借之字而讀以本字，則涣然冰釋；如其假借之字而强爲之解，則詰鞫爲病矣。故毛公《詩傳》多易假借之字而訓以本字，已開改讀之先。至康成箋《詩》注《禮》，屢云某讀爲某，而假借之例大明。後人或病康成破字者，不知古字之多假借也。」毛公易字，康成改讀，前人多知之，然唐宋經師就字論義，清初諸儒未能推衍，懷祖由《傳》《箋》易改而悟徹訓詁之旨存於聲音，此其所以超然卓異也。又云：「説經者期於得經意而已，前人傳注不皆合於經，則擇其合經者從之，其皆不合，則以己意逆經意，而參之他經，證以成訓，雖别爲之説，亦無不可。必欲專守一家，無少出入，則何邵公之墨守，見伐於康成者矣。」期得經意，人人所同，而以意逆經，孟子之後，漢代經師以下，逆者不乏而言者杳然。今懷祖口倡身行，此其所以果然獨特也。二十世紀以還，戰國秦漢簡牘層出不窮，檢視當時用字，若喜與憙、雖與唯、侈與倗朋、者與諸、白與伯、公與容、兑與鋭、體與履、請與情、危與詭、失與佚之類，皆與《雜志》所説若合符節，信乎訓詁之存乎聲音也。

雖然，古書邈矣，古人往矣，想古人之摹殘簡改古書，二千年後豈能毫髮盡覩；古籀湮矣，篆隸替矣，以正楷之推篆隸測古籀，百世之下豈能指畫無誤？懷祖，乾嘉一老師宿儒也，以耄耋之年，操事鉛黄，舉有涯之生，斠讎乙丙，雌黄豈能盡是，斠讎焉能無誤？若銀雀山竹簡《晏子春秋》出，與《雜志》相重者八條，懷祖校改是者五，非者二，伯申非者一。其他是非曲折，二百年中，時有指摘，即前舉曲園以下諸家之《例》，亦時見軒輊剔摘，此外以裴學海《評高郵王氏四種》爲最用力。裴氏自謂於高郵王氏最爲服膺，而此文略舉其六大優點後，復舉其七大不足，曰忽於審證，校釋不妥；曰於語法未能窺其全豹；曰對於語言缺乏歷史觀；曰正誤不當；曰施訓不恰，破字失宜；曰於音韻有所侷限；曰以通假爲形諞，自亂其例。詳裴文所舉，自有攻錯之石，轉精之説，然於《疏證》《雜志》《述聞》《釋詞》，亦僅撮壤崇山而已。

二〇一三年十月九日至十四日初稿

二〇一三年十二月九日至十二日二稿

讀書雜志總目

第一册

第二册

第三册

第四册

第五册

目録

逸周書弟二 …… 二三

逸周書弟三

逸周書弟四

讀戰國策雜志

戰國策弟一

戰國策弟二……一二六

讀史記雜志

讀漢書雜志

高惠高后文功臣表……五〇五

刑法志

食貨志

漢書弟五……五七七

郊祀志……五七七

爰盎鼂錯傳

張馮汲鄭傳

漢書弟十三

漢書弟十四……九四三

漢書弟十五……九八二

管子弟七

管子弟九……一二四〇

七臣七主……一二四〇

管子弟十二

讀晏子春秋雜志

内篇問上

内篇問下……一三八一

晏子春秋弟二……一三九〇

内篇雜上

内篇雜下

外篇重而異者

外篇不合經術者

讀荀子雜志

勸學

不苟

荀子弟二 …… 一六八〇

儒效 …… 一七〇七

荀子弟三……一七三三

富國……一七四八

荀子弟四……一七六二

王霸……一七六二

君道

彊國 …… 一八一一

天論 …… 一八一八

荀子弟六……一八二七

性惡

君子

荀子弟八

成相

賦

荀子補遺

淮南内篇弟二……一九九八

淮南内篇弟三……二〇一九

天　文……二〇一九

淮南内篇弟五……二〇八五

淮南内篇弟六……二〇九三

淮南内篇弟七 …… 二一一三

淮南内篇弟十二……二三二三

淮南内篇弟十四……二二八四

淮南內篇第十五

淮南內篇弟十六……二三二八

說　山……二三二八

淮南內篇弟十七……二三四七

淮南内篇弟十八……一二三六八

人閒……一二三六八

淮南内篇弟廿 …… 二四三〇

《淮南子》宋本未誤者各條……二五〇六

《淮南子》宋本之異者各條……二五一一

漢隸拾遺

讀書雜志餘編

呂氏春秋……二六〇六

韓子

法言

讀逸周書雜志

虞思徵　點校

逸周書弟一

政

《度訓篇》：「力争則力政，力政則無讓。」念孫案：「政」與「征」同。古字多以「政」爲「征」，不可枚舉。力征，謂以力相征伐。《吴語》曰：「以力征一二兄弟之國。」《大戴記·用兵篇》曰：「諸侯力政，不朝於天子。」皆是也。又《大武篇》「武有七制，政、攻、侵、伐、陳、戰、鬬」，今本「七」誤作「六」，「陳」誤作「搏」，又脱「鬬」字，辯見本篇。「政」亦與「征」同，故與攻、侵、伐、陳、戰、鬬竝列而爲七，而孔注云「政者，征伐之政」，則誤讀爲「政事」之「政」矣。

力竞

「揚舉力竞」。盧氏抱經曰：「力竞，疑力競之訛。競，盛也，强也。」念孫案：「競」古通作「竞」，不煩改字。《史記篇》「竞進争權」，盧改「竞」爲「競」。《墨子·旗幟篇》「竞士爲虎旗」，皆以「竞」爲「競」。

賞多則乏

「罰多則困，賞多則乏」。引之曰：「賞多則乏」當爲「賞少則乏」。「困」與「乏」，皆謂民也。民衆而罰多，則民必困；民衆而賞少，則民必乏。故上文云「人衆，罰多賞少，政之惡也」。不得言「賞多則乏」明矣。此「多」字即涉上句「罰多」而誤。

成而生

「長幼成而生曰順極」。念孫案：此當作「長幼成而生義曰順極」，故孔注曰：「使小人大人皆成其事，上之心而生其義，順之至也。」今本蓋脱「義」字。

惠而不忍人

《命訓篇》：「惠而不忍人，人不勝害，害不如死。」念孫案：「惠而不忍人」當作「惠而忍人」，此反言之以申明上文也。上文言「惠不忍人」，故此言「惠而忍人，則人不勝害」，下文「均一則不和」云云，皆是反言以申明上文也。今本作「惠而不忍人」，「不」字即涉上文「惠不忍人」而衍。

六極不𣎆

《常訓篇》：「六極不𣎆，八政和平。」念孫案：「𣎆」與「贏」同。贏者，過也。言六極不過其度，則八政和平也。《廣雅》：「贏，過也。」《開元占經・順逆略例篇》引《七曜》曰：「超舍而前，過其所當舍之宿以上謂之贏，退舍以下謂之縮。」班固《幽通賦》作「贏縮」。項岱亦曰：「贏，過也。縮，不及也。」《考工記・弓人》「撟榦欲孰於火而無贏」，鄭注曰：「贏，過孰也。」皆其證。孔注以「贏」爲「無常」，失之。

一人

「古者明王奉法以明幽，幽王奉幽以廢法。奉則一人也，而績功不同」。念孫案：「一」下不當有「人」字，蓋衍文也。「績」、「功」皆成也。《爾雅》：「功、績，成也。」說見《經義述聞》。明王奉法以成其治，幽王奉幽以成其亂，皆有所奉，而其成也不同，故曰：「奉則一也，而績功不同。」

正民

《文酌篇》：「發滯以正民。」趙氏敬夫曰：「『正』疑當作『振』。」念孫案：「振」、「正」古不同聲，則「正」非「振」之誤。「正」疑當作「匡」，字形相似而誤也。匡民謂救民也。《後序》曰：「文王遭大荒，〔一〕謀救患分災，作《大匡》。」是也。本書中言匡者多矣。《大聚篇》曰：「秋發實蔬，冬發薪蒸，以匡窮困。」即此所謂「發滯以匡民」也。僖二十六年《左傳》曰：「彌縫其闕而匡救其災。」成十八年《傳》曰：「匡乏困，救災患。」杜注：「匡亦救也。」

美女破舌

《武稱篇》：「美男破老，美女破舌。」盧曰：「今《戰國・秦策》引此『破舌』作『破少』，唯高誘所注本與此同。」念孫案：「美女破舌」，於義亦不可通。「舌」當爲「后」。美男破老，美女破后，猶《左傳》言「内寵竝后，外寵二政」也。見閔二年《傳》。「政」非「政事」之「政」，當讀爲「正」，謂正卿也。說見《經義述聞》。隸書「后」字或作「石」，與「舌」相似而誤。東魏《敬史君碑》「女石稱制」，即「后」字。段氏若膺《說文注》曰：「『舌』、『后』字有互譌者，如《左傳》『舌庸』譌『后庸』、《周書》『美女破后』譌『破舌』。」是也。

〔一〕文王，今本作「穆王」。盧文弨云當作「文王」，是王念孫所本。

舉旗以號令　無取侵暴

「既勝人，案：自此以下皆四字爲句，此句内疑脱一字。舉旗以號令，命吏禁略，無取侵暴」。念孫案：「取」字文義不明，「取」當爲「敢」，字之誤也。無敢侵暴，即所謂禁掠也。若《粊誓》之言「無敢寇攘」矣。引之曰：「舉旗以號」下疑衍「令」字，號即令也。下句又有「命」字，則「令」爲贅文矣。且此以「號」、「暴」爲韻，下文以「虧」、「化」爲韻，「虧」古讀若「科」；「化」古讀呼禾反。説見《唐韻正》。若「號」下有「令」字，則失其韻矣。

收武釋賄

《允文篇》：「收武釋賄，無還厥里。」念孫案：「收武」二字文義不明，「武」當爲「戎」，字之誤也。收戎釋賄者，謂勝敵之後收其兵器，古謂兵器爲戎，《月令》「以習五戎」，鄭注：「五戎謂五兵，弓矢、殳、矛、戈、戟也。」毋取財賄也。據孔注云「收其戎器」，則本作「收戎」明矣。

用損憂恥

「命夫復服，用損憂恥」。引之曰：「損」當爲「捐」，字之誤也。捐者，除也。謂捐除其憂恥，非徒損之而已也。孔注「損除憂恥」，亦是「捐除」之誤。

遷同氏姓

「遷同氏姓，位之宗子」。念孫案：「遷」本作「選」，言選其同氏姓之賢者而立以爲宗子也。今本「選」作「遷」，則文義不明。蓋涉上文「無遷厥里」而誤。《玉海》五十引此正作「選」。

武有六制至後動撚之

《大武篇》：「武有六制，政、與「征」同。說見《度訓篇》。攻、侵、伐、搏、戰。善政不攻，善攻不侵，善侵不伐，善伐不搏，善搏不戰。政有四戚五和，攻有四攻五良，侵有四聚三斂，伐有四時三興，搏有三哀四赦，戰有六厲五衞，六庠五虞。四戚：一內姓，二外婚，三友朋，四同里。五和：一有天無惡，二有人無郤，三同好相固，四同惡相助，五遠宅不薄。此九者，政之因也。四攻者，一攻天時，二攻地宜，三攻人德，四攻行利。五良：一取仁，二取智，三取勇，四取材，五取藝。此九者，攻之開也。四聚：一酌之以仁，二懷之以樂，三旁聚封人，四設圍以信。三斂：一男女比，二工次，三祇人死。「祇」字義見下條。此七者，侵之酌也。四時：一春違其農，二夏食其穀，三秋取其刈，四冬凍其葆。三興：一政以和時，二伐亂以治，三伐飢以飽。此七者，伐之機也。三哀：一要不羸，二喪人，三擯厥親。四赦：一勝人必羸，二取威信復，三人樂生身，四赦民所惡。此七者，搏之來也。六厲：一仁厲以行，二智厲以道，三武厲以勇，四師厲以士，五校正厲御，六射師厲伍。五衛：一明仁懷恕，二明智輔謀，三明武攝勇，四明材攝士，五明藝攝官。五虞：一鼓走疑，二備從來，三佐車舉旗，四采虞人謀，五後動撚之。」

念孫案：此篇文多譌脱，又經後人删改，而諸家皆不能釐正。今據鈔本《北堂書鈔》所引正之如左：

「武有六制」，「六」本作「七」。「政、攻、侵、伐、搏、戰」本作「一曰政，二曰攻，三曰侵，四曰伐，五曰陳，六曰戰，七曰鬬」，祇因下文説鬬之事已脱落不全，後人遂妄加删改矣。「善伐不搏，善搏不戰」本作「善伐不陳，善陳不戰」，俗書「陳」字作「陣」，因誤而爲「搏」。「善搏不戰」，則義不可通，莊八年《穀梁傳》亦云：「善師者不陳，善陳者不戰。」下有「善戰不鬬，善鬬不敗」八字，亦經後人删去。《書鈔·武功部一》所引皆不誤。

「政有四戚五和」本作「政有九因，因有四戚五和」。合四與五而爲九，故下文云「凡此九者，政之因也」。今本無「九因因有」四字，乃後人所删。《書鈔·武功部二》有，明陳禹謨又依今本删。「攻有四攻五良」本作「攻有九開，開有四凶五良」。「凶」與「良」對文。故下文云「凡此九者，攻之開也」。今本無「九開開有」四字，且「四凶」誤作「四攻」，「攻有四攻」，則文不成義。《書鈔·武功部六》所引皆不誤，陳依今本删改。「侵有四聚三斂」本作「侵有七酌，酌有四聚三斂」。合四與三而爲七，故下文云「凡此七者，侵之酌也」。此條《書鈔》雖未引，然以上下文相比，亦必有「七酌酌有」四字而後人删之。「伐有四時三興」本作「伐有七機，機有四時三興」。故下文云「凡此七者，伐之機也」。今本無「七機機有」四字。《書鈔·武功部二》有，陳依今本删。「搏有三哀四赦」本作「陳有七來，來有三哀四赦」。故下文云「凡此七者，陳之來也」。今本兩「陳」字皆誤作「搏」，又無「七來來有」四字。《書鈔·武功部五》所引皆不誤，陳依今本改「陳」爲「搏」，而「七來來有」四字尚未删。「戰有六厲五衛」本作「戰有十一振，振有六厲五衛」。今本無「十一振」、「振有」五字。《書鈔·武功部六》有，陳依今本删。合六與五而爲十一，故下文云「凡此十一者，戰之振也」。今本無此九字，辯見下。

「六庠五虞」本作「鬬有十一客，客有六廣五虞」。今本無「鬬有十一客客有」七字，「六廣」作「六庠」，則義不可通。《書鈔・武功部六》所引皆不誤，陳依今本删改。故下文云「凡此十一者，鬬之客也」。今本無此九字，辯見下。

「四戚：一内姓，二外婚，三友朋，四同里」，《書鈔・武功部》引此「一」、「二」、「三」、「四」下皆有「曰」字，凡篇内之一二三四五六，《書鈔》皆作一曰、二曰、三曰、四曰、五曰、六曰。陳皆依今本删。「同里」作「同盟」，陳依今本改。皆於義爲長。「此九者，政之因也」，《書鈔》「此」上有「凡」字，篇内兩言「此九者」，三言「此七者」，《書鈔》「此」上皆有「凡」字，陳皆依今本删。亦於義爲長。

「四攻」本作「四凶」，辯已見上。《書鈔・武功部六》所引不誤，陳依今本改。「凶」下本無「者」字，上下文皆無此例。《書鈔》亦無，陳依今本增。「一攻天時，二攻地宜，三攻人德，四攻行利」。《書鈔》「行利」作「兵利」，陳依今本改。亦於義爲長。

「三哀：一要不嬴，今本「嬴」誤作「羸」，梁氏處素已辯之。二喪人，三擯厥親」。「喪人」本作「喪民人」。今本脱「民」字，則句法參差。《書鈔・武功部五》有「民」字，陳未删。

「明藝攝官」。案：此下有「凡此十一者，戰之振也」九字，而今本脱之。《書鈔・武功部六》有，陳依今本删。

「五虞」。案：此上有「六廣：一曰明令，二曰明醜，「明醜」即「明恥」，故僖二十二年《左傳》曰：「明恥教戰，求殺敵也。」《祭公篇》：「厚顔忍醜。」即「忍恥」。高注《吕覽·節喪篇》及《秦策》竝云：「醜，恥也。」又注《吕覽·不侵篇》云：「醜，或作恥。」「恥」、「醜」聲近而義同，故古多通用。説見《漢書·賈誼傳》。三曰明賞，四曰明罰，五曰利兵，六曰競竟」，凡二十六字，而今本皆脱之。《書鈔》有，陳依今本删。又「後動撚之」下有「凡此十一者，鬬之客也」九字，而今本亦脱之。《書鈔》有，陳依今本删。

案：上文云「戰有十一振，振有六厲五衛」，故此説「六厲五衛」既畢，而總言之曰：「凡此十一者，戰之振也。」若「六廣五虞」乃鬬之事，非戰之事，故曰：「凡此十一者，鬬之客也。」「客」字之義未詳。祇因脱文甚多，遂致混戰、鬬爲一事，後人不知五虞爲鬬之事，非戰之事，遂據後以删前，存戰而去鬬。去鬬則七制缺其一，於是改爲六制矣。其餘以意删改者甚多，幸賴《書鈔》所引不誤，可以逐段校正，而陳禹謨不曉文義，又依俗本《周書》删改，故具論之。

祇人死　祇民之死

「祇人死」。孔注曰：「祇，敬。」又《文政篇》：「祇民之死。」注曰：「敬死，勸葬也。」念孫案：祇之言振也。振，救也。見《説文》及《月令》《哀公問》注、昭十四年《左傳》注、《周語》《魯語》《吴語》注。言救人之死，救民之死，非敬死之謂也。《楚辭·離騷》：「既干進而務入兮，又何芳之能祇。」祇，振也。言干進務入之人委蛇從俗，必不能自振其芬芳也。王注亦云：「祇，敬也。」辯見《楚辭》。

祇與振聲近而義同，故字亦相通。《臯陶謨》「日嚴祇，敬六德」，《史記·夏本紀》「祇」作「振」。《柴誓》「祇復之」，《魯世家》「祇」作「敬」，徐廣曰：「一作振。」《内則》「祇見孺子」，鄭注曰：「祇，或作振。」

有功無敗

念孫案：《爾雅》：「功，勝也。」《周官·大司馬》「若師有功」、「若師不功」，鄭注與《爾雅》同。《燕策》亦云：「轉禍而爲福，因敗而爲功。」

强轉

《大明武篇》：「藝因伐用，是謂强轉。」念孫案：「强轉」二字於義無取，且「轉」字與下文之「暑」、「處」、「賈」、「女」、「下」韻不相應，「轉」當爲「輔」，字之誤也。「藝」即上文十藝也。輔，助也。言用此十藝以伐人，則戰必勝、攻必取，寔爲我軍之强助也。

代興

《小明武篇》：「五教允中，枝葉代興。」盧曰：「『代興』當是『代舉』，方與上下韻協。」念孫案：「舉」字古通作「與」，說見《經義述聞·禮運》。因譌而爲「興」。

不賓祭

《大匡篇》：「祈而不賓祭，服漱不制。」孔注曰：「不賓，殺禮。」引之曰：「不賓祭」當作「不祭」。《糴匡篇》云：「大荒有禱無祭。」正所謂祈而不祭也。襄二十四年《穀梁傳》亦云：「大侵之禮，鬼神禱而不祀。」「祈而不祭」爲句，「服漱不制」爲句。今本作「不賓祭」者，「賓」字涉下文「非公卿不賓」而衍，「祈」與「不賓」義不相屬，且下文云「賓不過具」，則不得言「不賓」明矣。孔注亦當作「不祭，殺禮」。《周官·荒政》有「眚禮」，即孔所云「殺禮」也。今本「不祭」作「不賓」者，亦後人據已誤之正文改之。

登

「哭不留日，登降一等」。念孫案：登降一等，義不可通。「登」疑「祭」字之誤。自「哭不留日」以下三句，皆指喪事而言。言有喪事則哭不留日，而其祭亦降一等，所謂「凶荒殺禮」也。故孔注曰：「降一等爲荒廢之。」

津不行火

《程典篇》：「津不行火，藪林不伐。」引之曰：津非行火之地，「津」疑當爲「澤」，草書相似而誤也。《管子·輕重甲篇》：「齊之北澤燒，句火光照堂下。」尹知章曰：「獵而行火曰燒。」是澤爲行火之地。

六容

《酆保篇》：「外用四蠹、五落、六容、七惡。」下文云：「六容：一游言；二行商工；三軍旅之庸；四外風之所揚；五困失而亡，「困」本或作「因」。作事應時，時乃喪；六厚使以往，來其所藏。」念孫案：四蠹、五落、六容、七惡皆用之於敵國也。然「容」字義無所取，疑是「客」字之誤。自游言以下，六事皆謂散游客於敵國，以陰取之也，故曰六客。「客」與「蠹」、「落」、「惡」爲韻，「客」古讀若「恪」。[一]說見《唐韻正》。「蠹」古音當各反。故《說文》「蠹」作「蠹」，從䖵橐聲。《周官》「翦氏掌除蠹物」，故書「蠹」作「橐」。《商子·脩權篇》「此民之蠹也」，與「隙」爲韻。「隙」古讀若「卻」。《荀子·勸學篇》「魚枯

[一] 若，原作「春」，據《國學基本叢書》本改。

生蠹」，與「作」爲韻。《韓子·亡徵篇》「木之折也必通蠹」，與「隙」爲韻。若作「容」則失其韻矣。上文之五祥、六衛、七厲、十敗、四葛亦以「衛」、「厲」、「敗」、「葛」爲韻。

適無見過過適

「適無見過過適，無好自益，以明而迹」。念孫案：此文本作「無見過適，無好自益，以明而迹」，三句各四字，而以「適」、「益」、「迹」爲韻，「適」讀爲「謫」。無見過謫者，無見責於人也。《廣雅》：「謫、過，責也。」《商頌·殷武篇》「勿予禍適」，毛傳曰：「適，過也。」《吕氏春秋·適威篇》「煩爲教而過不識，數爲令而非不從」，高注曰：「過，責也。」《史記·吴王濞傳》曰：「賊臣鼂錯擅適過諸侯。」適過，猶過適也。今本「無見過」上衍一「適」字，「過」下又衍一「過」字，則文不成義。

兆墓

《大開篇》：「兆墓九開，開厥後人。」念孫案：「兆墓」二字義不可通，當是「兆基」之誤。「九開」當爲「大開」，「九」、「大」字相似，《周官·大司樂》「九磬之舞」，鄭注：「九磬，讀當爲大韶，字之誤也。」《管子·四時篇》「大暑乃至」，今本「大」字亦誤作「九」。又涉前《九開篇》而誤也。「大開」二字，即指本篇篇名而言。「兆基大開，開厥後人」者，兆，始也，《爾雅》：「肇，始也。」通作「兆」。哀元年《左傳》「能布其德而兆其謀」，杜注：「兆，始也。」言始基此大開之謀以開後人也。《後序》云「文啟謀乎後嗣，以脩身敬戒，作《大開》《小開》二篇」，是其證。

禱無憂玉

引之曰：「憂」字義不可通，當是「愛」字之誤。愛，吝惜也。禱神必用玉，無或吝惜其玉而不用，故曰「禱無愛玉」。哀二年《左傳》衞大子禱曰：「佩玉不敢愛。」杜注：「不敢愛，故以祈禱。」是也。

時維暮春

《文傳篇》：「文王受命之九年，時維暮春。」念孫案：「時維暮春」，《周書》文無此例，「時」字必後人所加也。《太平御覽》所引已與今本同，見盧注。《泰誓》正義引作「惟暮春」，《大雅·文王》正義引作「惟暮之春」，「之」字蓋後人依《周頌·臣工篇》加之。皆無「時」字。

脱文十五　至無日矣

「《夏箴》曰：小人無兼年之食，遇天饑，妻子非其有也。大夫無兼年之食，遇天饑，臣妾輿馬非其有也。」念孫案：此下有「國無兼年之食，遇天饑，百姓非其有也」十五字，而今本脱之。上文云：「天有四殃，水、旱、饑、荒，其至無時，非務積聚，何以備之？」是專指有國者而言，故此引《夏箴》以明家國一理之意。若無此十五字，則但言家而不及國，與上文不合矣。據孔注云：「古者國家三年必有一年之儲。」此正釋「國無兼年之食」以下十五字，若無此十五字，則又與注不合矣。《墨子·七患篇》引《周書》曰：「國無三年之食者，國非其國也；家無三年之食者，子非其子也。」即是約舉此篇之文，若無此十五字，則又與《墨子》不合矣。《羣書治要》及《太平御覽·時序部二十》《文部四》、《玉海》三十一所引皆有此十五字。

「戒之哉！弗思弗行，至無日矣」。案：《羣書治要》作「禍至無日矣」，今本脱「禍」字，則義不可通。

脱文十二　其如天下何

「不明開塞禁舍者，其如天下何」。念孫案：「不明」上有「明開塞禁舍者，其取天下如化」十二字，而今本脱之。其注文有「變化之頃謂其疾」七字，而今本亦脱之。「明開塞禁舍者」二句正對下「不明」者而言，今脱此二句，則語意不完矣。下文「其如天下何」本作「其失天下如化」，祇因上文及注皆已脱去，後人遂不解「如化」二字之意，而以意改之曰「其如天下何」，不知「如化」者，言其速也。明於開塞禁舍，則其取天下必速，故曰「取天下如化」。不明於開塞禁舍，則其失天下亦速，故曰「失天下如化」。兩「如化」上下相應，今改爲「其如天下何」，則失其旨矣。《小稱篇》曰：「民服如化。」《小明武篇》曰：「勝國若化。」《吕氏春秋·懷寵篇》曰：「兵不接刃而民服若化。」皆言其速也。故孔注曰：「變化之頃謂其疾。」《羣書治要》作「明開塞禁舍者，其取天下如化。下引孔注「變化之頃」云云。不明開塞禁舍者，其失天下如化」，今據以補正。

王始

「令行禁止，王始也」。盧曰：「王始，疑是王治。」念孫案：「王始也」本作「王之始也」。王，讀「王天下」之「王」。令行禁止，則可以王天下，故曰「令行禁止，王之始也」。上文曰「能制其有者，則能制人之有」，即是此意。今本脱「之」字，則文義不明。《羣書治要》正作「王之始也」。

成

《柔武篇》：「以信爲動，以成爲心。」盧曰：「以成，趙疑是以誠。」念孫案：「誠」古通作「成」，不煩改字。《大戴記·文王官人篇》「非誠質者也」，《周書》「誠」作「成」，《小戴記·經解篇》「衡誠縣」注：「誠，或作成。」《墨子·貴義篇》：「子之言則成善矣。」「成」即「誠」字。

以匡辛苦

「和均□里，以匡辛苦」。孔注曰：「匡，正也。」念孫案：匡，救也。説見《文酌篇》。

靡適無□

「靡適與「敵」同。無□」。念孫案：闕文當是「下」字。「靡適無下」者，「無」猶「不」也。見薛綜《東京賦》注，餘詳《釋詞》。此承上「以德爲本」云云而言，言如此則靡敵不下也。「下」與「序」、

「苦」、「鼓」、「武」、「下」爲韻,《允文篇》「靡適不下」亦與「語」、「武」、「所」、「户」、「宇」、「輔」、「土」爲韻,以是明之。

告

《大開武篇》:「告歲之有秋,今余不獲其落。」念孫案:「歲之有秋」云云,乃取譬以明之,則「告」當爲「若」。下文「若農之服田,既秋而不獲,維禽其饗之」即其證。「若」與「告」字相似而誤。

騰上

《寶典篇》:「倫不騰上,上乃不崩。」孔注曰:「不騰,不越。」念孫案:「騰上」當爲「上騰」。「騰」與「崩」爲韻,「九德」皆用韻之文。

由禱

《酆謀篇》:「由禱不德,不德不成。」念孫案:「由禱不德」當爲「曲禱不德」,故孔注曰:「曲爲非義,神不德之。」「曲」與「由」字相似而誤。

天下不虞周

《寤儆篇》：「天下不虞周，驚以寤王。」念孫案：「下」與「不」字形相似，「不」字蓋涉「下」字而誤衍也。「天下虞周，驚以寤王」者，孔注曰：「虞，度。」言唯天下度周，故驚以寤王也。上文曰：「今朕寤，有商驚予。〔一〕」若作「天下不虞周」，則義不可通。

無虎傅翼

「無虎傅翼，將飛入邑，擇人而食」。念孫案：《韓子·難勢篇》引此，「虎」上有「爲」字，而今本脱之，則文義不明。李善注《東京賦》引此，亦有「爲」字。

〔一〕 予，原作「子」，據《逸周書》改。

逸周書弟二

比

《武順篇》：「貌而無比，比則不順。」引之曰：《比·彖傳》曰：「比，輔也。下順從也。」《祭統》曰：「身比焉，順也。」《管子·五輔篇》曰：「爲人弟者，比順以敬。」是「比」與「順」同義，不得言「比則不順」，「比」當爲「北」，字之誤也。北，古「背」字，說見《漢書·高紀》。故曰「北則不順」。孔注：「比者，比同也。」失之。

惟風行賄

《和寤篇》：「后降惠于民，民罔不格。惟風行賄，賄無成事。」念孫案：「惟風行賄」，文不成義。「行」下當有「草」字，而今本脱之。言民之歸惠，如草之應風也。其「賄賄無成事」五字上仍有脱文，大意謂賄不可以致民，若用賄，則必無成事也。孔注曰：「人之歸惠如草應風，如用賄則無成事。」是其證。

合于四海

《武寤篇》：「王克配天，合于四海。」孔注曰：「德合四表。」引之曰：配、合皆對也。《爾雅》曰：「妃、與「配」同。合，對也。」合于四海，猶《大雅》言「對于天下」耳。「合」與「荅」古同義，宣二年《左傳》注：「合，猶荅也。」荅亦對也。

右擊之

《克殷篇》：「乃右擊之以輕呂。」念孫案：持劒必以右手，無須言右擊之。上文「擊之以輕呂」，不言右。《史記・周本紀》亦無「右」字，蓋衍文也。或以「右」爲「又」之誤，亦非。上文已言「王又射之三發」，則無庸更言「又」。《太平御覽・刑法部十二》引此，無「右」字。

乃出場于厥軍

念孫案：此下當有「明日脩社及宫」之事，而今本脱之。孔注曰「治社以及宫」，是其證。《史記》曰：「其明日，除道，脩社及商紂宫。」《太平御覽・皇王部九》引《帝王世紀》曰：「明日，王命除道脩社。」皆本於《周書》也。又案：孔注「治社以及宫」下又云：「徹宜去者宜居者。居，遷也。」注有脱文。則此處脱文尚多，然皆不可考矣。

奏王

「泰顛、閎夭，皆執輕吕以奏王」。念孫案：「奏王」，當依《史記》作「衞王」。上文「周公把大鉞、召公把小鉞以夾王」，孔注曰：「二公夾衞王也。」則此泰顛、閎夭亦是執劒以衞王，不當言奏王也。「奏」字蓋涉上文「叔振奏拜假」而誤。注云：「執王輕吕當門奏，太卒屯兵以衞。」失之。

振鹿臺之財巨橋之粟

念孫案：此本作「振鹿臺之錢，散巨橋之粟」。故孔注曰：「振，散之以施惠也。」今本「錢」作「財」，乃後人以晚出《古文尚書》改之，又脱去「散」字。《太平御覽·資産部·錢類》引此作「發鹿臺之錢，散鉅橋之粟」。《史記》作「散鹿臺之錢，發鉅橋之粟」，而今本《史記》亦改「錢」爲「財」矣。辯見《史記》。

路徑

《文政篇》：「七閭不通徑，八家不開刑，九大禁不令路徑。」孔注曰：「刑，法也。不令，不宣令也。」念孫案：「大禁不令」下不當有「路徑」二字，「路徑」當爲「徑路」，乃注文，非正文也。「徑，路」是釋「徑」字，「刑，法也」是釋「刑」字，「不令，不宣令也」是釋「不令」二字。

遠慎而近䫉

念孫案：《爾雅》：「慎，誠也。」《小雅·白駒篇》「慎爾優游」，《巧言篇》「予慎無罪」，毛傳竝與《爾雅》同。《禮器》説「禮之以少爲貴者」曰：「是故君子慎其獨也。」鄭注曰：「少其牲物致誠慤。」是古謂誠爲慎也。「䫉」即「貌」字也。《史記·商君傳》曰：「貌言華也，至言實也。」孔注《周祝篇》曰：「貌謂無實。」是「貌」與「慎」意正相反。「遠慎而近䫉」者，遠誠慤之士而近虚誕之人也。盧謂「䫉」與「藐」同，失之。

位長

「位長以遵之」。念孫案：「位長」本作「伍長」。下文「什長以行之」，「什長」與「伍長」文正相對。《大聚篇》曰：「五户爲伍，以首爲長。十夫爲什，以年爲長。」此之謂也。今本「伍長」作「位長」，則文義不明，蓋以「伍」、「位」字形相似而誤。《玉海》六十七引此，正作「伍長」。

土地之宜

《大聚篇》：「相土地之宜，水土之便。」趙曰：「『土地之宜』，『土』字疑衍，以下句言水土之便故也。」念孫案：趙説非也。古人之文不嫌於複，「土地之宜」與「水土之便」對文，删去一字，則句法參差矣。且注文有「土」、「宜」二字，則正文本作「土地之宜」甚明。

關閈脩道

念孫案：「關閈脩道」，文不成義。「閈」本作「闢」。闢關脩道，皆所以來遠人，故下文言「遠旅來至，關人易資」也。俗書「闢」字作「開」，「閈」字作「閞」，二形相似而誤。說見《史記·西南夷傳》。《玉海》二十四、六十引此並作「闢關」。

畜五味以備百草

「具百藥以備疾災，畜五味以備百草」。念孫案：下句當作「畜百草以備五味」。「百草」與「百藥」對文。今本「百草」與「五味」互易，則義不可通。

有生而不失其宜　天不失其時

「夫然，則有生而不失其宜，萬物不失其性，人不失其事，天不失其時」。念孫案：「有生而不失其宜」本作「土不失其宜」。上文曰「因其土宜，以爲民資」，《文傳篇》曰「土不失宜」，皆其證。今本「土」誤作「生」，又衍「有」、「而」二字，則文義不明，且與下三句不類矣。「天不失其時」本作「天下不失其時」。王者因時布令，故天下不失其時。若云「天不失其時」，則非其旨矣。觀天之神道而四時不忒，則天之不失時，非因王政而致然也。《藝文類聚·帝王部二》《太平御覽·皇王部九》引此竝作「土不失其宜」、「天下不失其時」。

農民

「水性歸下，農民歸利」。念孫案：此本作「水性歸下，民性歸利」。《漢書·食貨志》：「民趨利如水走下。」「民性」與「水性」對文，「民」字總承上文士農商賈而言，非專指農民而言。今本作「農民」者，即涉上「農民歸之」而誤。《玉海》六十引此正作「民性歸利」。

求

「王若欲求天下民，先設其利而民自至」。念孫案：「求」當爲「來」，字之誤也。隸書「來」、「求」相似，故書傳中「來」字多誤作「求」，辯見《楚策》。「來」如「脩文德以來之」之「來」，下句「先設其利而民自至」，「至」與「來」正相應。又下文「不召而民自來」，尤其明證也。今本「來」作「求」，則非其旨矣。《玉海》二十、六十引此竝作「來」。又《周祝篇》「觀彼萬物，且何爲求」，「求」亦「來」之誤，盧已辯之。

舊玉億有百萬

《世俘篇》：「凡武王俘商，舊玉億有百萬。」念孫案：此文本作「凡武王俘商，得舊寶玉萬四千，佩玉億有八萬」。億有八萬乃佩玉之數，非舊寶玉之數。今本「舊」上脫「得」字，「舊」下脫「寶玉萬四千佩」六字，「八萬」又誤作「百萬」。鈔本《北堂書鈔·衣冠部二》引此正作「武王俘商，得舊寶玉萬四千，佩玉億有八萬」。陳禹謨本删去。《藝文類聚·寶部上》《太平御覽・珍寶部三》竝同，今本《類聚》「佩」下脱「玉億」二字。《初學記・器物部》「佩」下亦引「武王俘商，得佩玉億有八萬」。

我北望過于有嶽丕願瞻過于河

《度邑篇》：「我南望過于三塗，我北望過于有嶽，丕願瞻過于河，宛瞻于伊雒。」盧本依《史記・周本紀》改「丕」爲「鄙」、改「願」爲「顧」。念孫案：《史記》作「北望嶽鄙，顧詹有河」，則此亦當作「我北望過于嶽鄙，顧瞻過于有河」。徐廣《史記音義》引此亦云「北詹望于有河」，今本「有」字誤入上句「嶽」字上，則與《史記》及徐廣所引皆不合。

曰

「其曰茲曰度邑」。念孫案：上「曰」字義不可通，《玉海》十五引作「其名茲曰度邑」，是也。「度邑」即本篇之篇名，故曰「名茲曰度邑」。

建蔡叔霍叔　三叔　因蔡叔

《作雒篇》：「建管叔于東，建蔡叔、霍叔于殷。」又下文云：「三叔及殷東徐奄及熊盈以略。」

汪氏容甫《述學》曰：「『略』疑當作『畔』。」又云：「降辟三叔。」又云：「乃囚蔡叔于郭淩。」引之曰：「蔡叔」二字乃後人依東晉《古文尚書》加之，下文「三叔」本作「二叔」，「囚蔡叔」本作「囚霍叔」。説見《經義述聞》「三監」下。

九畢

「俘殷獻民，遷于九畢」。念孫案：書傳皆言「畢」，無言「九畢」者。《玉海》十五引此作「九里」。據孔注以爲「成周之地近王化」，則作「九里」者是也。蓋「里」、「畢」字相似，又涉上文「葬武王於畢」而誤。

同室克追

「予畏同室克追」。孔注曰：「周公追畏尊王也。」謝氏金圃曰：「『同室克追』當是『周室克造』之譌。注『追畏尊王』之語殊不明。」案：注文蓋有脱誤。念孫案：《初學記·居處部》引此本作「予畏周室不延」。「延」誤爲「追」，後人因改爲「克追」耳。謝以「同」爲「周」之誤，是也。而改「克追」爲「克造」，則與「畏」字義不相屬。

城方千七百二十丈郛方七十里

盧曰：《水經注》《雒水》「城方七百二十丈」，脱一「千」字。沈改「七」爲「六」，不知何据。「郛方七十里」，宋本作「七十二里」。念孫案：「城方七百二十丈」，《藝文類聚·居處部三》《初學記·居處部》《太平御覽·居處部二十》《玉海》百七十三引此，「城」上皆有「立」字，蓋古本也。「七百」皆作「六百」，與《水經注》異，未知孰是。沈改「七」爲「六」，蓋本於此。「郛方七十里」，《類聚》《初學記》《御覽》《玉海》皆作「七十二里」，與宋本同，當據以訂正。

國西土

「制郊甸方六百里，國西土爲方千里」。盧云：「《水經注》『國』作『因』。」念孫案：《水經注》是也。上注云「因，連接也」，謂連宗周爲方千里也。《漢書·地理志》曰：「雒邑與宗周通封畿，爲千里。」是其證。《太平御覽·州郡部三》引此亦作「因」。

立城

「大縣城方王城三之一，小縣立城方王城九之一」。盧曰：「『立』字疑衍，《前編》『大縣』下亦作『立城』。」念孫案：《玉海》十五引此，「大縣」、「小縣」下皆作「立城」，正與《通鑑前編》同。且上文「城方千七百二十丈」，「城」上原有「立」字，辯見上。與此文同一例。則是今本「大縣」下脱「立」字，非「小縣」下衍「立」字。

日月星辰

「乃設丘兆于南郊，以祀上帝，配以后稷，日月星辰，先王皆與食」。念孫案：「日月星辰」四字本作「農星」二字。《漢書·郊祀志》：「高祖制詔御史，其令天下立靈星祠。」《周頌·絲衣序》高子曰：「靈星之尸也。」則靈星之祀自古有之。張晏曰：「龍星左角爲天田，則農祥也，晨見而祭之。」靈星，蓋即《周書》所謂「農星」也。後人不解「農星」而改爲「日月星辰」，謬矣。《藝文類聚·禮部上》兩引此文，竝作「農星先王皆與食」。《太平御覽·禮儀部六》及《十一》、《玉海》九十九所引竝與《類聚》同。

以爲土封

「燾以黄土，苴以白茅，以爲土封」。盧曰：「『以爲土封』，本一作『以土封之』。」念孫案：一本是也。「以土封之」，謂各以一方之土封之，故下句云「受列土於周室」也。若云「以爲土封」，則文義不明。《北堂書鈔・禮儀部八》、《藝文類聚・禮部中》、《初學記・禮部上》、《太平御覽・地部二》《禮儀部十一》、《玉海》九十九竝引作「以土封之」。

復格

「復格藻棁」。孔注曰：「復格，累芝栭也。」惠氏半農曰：「復格，即複笮。」引之曰：諸書無謂「笮」爲「格」者，「格」當爲「榕」，音「節」。字或作「楶」、或作「節」，謂柱上方木也。《說文》：「榕，欂櫨也。櫨，柱上枅也。」《倉頡篇》曰：「枅，柱上方木也。」見《文選・魯靈光殿賦》注。《爾雅》：「栭謂之楶。」李巡曰：「栭，今欂盧也。」見《明堂位》正義。《明堂位》：「山節藻棁。」鄭注曰：「山節，刻欂盧爲山也。」栭，或謂之芝栭。《魯靈光殿賦》：「芝栭欑羅以戢孴。」張載曰：「芝栭，柱上節，方小木爲之，長三尺。」故孔云「復榕，累芝栭也」。「榕」、「笮」一聲之轉，故《廣雅》云：「榕謂之笮。」然則笮也、榕也、栭也、芝栭也、枅也、欂櫨也，六者一物也。榕爲柱上方木，棁爲梁上短柱，故以「復榕」、「藻棁」連文，猶《禮記》《論語》之以「山節」、「藻棁」連文也。「榕」與「格」字相似，世人多見「格」，少見「榕」，故「榕」誤爲「格」矣。

會羣門

《皇門篇》：「周公格于左閎門，今本脱「于」字，據《玉海》補。會羣門。」念孫案：「會羣門」三字義不可通，當爲「會羣臣」。《後序》云：「周公會羣臣于閎門，以輔主之格言，「以」上疑脱「誥」字。作《皇門》。」是其證。今本「臣」作「門」者，涉上句「左閎門」而誤。《玉海》九十二、百六十九引此竝作「會羣臣」。

開告于予嘉德之説

「維其開告于予嘉德之説」。引之曰：此本作「維其開告予于嘉德之説」，故孔注曰：「開告我於善德之説也。」《般庚》曰：「予告女于難。」彼以「告女于」連文，猶此以「告予于」連文也。下文「資告予元」亦以「告予」連文，今本「予」字在「于」字下，則義不可通。

之不綏于卹

「我聞在昔有國誓與「哲」同。王之不綏于卹」。引之曰：「哲王之不綏于卹」文義不明，「之」疑當作「亾」，「亾」與「罔」同。綏，安也。卹，憂也。始於憂勤者，終於佚樂，哲王之憂，乃其所以得安也。故曰「在昔有國哲王罔不綏于卹」。下文言「罔不」者多矣，「罔」與「亾」古同聲而通用。「亾」，隸或作「亡」，其草書與「之」字相似，因誤而爲「之」。《晏子春秋·雜篇》：「播亾在於四方。」今本「亾」誤作「之」，是其證。

先用有勸

引之曰：「先」字於義無取，疑「克」字之誤。「克用有勸」者，克用有勸於羣臣也。《多方》曰：「明德慎罰，亦克用勸；要囚殄戮多罪，亦克用勸；開釋無辜，亦克用勸。」文義竝與此同。上文曰「用克和有成」，下文曰「戎兵克慎，軍用克多」，亦與此「克」字同義。「克」與「先」草書相似，故「克」誤爲「先」。

遠士

「王用奄有四鄰遠士」。盧曰：「『遠土』，卜本、何本作『遠士』。」念孫案：作「遠土」者是也。上言「奄有」，故下言「遠土」。《魯頌·閟宫篇》「奄有下土」是也。《玉海》百六十九引此正作「遠土」。

維時及

「至于厥後嗣，弗見先王之明刑，維時及胥學于非夷」。趙云：「『及』疑是『反』字。」引之曰：「及」當爲「乃」，言後嗣不見先王之明法，於是乃相學於非常也。「乃」字不須訓釋，若「及」字，則費解矣。孔注但云「爲是相學於非常」，而不言「及」，故知「及」爲「乃」之誤。

以昏求臣至俾無依無助

「以昏求臣作威不詳，不屑惠聽無辜之亂，注：「詳，善也。不察無罪以惡民也。」亂是羞于王。注：「言順不進辭于王。」趙曰：「或是言進不順辭于王。」案：趙説是。王阜良乃惟不順之言，于是人斯乃非維直以應，維作誣以對，俾無依無助。注：「阜，大。良，善也。王求善，而是人作誣以對，故王無依助也。」」念孫案：此文顛倒錯誤，今改訂如左：

「以昏臣「昏」、「臣」二字連讀，下文「譬若匹夫之有昏妻」，注曰「喻昏臣也」，是其證。「以昏臣」三字上有脱文。作威不詳，不屑惠聽無辜之辭，乃惟不順之辭是羞于王。「乃惟不順之」五字本在「辭是羞于王」上，故注曰：「言進不順辭于王。」王阜求良言，「阜求良言」謂大求善言也。故注曰：「阜，大。良，善也。王求善，而是人作誣以對。」據此則「阜」、「良」二字之閒，原有「求」字明矣。于是人斯乃非維直以應，維作誣以對，俾無依無助」。今本「求」字誤入上文「昬」、「臣」二字之閒，兩「辭」字皆誤作「亂」，「乃惟不順之」五字又誤入下文「良」、「言」二字之閒，則義不可通。盧改併上下文，又改下「亂」字爲「辭」，而以「亂辭」二字連讀，則愈不可通。

婚妻　自露厥家

「是人斯乃讒賊媢嫉，以不利于厥家國。譬若匹夫之有婚妻，曰予獨服在寢，以自露厥家」。念孫案：「婚妻」本作「昬妻」，此後人不曉文義而改之也。據孔注云「喻昬臣也」，則本作「昬妻」明矣。《方言》曰：「露，敗也。」昭元年《左傳》：「勿使有所壅閉湫底，以露其體。」謂敗其體也。《莊子·漁父篇》：「田荒室露。」《荀子·富國篇》：「田疇穢，都邑露。」《齊策》：「其百姓罷而城郭露。」「露」皆謂敗也。字或作「路」，《管子·四時篇》：「不知五穀之故，國家乃路。」謂國家敗也。解者多失之。言讒賊媢嫉之人專權以敗國，亦若昬妻之專寵以敗家也。孔云：「言自露於家，謂美好。」蓋未解「露」字之義。

媚夫　食蓋

「媚夫有邇無遠，乃食蓋善夫，俾莫通在于王所」。引之曰：「媚」當爲「媢」，字之誤也。下「媚夫」同。《顏氏家訓·書證篇》曰：「太史公論英布曰：『禍之興自愛姬，生於妬媢，以至滅國。』又《漢書·外戚傳》亦云：『成結寵妾，妬媢之誅。』此二『媚』竝當作『媢』。『媢』亦『妬』也，義見《禮記》《三蒼》。且《五宗世家》亦云：『常山憲王后妬媢。』王充《論衡》云『妬夫媢婦』，益知媢是妬之别名。原英布之誅爲意賁赫耳，不得言媚。」案：《五宗世家》索隱亦云「媢，鄒氏作媚」。《潛夫論・賢難篇》：「妬媢之攻擊也，亦誠工矣。」今本「媢」字亦誤作「媚」。《爾雅・釋宮》「楣謂之梁」，釋文：「楣，或作楣。」蓋隸書「眉」字或作「眉」，與「冐」相似，故從冐、從眉之字，傳寫往往譌溷。鄭注《大學》曰：「媢，妬也。」此「媢夫」二字正承上文「讒賊媢嫉」言之，非謂其佞媚也，不當作「媚」明矣。「食蓋」二字義不相屬，「食」當爲「弇」。《爾雅》「弇，蓋也」，《字通》作「掩」，孔注云「掩蓋善夫」，是其明證矣。「弇蓋善夫，俾莫通在于王所」亦承上文「媢嫉」言之。《大學》引《秦誓》曰：「媢疾以惡之。」又曰：「而違之俾不通。」正此謂也。「弇」與「食」字相似，故「弇」誤爲「食」。盧云「食猶日月食之食」，失之。

兆厥工

《大戒篇》：「朕聞維時兆厥工。」念孫案：「兆厥工」三字，文義未明。孔注曰：「兆，始。工，官。言政治維是始正其官。」據此則正文「兆」下當有「正」字。

匿

「克禁淫謀，衆匿乃雍」。念孫案：「匿」，古「慝」字。說見《管子・七法篇》。慝，惡也。言能禁淫謀，則衆惡皆塞也。

無□其信

「無□其信，雖危不動」。念孫案：闕文是「轉」字。轉者，移也。上守信而不移，則下親其上，雖危而不可動矣。故曰：「無轉其信，雖危不動。」孔注曰「轉，移」，是釋正文「轉」字也。下文曰「上危而轉，下乃不親」，正與此文相應。

□□以昭

「□□以昭，其乃得人」。念孫案：闕文是「貞信」二字，此承上文「無轉其信」而言。信不轉，故曰「貞信」。「以」與「已」同。上之貞信已昭，則下莫不爲上用，故曰「貞信已昭，其乃得人」也。孔注曰「貞信如此，得其用也」，是其證。

逸周書弟三

有春夏秋冬

《周月篇》：「凡四時成歲，有春夏秋冬。」念孫案：「歲」下更有「歲」字，而今本脱之。《太平御覽·時序部二》引此正作「歲有春夏秋冬」。

中氣

「中氣以著時應」。念孫案：「中氣」上有「月有」二字，而今本脱之。「月有中氣，以著時應」，與上文「歲有春夏秋冬，各有孟仲季，以名十有二月」文同一例。下文十二月中氣皆承此「月有」二字言之。《文選·顔延之〈讌曲水詩〉》注及《太平御覽》竝作「月有中氣」。

嬖奪后

《時訓篇》：「螻蟈不鳴，水潦淫漫；蚯蚓不出，嬖奪后；王瓜不生，困於百姓。」念孫案：「嬖奪后」下少一字，則文義不明，且韻與上下不協。《太平御覽·時序部八》引此作「嬖奪后命」，是也。「命」與「漫」、「姓」爲韻。「命」字古音本在鎮部，自周秦閒始轉入諍部，「漫」字古音在願部，願部之字，古或與諍部通，故「漫」與「命」、「姓」爲韻。《管子·内業篇》曰：「凡人之生也，必以平正。所以失之，必以喜怒憂患。」《淮南·原道篇》曰：「萬方百變，消摇而無所定。」《要略》曰：「埒略衰世，古今之變，以褒先聖之隆盛，而貶末世之曲政。」《太玄·聚·測》曰：「鬼神無靈，形不見也。燕聚嘻嘻，樂淫衍也。宗其高年，鬼待敬也。」皆其例矣。

腐草化爲螢

「大暑之日，腐草化爲螢」。引之曰：「螢」本作「蚈」，後人習聞《月令》之「腐草爲螢」，故改「蚈」爲「螢」耳。「蚈」即「蠲」之借字。《説文》：「蠲，馬蠲也。」引《明堂月令》曰：「腐草爲蠲。」蚈從圭聲。「圭」、「蠲」古同聲，故《小雅·天保》「吉蠲惟饎」之「蠲」，釋文：「蠲，古玄反，舊音圭。」鄭注《周官·蜡氏》《士虞禮記》竝引作「圭」。「腐草爲蠲」之「蠲」作「蚈」，亦猶是也。是唐段公路《北户録》引《周書》正作「腐草爲蚈」，公路誤解爲「蛙黽」之「蛙」，蓋不知爲「蠲」之借字。其明證。乃《藝文類聚·歲時部上》《太平御覽·時序部七》竝引作「螢」。蓋本作「蚈」字，後人以《月令》改之也。《吕氏春秋·季夏篇》「腐草化爲蚈」，高注：「蚈，馬蚿也。」「蚈」讀如「蹊徑」之「蹊」，聲與「圭」亦相近，即「蠲」之或體也。而今本《吕氏春秋》作「腐草化爲螢蚈」，「螢」字亦後人所加。盧氏抱經已辯之。獨有公路所引，尚足見《周書》之舊，亦考古者之幸矣。

邪病

「白露不降，民多邪病」。念孫案：「邪病」二字，文義不明。《藝文類聚·歲時部上》《太平御覽·疾病部六》竝引作「民多欬病」，是也。鈔本《御覽·時序部十》作「劾病」，明是「欬病」之誤，而刻本《御覽》乃改爲「疾病」，謬矣。

下臣

「羣鳥不養羞，下臣驕慢」。念孫案：「下臣」本作「臣下」，謂羣臣也。《燕義》曰「臣下竭力盡能」，是也。若倒言之，則文義不明。《士相見禮》曰：「凡自稱於君，士大夫則曰下臣。」非此之用。《藝文類聚》《太平御覽》引此竝作「臣下驕慢」。

雷始收聲　雷不始收聲

「秋分之日，雷始收聲」。引之曰：「雷始收聲」本作「雷乃始收」，此後人依俗本《月令》改之也。下文「雷不始收聲」亦本作「雷不始收」。説見《經義述聞·月令》。

淫佚　甲蟲

「雷不始收聲，諸侯淫佚；蟄蟲不培户，民靡有賴；水不始涸，甲蟲爲害」。盧云：「《御覽》『佚』作『泆』，或『洪』字之譌。」念孫案：盧説非也。「泆」、「賴」、「害」三字於古音屬祭部，轉入聲則入月部。「佚」字屬質部，轉去聲則入至部。至與祭，質與月，古音皆不相通。見段氏《六書音均表》。此唯精於周秦之音者乃能辨之。下文「母后淫佚」自與「一」、「嫉」爲韻，不得與「賴」、「害」爲韻也。昭元年《左傳》注曰：「泆，驕也。」俗作「汰」，非。「諸侯淫泆」，猶言諸侯放恣耳。今本作「淫佚」，即涉下文「母后淫佚」而誤。《藝文類聚》引此亦作「淫泆」。

咎徵之咎

「水不冰，是謂陰負；地不始凍，咎徵之咎；雉不入大水，國多淫婦」。念孫案：「咎徵之咎」，文不成義。此後人妄改之以就韻也。不知「負」、「婦」二字，古皆讀如「否泰」之「否」，説見《唐韻正》。不與「咎」爲韻。《太平御覽·時序部十三》引作「災咎之徵」，是也。「徵」轉上聲，爲「宫商角徵羽」之「徵」，故「徵驗」之「徵」亦轉而與「負」、「婦」爲韻，古人不以兩義分兩音也。凡蒸、之二部之字，古音或相通，上、去二聲亦然。故《洪範》之「念用庶徵」亦與「疑」爲韻。文十年《左傳》「秦伯伐晉，取北徵」，釋文：「徵，如字。《三蒼》云：『縣屬馮翊，音懲，一音張里反。』」他若《鄭風》「雜佩以贈之」，與「來」爲韻，宋玉《神女賦》「復見所夢」，夢，古音莫登反。說見《唐韻正》。與「喜」、「意」、「記」、「異」、「識」、「志」爲韻，《賈子·連語篇》「其離之若崩」，與「期」爲韻，皆其例也。《說文》：「䣙，[一]從邑，崩聲，讀若陪。」「倗，從人，朋聲，讀若陪位。」又「艿」、「䚮」、「朷」、「仍」、「扔」、「孕」六字，竝從乃聲。又云「卤，讀若仍」，即今之「迺」字。又「冰」爲古「凝」字，從水、仌，而「凝」字則從疑聲。「繒」從曾聲，而籀文作「綷」，則從宰省聲。《周官·司几筵》「凶事仍几」，注：「故書仍作乃。」《爾雅》「罤[二]孫之子爲仍孫」，《漢書·惠帝紀》「仍」作「耳」。《墨子·尚賢篇》「守城則倍畔」，《非命篇》「倍」作「崩」。《楚策》「仰承甘露而飲之」，《新序·雜事篇》「承」作「時」。《史記·賈生傳》「品庶馮生」，《漢書》「馮」作「每」；《司馬相如傳》「葴橙若蓀」，《漢書》「橙」作「持」。此皆蒸、之二部相通之證。

鳴鳥

「大雪之日，鳴鳥不鳴」。盧云：「鳴鳥，鶡旦也。《御覽》『鳴』作『鶡』，《時序十三》亦可通。本或作『鴠』，或作『鶡』，皆誤。」引之曰：《書傳》無謂「鶡旦」爲「鳴鳥」者，「鳴鳥」本作「鶡

[一] 䣙，原作「崩」，據《說文》改。
[二] 罤，《爾雅》作「晜」。

旦」，《唐月令》避睿宗諱，改「鶡旦」爲「鶡鳥」。校《逸周書》者依《唐月令》亦改爲「鶡鳥」，《御覽》所引者是也。《藝文類聚》作於睿宗以前，而引《月令》亦作「鶡鳥」，則唐人依《唐月令》追改之。案：《說文》：「鴠，渴鴠也。」「渴鴠」與「鶡旦」同。又云「鶡似雉，出上黨」，是「鶡旦」與「鶡」異。唐人改「鶡旦」爲「鶡鳥」，則與似雉之鶡無別。校《周書》者依《唐月令》作「鶡鳥」，非也。今本作「鴠」、作「鳱」、作「鶚」，則又「鶡」之譌矣。當從《月令》原文作「鶡旦」，然後復《周書》之舊。

仁義所在

《謚法篇》：「仁義所在曰王。」孔注曰：「民往歸之。」盧曰：「『在』，《史記正義》作『往』，非。」念孫案：「往」字是也。後人不解「仁義所往」之語，故改「往」爲「在」。予謂《廣雅》「歸，往也。迋，歸也」，「迋」與「往」同。「仁義所往」，猶言天下歸仁耳。古者「王」、「往」同聲而互訓。莊三年《穀梁傳》：「其曰王者，民之所歸往也。」《呂氏春秋·下賢篇》：「王也者，天下之往也。」《漢書·刑法志》：「歸而往之，是爲王矣。」《大雅·板篇》「及爾出王」，毛傳：「王，往也。」《呂氏春秋·順說篇》「桓公則難與往也」，高注：「往，王也。」是「王」與「往」聲同義同，而字亦相通。故曰「仁義所往曰王」。若云「仁義所在」，則非古人同聲互訓之旨。天下皆以仁義歸之，則天下皆往歸之矣，故孔曰「民往歸之」。若云「仁義所在」，則又與孔注不合。

長弟

「愛民長弟曰恭」。孔注曰：「順長接弟。」念孫案：孔言「順長接弟」，則以「長弟」爲長幼，失其旨矣。予謂「長弟」者，仁愛之意。《齊語》曰：「不慈孝於父母，不長弟於鄉里。」《吴語》曰：「將不長弟以力征一二兄弟之國。」韋注：「弟，猶幼也。言晉不帥長幼之節。」亦失之。是「長弟」爲仁愛之義，故曰「愛民長弟曰恭」。倒言之則曰「弟長」，《鄉飲酒義》曰：「焉知其能弟長而無遺矣？」「焉」字屬下讀，説見《釋詞》。「弟長而無遺」，言德厚之徧及於衆也。《正義》曰：「弟，少也。」亦失之，説見《經義述聞》。《墨子·非命篇》曰：「入則孝慈於親戚，出則弟長於鄉里。」《趙策》曰：「窮有弟長辭讓之節，通有補民益主之業。」

不二

「純行不二曰定」。孔注曰：「行壹不傷。」念孫案：「不傷」與「不二」異義，若正文作「不二」，則注不得訓爲「不傷」。今考「不二」本作「不爽」。《爾雅》曰：「爽，差也。爽，忒也。」《衞風·氓篇》「女也不爽」，《小雅·蓼蕭篇》「其德不爽」，毛傳竝云：「爽，差也。」故曰「純行不爽曰定」，「定」即不爽之謂。而孔以「不爽」爲「不傷」者，本篇云：「爽，傷也。」《淮南·精神篇》：「五味亂口，使口厲爽。」今本「厲爽」作「爽傷」，非。辯見《淮南》。高注云：「厲爽，病傷滋味也。」是「爽」又訓爲「傷」，與此「爽」字異義。孔以「不爽」爲「不傷」，其誤實由於此。然據此知正文之本作「爽」矣，後人改「爽」爲「二」，則與孔注不合。《史記正義》引此正作「純行不爽」，《後漢書・蔡邕傳》注「純行不差曰定」，「差」亦「爽」也，義即本於《周書》。

叡圉

「叡圉克服曰莊」。孔注曰：「通邊圉使能服也。」念孫案：「叡」與「邊圉」義不相屬。雖「叡」可訓爲「通」，而「通邊圉」不可謂之「叡圉」也。予謂圉者，彊也。下文曰：「威德剛武曰圉。」《大雅・烝民篇》「不畏彊禦」，《漢書・王莽傳》作「强圉」。《楚辭・離騷》「澆身被服强圉兮」，王注曰：「强圉，多力也。」是「圉」與「彊」同義。「叡圉克服」者，既叡智而又彊圉能服人也。叡、圉二字，兼智勇言之。《繫辭傳》曰：「聰明睿知，神武而不殺。」《楚語》曰：「謂之睿聖武公。」上文曰「威彊叡德曰武」，此文曰「叡圉克服曰莊」，其義一也。「莊」之言「壯」也，「兵甲亟作曰莊，叡圉克服曰莊，勝敵志强曰莊，死於原野曰莊，屢征殺伐曰莊」，五「莊」字竝與「壯」同義，故「莊」、「壯」古字通。《晉語》「趙簡子問於壯馳茲」，舊音「壯」，本或作「莊」。《檀弓》「衛有大史曰柳莊」，《漢書・古今人表》作「柳壯」。《莊子・天下篇》「不可與莊語」，釋文：「莊，一本作壯。」《鄘風·君子偕老》箋「顔色之莊」，釋文：「莊，本又作壯。」若斯之類，不可枚舉。

從處

「恐懼從處曰悼」。孔注曰：「從處，言險圮也。」念孫案：「險圮」二字與「從處」義不相近，未解注意云何。「從」，疑當讀爲「聳」。聳，懼也。成十四年《左傳》曰：「大夫聞之，無不聳懼。」又襄四年《傳》「邊鄙不聳」、昭十九年《傳》「駟氏聳」，杜注竝曰：「聳，懼也。」《説文》本作「愯」，或作「雙」，又作「悚」、「竦」。「恐懼聳處」者，謂居處不安，聳然而懼也。作「從」者，借字耳。《漢紀·孝武紀》「一方有急，四面皆聳」，《漢書·嚴助傳》「聳」作「從」。《爾雅》「竦、恐、慴，懼也」，郭注曰：「慴，即慴也。」《趙策》曰：「愁居慴處，不敢動摇，唯大王有意督過之也。」彼言「慴處」，猶此言「聳處」矣。《説文》：「悼，懼也。陳、楚謂懼曰悼。」《莊子·山木篇》曰：「振動悼慄。」《吕氏春秋·論威篇》曰：「敵人悼懼憚恐。」是「悼」亦懼也。故曰「恐懼聳處曰悼」。

肈敏行成曰直

念孫案：《爾雅》：「肈，敏也。」郭注引《書》「肈牽車牛」，是「肈」與「敏」同義。《論語》曰「敏於行」，故曰「肈敏行成」。孔訓「肈」爲「始」，云「始疾行成，言不深也」，失之。

秉順也

盧曰：「『順』字可疑。」念孫案：此釋上文之「秉德不回曰孝」也。孔彼注曰「順於德而不違」，即用此訓。又上文「秉德遵業曰烈」，「秉德」與「遵業」連文，亦謂順前人之德、遵前人之業，故此竝釋之也。

率公卿士

《明堂篇》：「天子之位，負斧扆，南面立，率公卿士侍於左右。」念孫案：「率公卿士」本作「羣公卿士」。「侍於左右」謂侍於周公之左右也。今本作「率公卿士」者，後人不曉文義而改之耳。上文既言「周公攝政，君天下，大朝諸侯於明堂之位」，則此「負扆南面立」者，即周公也。乃又言「率公卿士侍於左右」，則「率公卿士」者果何人邪？此理之不可通者也。《玉海》九十五引此正作「羣公卿士」。

宗周明堂之位也

念孫案：《玉海》引「宗周」上有「此」字，是也。今本脱「此」字，則文不足意。《明堂位》亦云：「此周公明堂之位也。」

明堂明諸侯之尊卑也

念孫案：「明堂」下有「者」字，而今本脱之。《文選·東都賦》注引有「者」字。《明堂位》亦云：「明堂也者，明諸侯之尊卑也。」

明堂之制

「明堂方百一十二尺，高四尺，階廣六尺三寸。室居中，方百尺，室中方六十尺，户高八尺，廣四尺。東應門，南庫門，西皋門，北雉門。東方曰青陽，南方曰明堂，西方曰總章，北方曰玄堂，中央曰大廟。左爲左介，右爲右介」。右文八十一，今本脱去。盧據《太平御覽·禮儀部十二》及《隋書·宇文愷傳》補入。然《御覽》「室中方六十尺」下無「户高八尺，廣四尺」七字，而《隋書》有之，其所引與《御覽》亦互有詳略。又《藝文類聚·禮部上》《初學記·禮部上》引「室中方六十尺」下亦無「户高八尺」云云，而有「牖高三尺，門方十六尺」九字，亦互有詳略。

涿鹿之河

《嘗麥篇》：「蚩尤乃逐帝，争于涿鹿之河。」盧曰：「『河』或當作『阿』。」梁氏處素曰：「据《史記·五帝紀》注：『涿鹿，山名。阪泉，一名黄帝泉。至涿鹿與涿水合。』蓋所謂『涿鹿之河』，『河』字似不誤。」念孫案：盧説是也。涿鹿，山名。涿，水名。阪泉至涿鹿與涿水合，不得即謂之涿鹿之河也。《五帝紀》曰：「黄帝邑于涿鹿之阿。」正義曰：「涿鹿故城在涿鹿山下，即黄帝所都之邑。」《水經·㶟水注》曰：「涿水東北流逕涿鹿縣故城南。黄帝與蚩尤戰于涿鹿之野，遷其民于涿鹿之阿，即於是處也。」則「河」字明是「阿」字之誤，且諸書皆言戰於涿鹿之野，不言戰於河也。

是威厥邑

「是威厥邑，無類于冀州」。念孫案：「威」字義不可通，疑是「烕」字之誤，「烕」即「滅」字。《小雅·正月篇》「褒姒烕之」，昭元年《左傳》「烕」作「滅」。《史記·周本紀》「不顯亦不賓滅」，《逸周書》「滅」作「烕」。秦《詛楚文》「伐烕我百姓」，漢《成陽靈臺碑》「興烕繼絶」，竝與「滅」同。類，種也。言國都既滅，無有種類也。

非不念而知故問伯父

《本典篇》：「今朕不知明德所則，正教所行。字民之道，禮樂所生。非不念而知，故問伯父。」念孫案：「非不念而知」文義不明，當作「非不念，念而不知」。前《大戒篇》曰「非不念，念不知」，是其證。「故問伯父」，《文選·魏都賦》注、《新漏刻銘》注、《齊故安陸昭王碑》注竝引作「敬問伯父」，是也。下文又云：「幼愚敬守，以爲本典。」

能求士□者智也

念孫案：「能求士者智也，與民利者仁也」，句法上下相同，則上句不當有闕文。下文「士有九等，皆得其宜」，正所謂「能求士者智也」，其無闕文明矣。《玉海》六十七引此無闕文。

考言

《官人篇》：「觀誠考言，視聲觀色，觀隱揆德。」念孫案：「考言」當作「考志」。下文自「方與之言，以觀其志」以下皆考志之事，非考言之事。又曰「弱志者也」、「志治者也」，則當作「考志」明矣。今作「言」者，蓋因篇内多「言」字而誤。《大戴記·文王官人篇》正作「考志」。下文「此之謂考言」同。

醉之酒　從之色

「醉之酒以觀其恭，從與「縱」同。之色以觀其常」。念孫案：「酒」、「色」二字，後人所加也。「醉之以觀其恭」，文義已明，無庸更加「酒」字。若「縱之以觀其常」，則非止一事，但言色則偏而不具矣。且喜之、怒之、醉之、縱之、遠之、昵之六者相對爲文，則原無「酒」、「色」二字可知。《羣書治要》作「醉之以觀其失，縱之以觀其常」。《大戴記》作「醉之以觀其不失，縱之以觀其常」，皆無「酒」、「色」二字。

心遷移　氣惵懼

「導之以利而心遷移，臨攝今本作「懾」，據《文選注》《後漢書注》引改。以威而氣惵懼」。盧曰：「李善注《東都賦》引『惵懼』作『惵惵』。」念孫案：此文本作「導之以利而心移，臨攝以威而氣惵」。《玉篇》：「惵，徒頰切，恐懼也。」今本作「氣惵懼」者，閱者旁記「懼」字，而寫者因誤入正文，後人不知，又於上句加「遷」字，而以「遷移」對「惵懼」，斯爲謬矣。《後漢書・章德竇皇后紀》注引《周書》有「懼」字，亦後人依誤本加之。《班固傳》注引《周書》無「懼」字。案：上文云

「深導以利而心不移」，此云「導之以利而心移」，「移」與「不移」正相對，不當增入「遷」字。上文云「臨攝以威而氣不卑」，此云「臨攝以威而氣慄」，「慄」與「不卑」亦相對。凡人懼則其氣卑下，故《東都賦》言「慄然意下」也。若云「臨攝以威而氣慄懼」，則大爲不詞。《大戴記》作「示之以利而易移，臨攝舊本如是，盧本改爲「懾」。以威而易懾」，「懾」與「慄」同義，而上句無「遷」字，下句亦無「懼」字。李善注《東都賦》云：「《周書》曰：『臨攝以威而氣慄。』句慄，猶恐懼也。」則《周書》本無「懼」字明矣。盧引李注以「慄慄」連讀，失之。

難決以物

「難決以物，難説以言」。今本脱「言」字，盧已辯之。念孫案：「決」當爲「設」。「難設以物」，正與上文「設之以物」相應。上文「設之以物而數決」，「數」與「速」同。言其智也。此云「難設以物，難説以言」者，設之以物而不能決，説之以言而不能喻，言其愚也。今本「設」作「決」，即涉上文「數決」而誤。《大戴記》作「難投以物」，「投」亦「設」之誤，則本作「設」明矣。

和氣

「和氣簡備，勇氣壯力」。引之曰：「和」當爲「知」，「知」與「智」同。「智氣」、「勇氣」對文。

「知」、「和」字相似，又涉上文「温和」而誤。《大戴記》正作「智氣」。

以其隱觀其顯

念孫案：此本作「以其顯，觀其隱」。人之聲顯而易見，其心氣則隱而不可見，故曰「以其顯，觀其隱」，即上文所云「聽其聲，處其氣」也。今本「顯」、「隱」二字互易，則義不可通。《大戴記》作「以其見，占其隱」，「見」亦「顯」也。

薦然

「怒色薦然以侮」。引之曰：「薦」字義不可通，「薦」當爲「茀」，字形相近而誤也。「茀」與「艴」同。《孟子·公孫丑篇》「曾西艴然不悦」，趙注曰：「艴然，愠怒色也。」音義：「艴，丁音勃。張音佛。」《楚策》曰：「王怫然作色。」「怫」與「茀」皆「艴」之借字也。《莊子·人閒世篇》「獸死不擇音，氣息茀然」，義與「艴然」亦相近。《大戴記》作「怒色拂然以侮」，「拂」亦「艴」之借字，以是明之。

瞿然以静

「憂悲之色，瞿然以静」。念孫案：《玉藻》説喪之視容曰「瞿瞿梅梅」，則「瞿然」乃視容，非色容也。又案：經傳中凡言「瞿然」者，皆是驚貌，說文作「界」，云：「舉目驚界然也。」則又不得言「瞿然以静」矣。《大戴記》作「纍然以静」，是也。《玉藻》「喪容纍纍」，鄭注曰：「羸憊貌也。」《家語·困誓篇》注曰：「纍然，不得意之貌。」故曰「憂悲之色，纍然以静」。「纍」字上半與「瞿」略相似，因誤而爲「瞿」矣。

□貌而有餘

「問則不對，佯爲不窮，□貌而有餘」。引之曰：自「貌而有餘」以上五句，皆四字爲句。「貌」上本無闕文，「而」讀爲「如」。「貌如有餘」，正承「佯爲不窮」而言。《大戴記》作「色示有餘」，則本無闕文明矣。

懽不盡

「心説而身弗近，身近而實不至，懽不盡」。念孫案：「懽不盡」三字義不可通。「懽」當爲「懽」，字之誤也。此言心説賢者而身不近之，雖近之亦徒有虛名而實不至，又不盡其懽也。《大戴記》作「身近之而實不至，而懽忠不盡」，是其證。

言弗發　□弗德

「有知而言弗發，有施而□弗德」。念孫案：此文本作「有知與「智」同。而弗發，有施而弗德」。「發」讀曰「伐」。上文「發其所能」、「發名以事親」，《大戴記》作「伐」。《管子·四時篇》：「求有功發勞力者而舉之。」高注《淮南·脩務篇》曰：「伐，自矜大其善也。」「有知而弗伐」、「有施而弗德」皆五字爲句，上句本無「言」字，下句亦無闕文，後人於「弗發」上加「言」字，後人不知「發」與「伐」同，而誤以爲「發言」之「發」，故加「言」字。則上句多一字矣。校書者不知「言」字爲後人所加，而以爲下句少一字，遂於下句内作空圍以對「言」字，此誤之又誤也。《大戴記》正作「有知而不伐，有施而不置」。「置」與「德」同。《繫辭傳》「勞而不伐，有功而不德」，釋文：「『德』，鄭、陸、蜀才作『置』。鄭云：『置當爲德。』」《荀子·哀公篇》：「言忠信而心不德，仁義在身而色不伐。」《大戴記·哀公問五義篇》「德」作「置」。

克易

「言行亟變，從容克易，好惡無常，行身不篤」。念孫案：「克」、「易」二字義不可通，「克」當爲「交」。隸書「交」作「⿱亠又」，「克」作「克」，二形相似，故「交」誤爲「克」。上文「言行不類，終始相悖，外内不合」，《大戴記》「外内不合」上有「陰陽交易」四字，今本「交」字亦誤作「克」。從容，舉動也。《楚辭·九章》注曰：「從容，舉動也。」説見《廣雅疏證・釋訓》。「從容」與「言行」對文，「從容交易」，言其舉動之變易無常也。宣十二年《公羊傳》曰：「君之不令臣交易爲言。」義與此相近。「言行亟變」四句，大意相同，皆謂其性行之無常也。《大戴記》作「從容謬易」，義亦與「交易」同。

陰羽

《王會篇》：「墠上張赤帟陰羽。」孔注曰：「陰，鶴也。」王應麟補注曰：「《易》曰：『鳴鶴在陰。』《相鶴經》曰：『鶴，陽鳥也，而游於陰。』故以陰爲鶴。」引之曰：古無謂鶴爲陰者，鶴游於陰而謂鶴爲陰，鴈爲隨陽之鳥，亦將謂鴈爲陽乎？今案：「陰羽」與「赤帟」對文，謂淺黑色之羽也。《説文》：「陰，闇也。」闇謂之陰，故淺黑色亦謂之陰。《爾雅》馬「陰白雜毛，駰」，孫炎曰：「陰，淺黑也。」見《魯頌・駉》正義。是其證。下文「青陰羽」亦謂青黑色之羽也，孔亦誤以爲鶴羽。

似騏背有兩角

「白民乘黃。乘黃者似騏，背有兩角」。王云：「《文選注》云『似狐』，見下。又引《山海經》《海外西經》『白民之國有乘黃，其狀如狐，其背上有角』，《淮南子注》《覽冥篇》『乘黃出西方，狀如狐，背上有角』。」念孫案：此文本作「乘黃者似狐，其背有兩角」，傳寫脱去「狐」字，則「似」、「其」二字相連，後人以乘黃是馬名，遂改「似其」爲「似騏」，而不知其謬以千里也。《山海經注》引此正作「似狐」，《文選·王融曲水詩序》注、《初學記·獸部》竝引作「乘黃者似狐，其背有兩角」，今據以訂正。

翕其目

「州靡費費，其形人身反踵，自笑，笑則上脣翕其目，食人」。念孫案：「翕」當爲「弇」字之誤也。「翕」與「弇」不同義。翕，合也。弇，蔽也。此謂上脣蔽其目，非合其目之謂也。「費費」，《説文》作「𩰚𩰚」，云：「周成王時，州靡國獻𩰚𩰚，人身反踵，自笑，笑即上脣弇其目，食人。」又云：「一名梟陽。」全用此篇之文，而其字正作「弇」。《海内南經》注引《周書》曰：「州靡髴髴者，人身反踵，自笑，笑則上脣掩其面。」「掩」、「弇」古字通，則「翕」爲「弇」之誤益明矣。又《海内經》曰：「南方有贛巨人，郭注：「即梟陽也。」人面長脣，黑身有毛，反踵，見人則笑，脣蔽其面。」「蔽」亦「弇」也。

䶂犬

「渠叟以䶂犬。䶂犬者，露犬也。能飛，食虎豹」。王本「䶂」作「鼩」，云：「鼩，權俱切。一作䶂，之若切。」盧曰：「案《廣韻》『䶂，北教切。能飛，食虎豹』，正此是也。《説文》：『䶂，胡地風犬。』王從李善注《文選》作『鼩』。王融《三月三日曲水詩序》注。鼩乃小鼠，李注或字譌，不可從。」念孫案：作「鼩」者是也。《海内北經》曰：「蜪犬，如犬而青，食人從首始。」注曰：「音陶，或作蚼，音鉤。」亦以作「蚼」者爲是。《説文》「蚼」字解曰：「北方有蚼犬，食人，從虫句聲。」徐鉉音古厚切。即本於《海内北經》也。彼言海内西北陬以東，此言渠叟；彼言食人，此言食虎豹。地與事皆相近。彼作「蚼犬」，是本字。此作「鼩犬」，是假借字。故李善引作「鼩犬」，而盧以爲字譌，則未達假借之旨也。「鼩」、「䶂」字形相似，故誤而爲「䶂」，「䶂」是鼠屬，與「蚼犬」無涉。《説文》「䶂，胡地風鼠，從鼠勺聲」，不云「風犬」。《廣韻》：「䶂，鼠屬。能飛，食虎豹，出胡地。」其云「鼠屬，出胡地」，是也。而又云「能飛，食虎豹」，則惑於俗本《周書》之「䶂犬」而誤。盧引《廣韻》「能飛，食虎豹」，而删去「鼠屬」二字，又改《説文》之「風鼠」爲「風犬」，以牽合「䶂犬」，其失也誣矣。

吐嘍

「北方謂之吐嘍」。念孫案：「吐嘍」本作「土螻」。此「螻」誤爲「嘍」，而「土」因誤爲「吐」也。《爾雅疏》引此已誤。《説文》《廣韻》《爾雅釋文》及《太平御覽·獸部二十》皆作「土螻」。《西山經》云「昆侖之丘有獸焉。其狀如羊而四角，名曰土螻」，此與「費費」同名而異物，然其字亦作「土螻」。

獨鹿

「獨鹿邛邛」。孔注曰：「獨鹿，西方之戎也。」念孫案：上下文六國皆東北夷，則獨鹿亦東北夷，非西方之戎也。「獨」與「涿」古聲相近，「獨鹿」即「涿鹿」也。《漢書·武紀》「行幸歷獨鹿鳴澤」，服虔曰：「獨鹿，山名，在涿郡。」《史記·五帝紀》「黄帝與蚩尤戰于涿鹿之野」，集解亦引服虔曰：「涿鹿，山名，在涿郡。」索隱曰：「案《地理志》：『上谷有涿鹿縣。』然則服虔云在涿郡者，誤也。」是「獨鹿」即涿鹿，其地在今宣化府保安州南，非西方之戎明矣。

古黄

「文馬赤鬣縞身，目若黄金，名古黄之乘」。盧曰：「古黄，《説文》作『吉皇』，《海内北經》注引作『吉黄』。此從舊本作『古黄』，與《初學記》所引亦合。」念孫案：作「吉黄」者是也。王本作「吉黄」，與《説文》《山海經注》合。《山海經圖讚》亦作「吉黄」。《文選·東京賦》注引《瑞應圖》云：「騰黄，神馬，一名吉光。」「光」、「黄」古同聲，「吉光」即「吉黄」也。《海内北經》作「吉量」，下字雖不同，而上字亦作「吉」，則作「吉黄」者是也。《藝文類聚·祥瑞部下》《初學記·獸部》引此竝作「古黄」，乃類書相沿之誤，不可從。

鸞楊

「鸞楊之翟」。今本「楊」作「揚」非，辯見《漢書·天文志》。念孫案：「鸞楊」本作「楊鸞」，故孔注曰：「楊州之鸞貢翟鳥。」今本「楊鸞」二字倒轉，則義不可通，且與注不合。上文之「良夷山戎」，若倒言之曰「夷良戎山」，其可乎？「楊鸞」之誤爲「鸞楊」，猶《詩》「荆鸞」之誤爲「鸞荆」。段氏《詩經小學》已辯之。

四足果

「狖犬者，巨身，四足果」。梁氏曜北曰：「四足果，蓋足短之稱。若果下牛、果下馬矣。」念孫案：古無謂短爲果者。果下馬，謂馬高三尺，乘之可於果樹下行耳，見《魏志·東夷傳》注。非謂短爲果也。而以「四足果」爲「四足短」，可乎？予謂「果」疑即「裸」字。《周官·龜人》「東龜曰果屬」，釋文：「果，魯火反。」「魯火」正切「裸」字，是「果」與「裸」同音，故「祖裼裸裎」之「裸」亦通作「果」。范望注《太玄·玄數》曰：「裸謂無鱗甲毛羽。」然則「四足果」者，四足無毛之謂與？

□鰂之醬

「請令以魚皮之鞞、□鰂之醬、鮫瞂利劒爲獻」。孔注曰：「鰂，魚名。」盧曰：「□疑是『烏』字。」念孫案：《北堂書鈔·酒食部五》引作「鯸鰂之醬」，又引注云：「鯸鰂，魚名。」《玉篇》「鯸，午胡切，魚名。」《廣韻》作「鋙」。未知其審。

代翟

「正北空同、大夏、莎車、姑他、旦略、豹胡、代翟、匈奴、樓煩、月氏、孅犁、其龍、東胡」。《玉海》六十五、百五十二「代翟」竝作「戎翟」。《補注》本作「代翟」，云「代，一作『戎』」。念孫案：作「戎翟」者是也。孔注云「在西北，界戎狄之閒，國名也」，則正文之作「戎翟」甚明。若古代翟之國在今宣化府蔚縣東，則不得言「在西北」，又不得言「界戎狄之閒」矣。然則正文、注文皆作「戎翟」，作「代翟」者誤也。

逸周書弟四

文武之蔑

《祭公篇》：「茲申予小子，追學於文武之蔑。」孔注曰：「言已追學文武之微德。」念孫案：正文但言「蔑」，不言蔑德，與《君奭》之「文王蔑德」不同，不當加「德」字以釋之。予謂「蔑」與「末」同。穆王在武王後四世，故曰「追學於文武之末」。《小爾雅》曰：「蔑，末也。」《顧命》曰：「眇眇予末小子。」《漢書·韋玄成傳》曰：「於蔑小子。」「蔑」即「末」也。《大雅·板篇》「喪亂蔑資」，《潛夫論·敘録》「蔑」作「末」。《論語·子罕篇》「末由也已」，《史記·孔子世家》「末」作「蔑」。

畢桓于黎民般

「祭公拜手稽首曰：允乃詔，句。《大開武篇》「王拜曰：格乃言。」句法與此同。畢桓于黎民般」。孔注曰：「般，樂也。言信如王告，盡治民樂政也。」念孫案：孔訓「般」爲「樂」，而加「政」字以增成其義，殊有未安。予謂「桓」疑「相」之誤，「般」疑「服」之誤。「服」本作「舨」，與「般」相似而誤。《荀子・賦篇》「讒人服矣」，「服」本或作「般」。《廣雅》：「懾，服也」。「服」今本作「般」。《爾雅》「服，事也」，釋文：「服，又作舨字。」今本「舨」作「般」，皆其證。畢相于黎民服者，畢，皆也。見《士冠禮》、《月令》注。相，治也。昭九年《左傳》「楚所相也」，二十五年《傳》「相其室」，杜注竝曰：「相，治也。」《小爾雅》同。服，事也。于，語助耳。相于黎民，即相黎民也。「于」、「於」古字通，上文「付畀於四方」即「付畀四方」，是其證。言王之所詔皆治民之事也。據注云「信如王告，盡治民樂政也」，則孔所見本尚作「相」，故以治民解之。唯「服」字已誤作「般」，故訓爲「樂」耳。

大開方封于下土

「自三公上下，辟于文武。文武之子孫，大開方封于下土」。引之曰：當作「大開封方于下土」。「封」、「邦」古字通，「方」、「旁」古字通。旁者，溥也，徧也。說見《經義述聞》「旁通情也」及「湯湯洪水方割」二條。言大開我國之疆界，徧於下土也。今本「封」、「方」二字倒轉，則義不可通。孔注：「言我上法文武，大開國旁布於下土。」「國」字是釋「封」字，「旁」字是釋「方」字，以是明之。

固

「女無以嬖御固莊后」。孔未解「固」字。念孫案：「固」讀爲「婟」。音「護」。《説文》：「婟，嫪也。」《廣雅》作「嫭」，云「嫉、嫪、嫭，妬也」。是「婟」與「嫉」、「妬」同義，言汝毋以寵妾嫉正后也。「婟」之通作「固」，猶「嫉」之通作「疾」。下文曰「女無以嬖御士疾莊士大夫卿士」，「疾」亦「固」也。《緇衣》引此作「毋以嬖御人疾莊后」，是其證。

免没我世

「昔在先王，我亦丕維舊本「丕維」二字倒，今依盧説乙正。以我辟險于難，不失于正，我亦以免没我世」。念孫案：「免没我世」義不可通。「免」當爲「克」，字之誤也。没，終也。言能終我世也。孔注云「能以善没世」，「能」字正釋「克」字。

疾大夫卿士

「女無以嬖御士疾大夫卿士」。念孫案：「大夫」上有「莊士」二字，而今本脱之。上文注曰：「莊，正也。」上文之「莊后」對「嬖御」而言，此文之「莊士」對「嬖御士」而言，「大夫卿士」

又尊於莊士，故并及之。若無「莊士」二字，則失其本旨矣。《緇衣》引此正作「毋以嬖御士疾莊士大夫卿士」。

左史

《史記篇》：「召三公、左史戎夫。」盧曰：「案《竹書紀年》『穆王二十四年，命左史戎夫作《記》』，《古今人表》作『右史』，譌。」念孫案：鈔本《北堂書鈔·設官部七》出「右史朔望以聞」六字，注引《周書》「召三公、右史戎夫」云云。陳禹謨本删去注文，而正文尚未删。《太平御覽·職官部三十二》同。是《周書》本作「右史戎夫」，而《漢書》即本於《周書》也。「左」、「右」字形相近，傳寫易譌，何必左史之是而右史之非乎？

則哲士淩君政禁而生亂

「信不行，義不立，則哲士淩君政，禁而生亂」。孔讀「政」字上屬爲句，注曰：「言君不行信義，信義由智生，故哲士淩君之政也。」「禁」字下屬爲句，注曰：「禁義信則亂生。」引之曰：孔讀非也。「則哲士淩君政禁而生亂」作一句讀，《曲禮》「入竟而問禁」，鄭注曰：「禁謂政教。」《王制》「齊其政」，注曰：「政謂刑禁。」是「政」與「禁」義相因，故以「政禁」連文。下文

「邪人專國政禁而生亂」，讀與此同，孔亦誤以「政」字上屬，「禁」字下屬。

僞

「昔有林氏再戰而勝，上衡氏僞義弗克，俱身死國亡」。念孫案：「僞」讀曰「爲」。說見《史記·淮南衡山傳》。爲義而弗克，故注云「怠義」，非「詐僞」之「僞」。

屈而無以賞

「昔者西夏惠而好賞，屈而無以賞」。念孫案：屈者，竭也。見《呂氏春秋·愼勢篇》注、《淮南·原道篇》注。「屈」上當有「財」字，故孔注曰：「無財可用。」

獄山

《職方篇》：「其山鎭曰獄山。」引之曰：「獄」下本無「山」字，故孔注曰：「獄，吴獄也。」後人依俗本《周官》加「山」字。辯見《經義述聞·周官》。

彊蒲

「其澤藪曰彊蒲」。念孫案：彊蒲，《周官》及《羣書》皆作「弦蒲」，蓋「弦」與「強」字形相似，「弦」誤爲「強」，又誤爲「彊」耳，當改正。

脱文十二

《芮良夫篇》「芮伯若曰」云云。念孫案：《羣書治要》「芮伯若曰」上有「厲王失道，芮伯陳誥，作《芮良夫》」十二字，而今本脱之。或曰：《後敘》云：「芮伯稽古作訓，納王于善，暨執政小臣，咸省厥躬，作《芮良夫》。」則本篇不當更有此數語。予謂《大匡篇》曰：「維周王宅程三年，遭天之大荒，作《大匡》以詔牧其方。」《程典篇》曰：「維三月既生魄，文王合六州之侯，奉勤于商。商王用宗讒，震怒無疆。諸侯不娯，逆諸文王，文王弗忍，乃作《程典》，以命三忠。」《謚法篇》曰：「維周公旦，大公望開嗣王業，建功于牧之野，終將葬，乃制謚，遂敘《謚法》。」以上三篇，與本篇文同一例，則本篇亦當有此數語，不得以後有總敘而謂此數語爲重出也，今從《治要》補。

稽道謀告

「予小臣良夫，稽道謀告」。念孫案：「稽道」即「稽首」也。「道」從首聲，故與「首」字通用。《史記·秦始皇紀》「會稽刻石文：追首高明」，索隱曰：「今碑文『首』字作『道』。」是《史記》借「首」爲「道」也。前《周月篇》「周正歲道」，即歲首，是《逸周書》借「道」爲「首」也。「謀」當爲「謹」，字之誤也。《羣書治要》正作「稽首謹告」。若作「謀告」，則義不可通。

否則民讎

「德則民戴，否則民讎」。念孫案：下句本作「否德民讎」。否德，不德也，《堯典》「否德忝帝位」是也。正義曰：「否、不，古今字。」《説文》：「否，不也。」「否德」與「德」正相對，今本作「否則」者，涉上句「則」字而誤，《羣書治要》正作「否德民讎」。晚出《古文尚書·伊訓篇》「德惟治，否德亂」，即本於《逸周書》。

不道　肆我有家

「商紂不道，夏桀之虐，肆我有家」。念孫案：「不道」本作「弗改」，此後人不曉文義而改之也。桀以虐失天下，是紂之所聞也，而其虐仍與桀同，故曰「弗改夏桀之虐」。下文云「爾聞爾知，弗改厥度」，正與此「弗改」相應。見下「脱文十二」一條內。《大戴記·少閒篇》曰：「紂不率先王之明德，乃上祖夏桀行，以爲民虐。」即此所謂「弗改夏桀之虐」也。若云「商紂不道」，則與「夏桀之虐」四字了不相涉矣。《羣書治要》正作「商紂弗改夏桀之虐」。「肆我有家」亦當從《治要》作「肆我有周有家」。肆，故也。有家，有國家也。《般庚》曰：「亂越我家。」《金縢》曰：「昔公勤勞王家。」《周頌·桓》曰：「克定厥家。」言唯商紂弗改夏桀之虐，故我有周得有此國家也。

昏行□顧

「惟爾執政小子，同先王之臣，昏行□顧，道王不若」。孔注曰：「同，爲。昏，闇。言教王爲不順。」注本作「同，謂位同也。昏，闇。言教王爲不順」。案：「同，謂位同也」是釋「同先王之臣」，「昏，闇」是釋「昏」字，「言教王爲不順」是釋「道王不若」。各本「同謂」誤作「同爲」，又脱「位同也」三字，今據《治要》訂正。念孫案：「顧」上今本闕一字，《羣書治要》作「昏行内顧」。「内顧」二字，與上下文義不合。引之曰：内，疑當作「罔」。昏，亂也。見昭十四年《左傳》注、《楚語》注、《吕氏春秋·貴直篇》注、《楚辭·九章》注。罔，無也。言爾執政小子，既亂行而無所顧忌，又導王爲不順之事也。下文「專利作威，佐亂進禍」，正所謂「昏行罔顧」也。「罔」字本作「网」，隸省作「冈」，俗作「冂」，與「内」字相似，因誤而爲「内」矣。前《皇門篇》「罔不茂揚肅德」，今本「罔」誤作「内」，即其證。

脱文十二

「古人求多聞以監戒，不聞，是惟弗知」。念孫案：此下有「爾聞爾知，弗改厥度，亦惟艱哉」十二字，而今本脱之。案上文言「不聞，是惟弗知」，此文言既聞既知而不改，則末如之何也。若無此三句，則上文皆成不了語矣。下文云「其惟洗爾心，改爾行」，又云「爾乃瞶禍翫裁，遂非弗悛」，竝與此「弗改厥度」相應，今據《羣書治要》補。《治要》又引孔注云：「知而不改，無可如何，故曰難也。」今本亦脱之。

脱文二十二

「烏呼！□□□如之」。孔注曰：「人養之則擾服，雖家畜，不養則畏人。治民亦然也。」念孫案：今本「烏呼」下闕三字，考其原文，本作「烏呼！野禽馴服于人，家畜見人而奔，非禽畜之性，實惟人，民亦如之」。注文本作「雖野禽，人養之則擾服，雖家畜，不養則畏人。治民亦然也」。今本正文脱去二十二字，僅存「烏呼如之」四字，則與注文全不相應；注首脱去「雖野禽」三字，則文義不明。《羣書治要》注文已與今本同，而正文則一字不闕。又案：正文當作「家畜馴服于人，野禽見人而奔」，蓋家畜爲人所養，則馴服于人，野禽非人所養，則見人而奔，故曰「非禽畜之性，實惟人」也。民之於君也，善之則如家畜，不善之則如野禽，故曰「民亦如之」也。《吕氏春秋·適威篇》引《周書》曰：「民善之則畜也，不善則讎也。」語意正與此同。《治要》本「家畜」與「野禽」互誤，則義不可通。而孔本已如此，故不得其解而曲爲之詞。人未有不養家畜者，家畜亦未有見人而奔者，故知注爲曲説。

以貪諛爲事

「今爾執政小子，惟以貪諛爲事」。念孫案：「爲事」本作「事王」。「貪」謂聚斂也，「諛」謂諂言也。小人非此二者，則無以事君，故曰「惟以貪諛事王」。下文曰「惟爾小子，飾言事王」，是其證。今本「事王」作「爲事」，則非其旨矣。《羣書治要》及《太平御覽·人事部三十三》竝作「惟以貪諛事王」。

遂弗悛

「爾乃瞶禍翫裁，遂弗悛」。念孫案：「遂」下有「非」字，而今本脱之。「瞶禍翫裁，遂非弗悛」皆四字爲句，若無「非」字，則文義不明，而句法亦不協矣。《北堂書鈔·政術部四》引此正作「遂非弗悛」。

□不存焉

「惟禍發于人之攸忽，于人之攸輕。《羣書治要》「于人之攸輕」上有「咎起」二字。□不存焉，變之攸伏」。念孫案：《羣書治要》作「心不存焉」，是也。心所不存，即上文所謂「人之攸忽」、「人之攸輕」。

不圖善

「爾執政小子，不圖善，偷生苟安」。念孫案：「不圖善」本作「不圖大囍」。「囍」，籀文「艱」字。大囍，即上所云國人爲患也。不圖大囍，則偷生苟安而已。若云「不圖善」，則與下句義不相屬矣。上文云「爾執政小子，不勤德以備難」，正所謂「不圖大囍」也。今本作「不圖善」者，「囍」字闕其半而爲「喜」，「喜」與「善」相似而誤，又脱去「大」字耳。《羣書治要》正作「不圖大艱」。

其不遂

《大子晉篇》：「逡巡而退，其不遂。」盧曰：「《御覽》百四十六『其』下有『言』字。」念孫案：《御覽》是。

盡忘吾其度

「吾年甚少，見子而慑，盡忘吾其度」。念孫案：「忘」與「亡」同。說見《經義述聞》「曷維其亡」下。亡度，失度也。「其」字疑衍。《太平御覽·人事部十三》及《百八》引此皆無「其」字。

始

「自晉始如周，身不知勞」。念孫案：「自晉如周」句中不當有「始」字，蓋即「如」字之誤而衍者。

謂之曰伯

「士率衆時作，謂之曰伯」。念孫案：「曰」字涉下文而衍。「曰」與「謂之」同義，此文「謂之胄子」、「謂之士」、「謂之伯」、「謂之公」、「謂之侯」、「謂之君」，言「謂之」則不言「曰」。下文「曰予一人」、「曰天子」、「曰天王」，言「曰」則不言「謂之」。故知「曰」爲衍字也。《北堂書鈔·封爵部上》《太平御覽·封建部二》引此皆無「曰」字。

非舜而誰能

「穆穆虞舜，明明赫赫，立義治律，萬物皆作，分均天財，萬物熙熙，非舜而誰能」。盧補校曰：「『能』字疑衍，『誰』字與上『財』、『熙』韻協。」念孫案：師曠問曰「自古誰」，王子荅曰「非舜而誰」，兩「誰」字正相應，則「誰」下不當有「能」字。《文選·封禪文》注引此無「能」字。盧以「能」爲衍字，是也。而謂「誰」與「財」、「熙」爲韻，則非。「誰」於古音屬脂部，「財」、「熙」於古音屬之部，兩部絶不相通，則「誰」與「財」、「熙」非韻也。說見《六書音均表》。此文以「赫」、「作」爲一韻，「財」、「熙」爲一韻，而末句不入韻。上文云：「温恭敦敏，方德不改，聞物□□，下學以起，尚登帝臣，乃參天子，自古誰？」「誰」字亦不入韻也。

東躅

「師曠東躅其足曰：『善哉善哉。』」念孫案：「東躅」二字義不可通。「東」當爲「束」，字之誤也。「東躅」疊韻字，謂數以足踏地而稱善也，故王子曰「大師何舉足驟」。孔注「東躅，踏也」，「東」亦「束」之誤。《北堂書鈔·政術部四》、《太平御覽·人事部十三》《樂部十四》引此竝作「束躅其足」。

湯退再拜　湯以此讓三千諸侯莫敢即位

《殷祝篇》：「湯退再拜，從諸侯之位。」念孫案：此文本作「湯取天子之璽，置之天子之坐左，退而再拜，從諸侯之位」。上言「置璽於天子之坐左」，故下言「退從諸侯之位」，今本脱去「取天子之璽，置之天子之坐左」十二字，僅存「湯退」二字，「退」下又脱「而」字。則敘事不明。又案：蔡邕《獨斷》曰：「璽者，印也。古者尊卑共之。《月令》曰：『固封璽。』《春秋左氏傳》曰：『魯襄公在楚，季武子使公治問璽書，追而與之。』此諸侯大夫印稱璽者也。衛宏曰：『秦以來天子獨以印稱璽。』」以上《獨斷》。然則自周以前，璽爲上下通稱，故特別言之曰「天子之璽」。而今本無此文，則後人不知古義而删之也。鈔本《北堂書鈔·儀飾部一》「璽」下出「置天子坐」四字，注引《周書》曰：「湯取天子之璽，置之天子之坐左，復古「退」字。而再拜，從諸侯之位。」《藝文類聚·帝王部二》《人部五》、《太平御覽·皇王部八》《人事部六十四》所引竝與《書鈔》同。

「湯以此讓，三千諸侯莫敢即位」。案：《類聚》《御覽》竝引作「湯以此三讓三千諸侯，諸侯莫敢即位」。今本「讓」上無「三」字，「諸侯」二字又不疊，皆寫者脱之。

朕則名女

《周祝篇》：「朕則生女，朕則刑女，朕則經女，朕則亡女，朕則壽女，朕則名女。」念孫案：名者，成也。《廣韻》引《春秋説題辭》曰：「名，成也。」《廣雅》同。《法言・五百篇》「或性或彊，及其名，一也」，猶《中庸》言「及其成功，一也」。李軌注以「名」爲「名譽」之「名」，失之。始言生女，終言名女，是名爲成也。孔云「名汝善惡」，失之。

在□言

「石有玉而傷其山，萬民之患在□言」。念孫案：此闕文本在「在」字上，今在「在」字下，誤也。考其原文本作「石有玉而傷其山，萬民之患故在言」，言山之所以受傷者，以其有玉；人之所以致患者，故在言也。「故」今通作「固」。上文云「文之美而以身剝，自謂智者故不足」，各本「者」上衍「也」字，今删。文義正與此同。《文子・符言篇》「石有玉，傷其山。黔首之患固在言」，即用《周書》之文。

勤以徙

「時之行也勤以徙，不知道者福爲禍」。念孫案：「勤」當爲「動」，字之誤也。言時之行也，變動而遷徙，人不知變動以從時，則𩛥之爲福者，今反爲禍也。今本「動」作「勤」，則非其旨矣。《文子》作「動以徙」，是其證。下文「時之徙也勤以行」，「勤」亦「動」之誤。

焚其草木

「故澤有獸而焚其草木，大威將至不可爲巧」。引之曰：「木」字後人所加，下文「焚其草木」同。獸依草而居，故曰「澤有獸而焚其草」，不當兼言木也。且「草」與「巧」爲韻，加一「木」字，則失其韻矣。上下文皆用韻，則此二句無不韻之理。

時之還

「故時之還也無私貌，日之出也無私照」。孔注曰：「還，謂至也。」念孫案：諸書無訓「還」爲至者。「還」當爲「遝」，「遝」與「逮」同。《爾雅》：「逮，及也。」及亦至也，故孔云「遝，謂至也」。又云「時至竝應，日出普照」。以「日出」比「時至」，則當言時之逮，不當言時之還也。

古字多以「還」爲「逮」，與「還」字相似，故諸書「還」字多誤作「還」。説見《漢書·天文志》「大白還之」下。

須國 屠

「故平國若之何？須國、覆國、事國、孤國、屠，孔注：「屠，謂爲人分裂也。」皆若之何」。念孫案：「須」字義不可通，疑「頃」字之誤。《荀子·性惡篇》：「天下之悖亂而相亡，不待頃矣。」楊注：「頃，本或爲須。」「頃」與「傾」同。傾，危也。見《晉語》、《越語》注。「傾國」與「覆國」義相近。「屠」下亦當有「國」字。

剛柔

「故惡姑幽？惡姑明？惡姑陰陽？惡姑短長？惡姑剛柔」。念孫案：「剛柔」當爲「柔剛」，此倒文以協韻也。正文用韻，故言「柔剛」；注文不用韻，故言「剛柔」。而後人遂以注文改正文矣。不知《説卦傳》之「迭用柔剛」，《西山經》之「五色發作，以和柔剛」，皆倒文協韻也。凡古書之倒文協韻者，後人多改之。説見《荀子》「有鳳有皇」下。

奚可刻

「故海之大也而魚何爲可得？山之深也虎豹貔貅何爲可服？人智之邃也奚爲可測？跂動噦息而奚爲可牧？玉石之堅也奚可刻」。念孫案：末句亦當有「爲」字，而今本脱之，則文義不明，且與上文不協。

生事

「故忌而不得是生事，故欲而不得是生詐」。孔注曰：「生事，謂變也。」念孫案：此文本作「故忌而不得是生故，句欲而不得是生詐」。注本作「生故，謂生變也」。「忌而不得是生故」者，「故」謂變故也。言忌人而不得逞，則變故從此而生。故注云：「生故，謂生變也。」今本注文「變」上脱「生」字。後人誤以「故欲而不得」連讀，遂於上句加「事」字，并改注文之「生故」爲「生事」矣。不知「生故」與「生詐」對文，而下句内本無「故」字也。此篇之文，皆以一「故」字統領，下文未有連用兩「故」字者，且「故」與「詐」爲韻，詐，古音莊助反。説見《唐韻正》。若增入「事」字，而以「故」字屬下讀，則既失其句，而又失其韻矣。

以觀人情利有等

「天爲古，地爲久，察彼萬物，名於始。左名左，右名右，視彼萬物，數爲紀。紀之行也，利而無方，行而無止，以觀人情。利有等，維彼大道，成而弗改」。念孫案：此文以「久」、「始」、「右」、「紀」、「止」、「等」、「改」爲韻，「久」、「改」二字，古竝讀若「紀」。「右」字古讀若「以」。「等」字古讀若「宮商角徵羽」之「徵」。竝見《唐韻正》。「以觀人情利有等」二句連讀。孔以二句分屬上下節，而各自爲解，失之。

舉其脩

「舉其脩，則有理」。孔注曰：「脩，長也。謂綱例也。」念孫案：「脩」即「條」字也。條必有理，故曰「舉其條，則有理」。《漢書·高惠高后文功臣表》「脩侯周亞夫」，師古曰：「脩讀曰條。」是「條」、「脩」古字通。孔以「脩」爲「綱例」，義與「條」亦相近，而又訓爲長，則與綱例之義不合。此注疑經後人竄改也。

無咎

《武紀篇》：「得之而無逆，失之而無咎，唯敬。」念孫案：「無咎」當爲「有咎」。敬則無逆，不敬則有咎，故曰「得之而無逆，失之而有咎，唯敬」。今本「有」作「無」者，涉上文「無逆」而誤。

四梧禁豐一觴　甒迤　參冠一竽　蒲簟席皆素斧獨巾　桃枝獨蒲席皆素布獨巾　玄繢綫　象□□瑱　勤焚纓

《器服篇》脱誤不可讀。内有「四梧禁豐一觴」六字。念孫案：「梧」蓋「梧」字之誤。梧、禁、豐，皆飲酒所用。篆文「梧」、「梧」二字相似，故「梧」誤爲「梧」。「觴」蓋「觴」字之誤。觴亦酒器，故曰「四梧禁豐一觴」。

又有「甒迤」二字。案：「迤」蓋「匜」字之誤。匜所以盛水，故次於「甒」下。草書「迤」字與「匜」相似，故「匜」誤爲「迤」。

又有「參冠一竽」四字。案：冠非竽類，蓋涉下文「縞冠」、「玄冠」而誤。《玉海》七十八引作「參笙一竽」，是也。笙、竽皆樂器，故竝言之。「參」與「三」同。

又有「蒲箄席皆素斧獨巾」八字。案：此當作「箄蒲席皆素獨斧巾」。「獨」蓋與「櫝」通，謂箄與蒲席皆以素櫝盛之也。上下文皆言「素獨」，此「素獨」連文之證。下句「斧巾」別是一物。《周官・冪人》曰：「凡王巾皆黼。」《爾雅》曰：「斧謂之黼。」故有斧巾之名。「斧巾」之閒不當有「獨」字。《玉海》引此無「獨」字，是其證。

又下文有「桃枝獨蒲席皆素布獨巾」十字。案：此當作「桃枝蒲席皆素獨布巾」九字。謂桃枝席、見《周官・司几筵》注。蒲席皆以素櫝盛之也。「桃枝」、「蒲席」之閒不當有「獨」字，蓋涉上文「桃枝素獨」而衍，下句「布巾」，亦別是一物。《周官・冪人》「疏布巾」、「畫布巾」是也。「布巾」之閒亦不當有「獨」字。

又有「玄繢緌」三字。案：「玄」下當有「冠」字，與下句「縞冠素紕」文同一例。《玉藻》亦云「玄冠朱組纓」、「緇布冠繢緌」、「縞冠素紕」。

又有「象□□瑱」四字。《玉海》作「象琪繢瑱」。案：「琪」與「璂」同。《説文》：「璂，弁飾，往往冒玉也。從玉，綦聲。」或從基聲作「瑧」。《周官・弁師》「王之皮弁，會五采玉璂」，《釋文》：「璂，音其，本亦作琪。」此言「象琪」，蓋謂以象骨爲飾也。「繢瑱」未詳。

又有「勤焚纓」三字。案：「勤」蓋「勒」字之誤，「勒」上又脱一字。「焚纓」蓋「樊纓」之誤。《周官・巾車》有「樊纓」，又有「龍勒」，是其證。「焚」本作「樊」，與「樊」相似而誤。

序德

《周書序》：「文王告武王以序德之行，作《文傳》。」念孫案：序德，順德也。《文傳篇》曰：「厚德而廣惠，忠信而志愛，人君之行。」即此所謂「序德之行」也。行，讀「言行」之「行」。《爾雅》曰：「順，敘也。」「敘」與「序」同。《周語》曰：「文章比象，周旋序順。」「序」亦「順」也。說見《經義述聞》。

評

「武王評周公維道以爲寶，作《寶典》」。引之曰：「評」字義不可通，「評」當爲「誶」。《爾雅》「訊，告也」，釋文「訊」作「誶」，音「粹」。《寶典篇》武王告周公曰「有義是謂生寶」，故言「武王誶周公維道以爲寶」也。隸書「卒」字或作「卆」，見漢《北軍中候郭仲奇碑》。與「平」相似，故「誶」譌作「評」。

厥後

「周室既寧，八方會同，各以其職來獻，欲垂法厥後，作《王會》」。盧曰：「王本『後』作

『世』」。念孫案：作「世」者古本，作「後」者淺人不曉「世」字之義而改之也。今案《晉語》「非德不及世」，韋注曰：「世，嗣也。」《秦策》「澤可以遺世」，高注曰：「世，後世也。」是古謂後世爲世，故曰「垂法厥世」。《玉海》百五十二及補注本竝作「世」，而不云一作「後」，則今本作「後」者必元以後人改之也。

於乎

「周道於乎大備」。趙補「是」字於「於」字下。念孫案：此本作「周道於焉大備」。「於焉」即於是也。《小雅·白駒篇》「於焉逍遥」。今本「焉」誤作「乎」，非脱去「是」字。《玉海》三十七、七十八引此竝作「於焉」。

讀戰國策雜志

虞思徵　點校

戰國策弟一

東周

客卽對曰

「温人之周，周不内客，卽對曰：『主人也。』」姚宏校本曰：「一本：『周不内，問曰：客邪？對曰：主人也。』《韓非子》文與一本同。見《説林篇》。」念孫案：一本是也。俗書「邪」字作「耶」，「卽」字作「即」，二形相近，故「邪」譌爲「卽」，又脱去「問曰」二字耳。「問曰客邪」與「對曰主人也」相對爲文，若無「問曰」二字，則「對」字之義不可通。

而又知趙之難子齊人戰恐齊韓之合

「或爲周最謂金投曰：『秦以周最之齊疑天下，而又知趙之難子齊人戰，恐齊、韓之合，必先合於秦。』」鮑彪讀「而又知趙之難子」爲句，注曰：「不敢違投。」又讀「齊人戰恐」爲句，注曰：「秦既疑齊，投又不善齊，故齊懼伐。」姚曰：「『子』，曾本作『予』。」念孫案：作「予」者是也。「而又知趙之難予齊人戰」爲句，「恐齊、韓之合」爲句。「予」讀爲「與」。「與共」之「與」通作「予」，猶「賜予」之「予」通作「與」。《大雅·皇矣篇》「此維與宅」，《漢書·郊祀志》《谷永傳》竝作「予」。《論語·顏淵篇》「君孰與足」，《漢書·谷永傳》作「予」。下文曰：「秦知趙之難與齊戰也，將恐齊、趙之合也。」是其明證矣。鮑說皆謬。

輕西周

「昭翦與東周惡，或謂昭翦曰：『西周甚憎東周，嘗欲東周與楚惡，西周必令賊賊公，因宣言東周也。以惡之於王也。』舊本「惡」字譌作「西周」二字，今從鮑改。昭翦曰：『善。吾又恐東周之賊己而以輕西周。惡之於楚。』」鮑注曰：「翦惡東，必善西，西善翦，則楚亦因重西矣。東欲壞其交，故賊翦。翦死，則西無内主於楚，東因得使楚惡之。」引之曰：鮑說甚謬。「吾又恐東周之賊己而以輕西周。惡之於楚」者，「輕」當爲「誣」，謂恐東周殺翦，而因以殺翦之事誣西周，惡之於楚也。上文曰「西周必令賊賊公，因宣言東周也，以惡之於王」，亦謂西周殺翦以誣東周也。俗書「巫」字或作「巠」，「誣」字或作「誙」。《楚辭·招魂》「帝告巫陽」，「巫」一作「巠」。《方言》「誣、淹，與也」。今本「誣」作「誙」。《爾雅》「莁荑，蔱蘠」，釋文云：「莁，亡符反，讀者又户耕反。」蓋「莁」

字或作「莖」，譌作「莖」，故讀者又户耕反也。其右畔與「輕」相似，因譌而爲「輕」，《大戴禮·曾子立事篇》「喜之而觀其不輕」，今本「輕」譌作「誙」。説見《經義述聞》。又「執誙以彊」，盧辯注曰「自執而誙於善」，今本「誙」譌作「輕」。「誙」、「輕」二字，書傳往往相亂。

西周

攻魏將犀武軍

「秦攻魏將犀武軍於伊闕，進兵而攻周」。念孫案：上「攻」字當作「敗」。今作「攻」者，因下「攻」字而誤也。秦既敗魏軍，乃進兵而攻周。若但言攻魏軍，則勝敗未可知，不得遽進兵而攻周也。《史記·周本紀》「秦破韓、魏，扑師武」，集解引此《策》曰「秦敗魏將犀武軍於伊闕」，是其證。高注「秦攻魏將犀武軍於伊闕，秦遂進攻周」，上「攻」字亦當作「敗」，下文「犀武敗於伊闕」，注曰「秦將白起敗魏將犀武於伊闕，遂進攻周」，是其證。

秦與天下俱罷

「秦欲攻周，周最謂秦王曰：『爲王之國計者，不攻周。攻周，實不足以利國，而聲畏天下。

天下以聲畏秦，必東合於齊，兵獘於周，而合天下於齊，則秦孤而不王矣。是天下欲罷秦，故勸王攻周。秦與天下俱罷，則令不横行於周矣。』」念孫案：「秦與天下俱罷」，「俱」字後人所加也。秦與天下罷者，「與」猶「爲」也，謂秦爲天下所罷也。此言天下欲以攻周罷秦，秦攻周，則爲天下所罷，非謂秦與天下俱罷也。古或謂「爲」爲「與」。《秦策》曰：「吴王夫差棲越於會稽，勝齊於艾陵，遂與句踐禽，死於干隧。」言爲句踐所禽也。《韓子・外儲説左篇》曰：「名與多與之，其實少。」言名爲多與之而其實少也。「爲」謂之「與」，「與」亦謂之「爲」。《齊策》曰：「張儀以梁爲齊戰於承匡。」言以梁與齊戰也。《孟子・公孫丑篇》曰：「得之爲有財，古之人皆用之。」言得之與有財也。《史記・淳于髡傳》曰：「豈寡人不足爲言邪？」言不足與言也。是「爲」、「與」二字，聲相轉而義亦相通也。後人未達「與」字之義，而以爲秦與天下俱罷，故加入「俱」字。不知秦攻周，而天下未攻秦，不得言俱罷也。《史記・周本紀》無「俱」字。鮑云：「天下合齊而與秦戰，戰則必罷。」此不得其解而爲之辭。

到秦

「三國攻秦高注：「三國，魏、韓、齊也。」反，西周恐魏之藉道也。爲西周謂魏王曰：『楚、宋不利秦之聽三國也，「聽」，舊本譌作「德」，今從鮑改。彼且攻王之聚以到秦。』魏王懼，令軍設舍速東」。

「到」，一本作「利」，鮑從一本。見吳師道校本。念孫案：作「到」者，「勁」之譌。作「利」者，後人以意改之也。攻王之聚以勁秦者，秦聽三國，則三國强而害於楚、宋，故楚、宋攻魏以勁秦。勁者，强也。言弱魏以强秦也。《楚策》曰：「三國惡楚之强也，恐秦之變而聽楚也，必深攻楚以勁秦。」語意正與此同。《東周策》曰：「秦知趙之難與齊戰也，必陰勁之。」《秦策》曰：「楚攻魏，張儀謂秦王曰：『不如與魏以勁之。』」又曰：「王破楚，以肥韓、魏於中國而勁齊。」《韓策》曰：「故不如出兵以勁魏。」竝與此「勁秦」同義。凡隸書從力之字，或譌從刀，故「功」譌作「切」，漢《衛尉衡方碑》「剋亮天切」。「勮」譌作「劇」，「劫」譌作「刦」。從「巠」之字或書作「坙」，因譌而爲「至」，故「痙」譌作「痓」，《大荒南經》「大荒之中有山，名曰去痙」，郭音「風痙」之「痙」，今本譌作「痓」。凡醫書内「痙」字多如此作。「輕」譌作「輊」。《楚辭·九辯》「前輕輬之鏘鏘兮」，今本「輕」譌作「輊」。「力」與「刀」，「坙」與「至」，形竝相近，故「勁」譌作「到」。《史記·韓世家》「不如出兵以勁之」，「勁」譌作「到」，正與此同。後人不知「到」爲「勁」之譌，而以意改爲「利」，失其旨矣。

秦

八年

「商君治秦，法令至行，公平無私。孝公行之八年，死。惠王代後莅政」。姚曰：「一本『八』上有『十』字。」念孫案：一本是也。《史記・秦本紀》：孝公元年，衛鞅入秦。三年，説孝公變法。五年，爲左庶長。十年，爲大良造。二十二年，封爲商君。二十四年，孝公卒。計自爲左庶長至孝公卒時，已有二十年。又《商君傳》「商君相秦十年而孝公卒」，索隱曰：「案《戰國策》云：『孝公行商君法十八年而死。』與此文不同者，蓋連其未作相之年説耳。」據此，則《策》文本作「十八年」明矣。

血流至足

「引錐自刺其股，血流至足」。《史記・蘇秦傳》集解及《太平御覽・人事部》《器物部》引此竝作「血流至踵」。念孫案：作「踵」者是也。今本作「足」，傳寫脱其右畔耳。《曲禮》曰：「行不舉足，車輪曳踵。」是「足」爲總名，而「踵」爲專稱。踵著於地，故血流至踵而止。若泛言至足，則其義不明。《莊子》亦言「汗流至踵」，不言至足也。見《田子方篇》。

俱止於棲

「諸侯不可一，猶連雞之不能俱止於棲亦明矣」。姚曰：「李善引作『俱上於棲』。」念孫案：作「上」者是也。凡居於高處謂之「棲」，鳥宿曰棲，雞宿曰棲。《越語》「越王句踐棲於會稽之上」，韋注：「山處曰棲」。因而所居之處亦謂之「棲」。此云「俱上於棲」。《孟子·萬章篇》「二嫂使治朕棲」，趙注：「棲，牀也。」雞之棲必自下而上，故曰「上於棲」。若連雞則互相牽制而不得上，故曰「不能俱上於棲」。若變「上」言「止」，則非其義矣。姚引《文選注》作「上」，而今本《文選·西征賦》注亦作「止」，則後人據誤本《戰國策》改之也。《藝文類聚·鳥部》引此《策》作「止」，亦後人所改。《後漢書·吕布傳》注及《太平御覽·羽族部》引此竝作「上」，與姚所見《文選注》同。又《孔叢子·論勢篇》「連雞不能上棲」即襲用此《策》之文，則《策》文之本作「上」益明矣。

比是也

「頓足徒裼，犯白刃，蹈煨炭，斷死於前者，比是也」。鮑於「比」下增一「比」字，云：「比，次也。言如此者相次不一。」吴曰：「《韓子》作『皆是』。《初見秦篇》『比』蓋『皆』之訛。」念孫案：

鮑、吴二説皆非也。「比是」猶「皆是」也。《説文》：「皆，俱詞也。從比從白。」徐鍇曰：「比，皆也。」《廣雅》曰：「同、儕、等、比，輩也。」鄭注《樂記》曰：「比猶同也。」義與「皆」竝相近。《孟子·告子篇》「比天之所與我者，先立乎其大者，則其小者不能奪也」，「比」猶「皆」也。言耳目與心皆天之所與我者，而心爲大。趙注以「比」爲「比方」，謂比方天所與人情性，非也。或改「比」爲「此」，改趙注「比方」爲「此乃」，尤非。《齊策》曰：「中山再戰比勝。」亦謂再戰皆勝也。

足以爲限

「清濟濁河，今本作「濟清河濁」。姚曰：「一作『清濟濁河』。」吴曰：「《韓子》作『清濟濁河』，與下文協。」念孫案：《文選注》《初學記》引此竝作「清濟濁河」，今據改。足以爲限。長城鉅坊，足以爲塞」。高注曰：「限，難也。」難，乃旦反。念孫案：諸書無訓「限」爲「難」者。「限」本作「阻」。今作「限」者，後人據《韓子》改之，因并改高注耳。《文選·謝朓〈始出尚書省詩〉》注、《初學記·地部》引此竝作「阻」。《爾雅》及《邶風·雄雉》、《谷風》傳竝云「阻，難也」，正與高注合。

是以弊邑之王不得事令而儀不得爲臣也

「今齊王之罪，其於弊邑之王甚厚。弊邑欲伐之，而大國與之懽，是以弊邑之王不得事令而儀不得爲臣也」。高讀至「令」字絶句，注云：「令，善也。不得善事於楚王也。」念孫案：「不得事令」四字，文不成義。高訓「令」爲「善」，非也。「不得事」下當有「王」字，「令」字當在「而」字下。令者，使也。「是以弊邑之王不得事王」爲句，「而令儀不得爲臣也」爲句。《史記·楚世家》作「是以敝邑之王不得事王，而令儀亦不得爲門闌之厮也」，是其證。

計聽知覆逆者以下五十一字

此篇記齊伐楚，楚王使陳軫西講於秦之事，末云：「計聽知覆逆者，唯王可也。計者，事之本也。聽者，存亡之機也。計失而聽過，能有國者寡也。故曰：計有一二者難悖，聽無失本末者難惑。」念孫案：自「計聽」以下五十一字，與上文絶不相屬。此是著書者之辭，當在上篇「計失於陳軫，過聽於張儀」之下。上篇言楚所以幾亡者，由於計之失、聽之過，故此即繼之曰「計聽知覆逆者，唯王可也」。「唯」與「雖」同。上篇曰：「弊邑之王所甚説者，無大大王。唯儀之所甚願爲臣者，亦無大大王。弊邑之王所甚憎者，無先齊王。唯儀之所甚憎者，亦無先齊王。」《史記·張儀傳》兩「唯」字皆作「雖」。《表記》曰：「唯天子受命于天。」鄭注：「唯，當爲雖。」《墨子·尚同篇》曰：「唯欲毋與我同，將不可得也。」《荀子·性惡篇》曰：「今以仁義法正，爲固無可知可能之理邪？然則唯禹不知仁義法正，不能仁義法正也。」《史記·淮陰侯傳》曰：「唯信亦爲大王不如也。」「唯」竝與「雖」同。「王」讀如「王天下」之「王」。言人主計聽能知覆逆者，雖王天下可也。下文云「計失而聽過，能有國者寡也」，亦承上篇而言。此篇所記陳軫之言，《史記·張儀傳》有之，而獨無「計聽」以下五十一字，則此五十一字明是上篇之錯簡也。

公仲侈

「是王欺魏，而臣受公仲侈之怨也」。鮑改「侈」爲「朋」，云：「『朋』、『侈』字近，故誤。」吴師道曰：「《史·田齊世家》『韓馮』，徐廣云：『即公仲侈。』《甘茂傳》「公仲侈」，徐廣曰：「一作馮。」又有『韓明』、『韓侈』。《秦》《楚策》作「韓侈」，《韓策》作「韓朋」，又作「韓明」，又作「公仲明」。『馮』、『朋』音混，而『侈』、『明』、『朋』字譌故也，且當各存舊文。」引之曰：《史記》作「馮」。「馮」與「朋」聲相近，則作「朋」者是也。《藝文類聚·寶部下》引《六韜》曰：「九江得大貝百馮。」《鴻烈·道應篇》作「大貝百朋」。是「朋」、「馮」古字通也。「朋」之通作「馮」，猶「淜河」之「淜」通作「馮」。其作「侈」者，乃「倗」字之譌，「倗」、「朋」古字亦通。《説文》：「倗，輔也。」字或作「傰」。《周官·士師》「爲邦朋」，故書「朋」作「傰」。鄭司農云：「傰，讀如『朋友』之『朋』。」古文「多」字作「夛」，形與「朋」相似，傳寫往往譌溷。《莊子·徐無鬼篇》「張若謵屖前馬」，釋文：「屖，崔本作庨，本亦作朋。」《史記·五帝紀》「鬼神山川封禪與爲多焉」，徐廣曰：「多，一作朋。」《漢書·霍去病傳》「校尉僕多有功」，師古曰：「《功臣侯表》作『僕朋』，今此作『多』，轉寫者誤也。」《韓子・十過篇》及《漢書・古今人表》竝作「公仲朋」。

蘇代僞爲齊王曰

「甘茂亡秦之齊，秦王與之上卿，以相印迎之齊，甘茂辭不往。蘇代僞爲齊王曰：『甘茂，賢人也。今秦與之上卿，以相印迎之齊，茂德王之賜，故不往，願爲王臣。今王何以禮之？』」吴曰：「『僞爲』二字，疑是『爲謂』。蓋上卿之事誠有，何得言僞？『爲』，一本作『謂』。」念孫案：「僞爲」即「爲謂」也。「爲謂」之「爲」讀去聲。爲謂齊王者，蘇代爲甘茂謂齊王也。《齊策》「公孫閈爲謂楚王曰」，《趙策》「蘇子爲謂齊王曰」，《韓策》「宋赫爲謂公叔曰」，《史記・楚世家》「張丑僞爲楚王曰」，竝與此「僞爲齊王」同義。「僞」與「爲」古同字，「僞爲」之「爲」，古與「謂」同義，故一本作「謂」。《秦策》「秦令周最爲楚王曰」，《齊策》「淳于髡爲齊王曰」，《燕策》「蘇代爲燕爲惠王曰」，《墨子・魯問篇》「墨子爲魯陽君曰」，《韓子・内儲説篇》「嗣公爲關吏曰」、「商臣爲其傅潘崇曰」，竝與此「爲齊王」同義。又宣二年《穀梁傳》「孰爲盾而忍弑其君者乎」，「孰爲」即「孰謂」。《楚策》「賁諸懷錐刃而天下爲勇，西施衣褐而天下稱美」，「爲勇」即「謂勇」。《孟子・公孫丑篇》「管仲，曾西之所不爲也，而子爲我願之乎」，言子謂我願之也。《告子篇》「爲是其智弗若與？曰：非然也」，言謂是其智弗若也。「爲」與「謂」同義，故二字可以互用。《文王世子》曰：「父在斯爲子，君在斯謂之臣。」《莊子・天地篇》曰：「四海之内共利之之謂悦，共給之之爲安。」《盜跖篇》曰：「今謂臧聚曰：『女行如桀、紂。』則有怍色，有不服之心。今爲宰相曰：『子行如仲尼、墨翟。』則變容易色稱不足。」《楚策》曰：「今爲馬多力則有矣，若曰勝千鈞則不然者，何也？夫千鈞非馬之任也。今謂楚强大則有矣，若越趙、魏而鬬兵於燕，則豈楚之任也？」「爲」與「謂」同義，故二字可以通用。《大戴禮·文王官人篇》「此之爲考志也」，《逸周書·官人篇》「爲」作「謂」。莊二十二年《左傳》「是謂觀國之光」，《史記·陳杞世家》「謂」作「爲」。《墨子·公輸篇》「宋所爲無雉兔鮒魚者也」，《宋策》「爲」作「謂」。《莊子·讓王篇》「今某抱仁義之道，以遭亂世之患，其何窮之爲」，《呂氏春秋·慎人篇》「爲」作「謂」。吴謂上卿之事非僞，則誤讀「僞」爲「詐僞」之「僞」矣。

閒有所立

「秦王愛公孫衍，與之閒有所立」。引之曰：「閒有所立」四字，文不成義。「立」當爲「言」。閒，私也。謂與之私有所言也。《後漢書·鄧禹傳》注曰：「閒，私也。」《史記·信陵君傳》曰「侯生乃屏人閒語」是也。鮑以「閒」爲「暇隙」，非是。故下文即云：「因自謂之曰：『寡人且相子。』」篆文「言」字作「[illegible]」，隸作「咅」，因譌而爲「立」。《大戴禮·曾子立事篇》「君子未問則不言」，《荀子·大略篇》「言」譌作「立」。《韓子·外儲説右篇》正作「閒有所言」。

挈領

「臣戰載主契國以與王約，必無患矣。若有敗之者，臣請挈領」。鮑注曰：「領，項也。言欲請誅，持其項以受鈇鉞。」念孫案：鮑訓「挈」爲「持」，臣請持領，斯爲不詞矣。今案：「挈」讀爲「栔」。栔，斷也。猶言臣請斷頸耳。《説文》：「栔，刻也。」《玉篇》：「苦結切。」《爾雅》「契，絶也」，郭注曰：「今江東呼刻斷物爲『契斷』。」釋文：「契，字又作挈。」《漢書·司馬相如傳》「挈三神之歡」，應劭曰：「挈，絶也。」《宋策》「鍥朝涉之脛」，亦謂斷其脛也。「栔」、「挈」、「契」、「鍥」竝字異而義同。

若於除　齊怒須　莫如於陰

「謂穰侯曰：『爲君慮封，若於除。宋罪重，齊怒須，殘伐亂宋，德强齊，定身封，此亦百世之一時也已。』」鮑改「若」爲「苦」，而斷「苦於除宋罪」爲句，「重齊怒」爲句，注曰：「宋，齊所惡也。故除宋罪則齊怒，齊怒則冉之封不定，故以爲苦。」念孫案：鮑説甚謬。「若於除」，「若」上當有「莫」字，「除」當爲「陶」，字之誤也。隸書「陶」字或作「陰」，與「除」字相似。「須」當爲「深」，義見下。「莫若於陶」爲句，「宋罪重」爲句，「齊怒深」爲句。陶，宋邑也。伐宋以德齊，而取陶以定封，計之上者也。故曰「爲君慮封，莫若於陶」。上文秦客卿造謂穰侯曰「秦封君以陶」，是也。《趙策》曰：「客謂奉陽君曰：『君之春秋高矣，而封地不定，不可不孰圖也。秦之貪，「之」當爲「人」，義見下。韓、魏危，衛、楚正，「正」當爲「辟」，義見下。鮑云：「蓋『辟』、『匹』聲近，『匹』

又訛作『正』字。」中山之地薄，宋罪重，齊怒深，殘伐亂宋，定身封，德强齊，此百代之一時也。』」又曰：「臣爲足下使公孫衍説奉陽君曰：『君之身老矣，封不可不早定也。爲君慮封，莫若於宋，他國莫可。夫秦人貪，韓、魏危，燕、楚辟，中山之地薄，莫如於陰。「陰」亦當爲「陶」。隸書「陶」或作「陶」，「陰」或作「陰」，二形相似，故「陶」誤爲「陰」。《太平御覽·學部十二》引劉向《七略》曰：「古文或誤以『陶』爲『陰』。」是也。《齊策》「有陰平陸，則梁門不啟」，《史記·田完世家》「陰」作「陶」。《魏策》「陰必亡」，《史記·穰侯傳》作「陶」。又《穰侯傳》「乃封魏冉於穰，復益封陶」，徐廣曰：「陶，一作陰。」索隱曰：「『陶』、『陰』字本易惑。」王劭按：定陶見有魏冉冢，作『陰』誤也。」又《建元以來侯者年表》「萩苴侯朝鮮相韓陰」，《漢書·功臣表》作「韓陶」。又《漢書·司馬相如傳》「奏陶唐氏之舞」，師古曰：「『陶唐』，當爲『陰康』。」宋之罪重，齊之怒深，殘亂宋，得大齊，定身封，此百代之一時也。』」《楚策》曰：「虞卿謂春申君曰：『爲主君慮封者，莫如遠楚。今燕之罪大而趙怒深，故君不如北兵以德趙、踐亂燕，以定身封，此百代之一時也。』」以上三條，足與本條互相證明矣。

今者

「范雎至，秦王庭迎，謂范雎曰：『寡人宜以身受令久矣。今者義渠之事急，寡人日自請太后。今義渠之事已，寡人乃得以身受命。』」念孫案：既云「今義渠之事已」，則上文「義渠之事急」二句乃追敘之詞，不得言「今者」。《史記・范雎傳》作「會義渠之事急」，是也。言適會義渠之事急，故寡人不得以身受命耳。「今者」二字，即一「會」字之譌。

請令廢之　請令罷齊兵　不如令殺之　臣請令發兵救韓

「天下之士合從，相聚於趙，而欲攻秦。秦相應侯曰：『王勿憂也，請令廢之。』」念孫案：「令」當爲「今」，字之誤也。「今」猶「即」也。言請即廢之也。《史記・汲黯傳》索隱曰：「今，猶即今也。」上文曰：「臣今見王獨立於廟朝矣。」《魏策》曰：「樓公將入矣，臣今從。」《燕策》曰：「馬今至矣。」「今」字竝與「即」同義。又《齊策》「齊舉兵伐梁，梁王大恐。張儀曰：『王勿患，請令罷齊兵。』」「令」亦當爲「今」，言請即罷齊兵也。《史記・張儀傳》亦譌作「令」。凡《戰國策》《史記》「今」、「令」二字多互譌，不可枚舉。又《趙策》「知過説知伯曰：『二主色動而意變，必背君，不如令殺之。』」「令」亦當爲「今」，言不如即殺之也。又《韓策》穰侯謂田苓曰：「公無見王矣，臣請令發兵救韓。」「令」亦當爲「今」，言請即發兵救韓也。《史記・韓世家》作「今」，是其證。凡言「請今」者，皆謂「請即」也。《趙策》秦王謂諒毅曰：「趙豹、平原君數欺弄寡人，趙能殺此二人則可，若不能殺，請今率諸侯受命邯鄲城下。」《史記・項羽紀》：「韓信、彭越皆報曰：『請今進兵。』」皆其證也。

南攻楊越　過楚以攻韓

「吴起爲楚悼南攻楊、越，北并陳、蔡」。《史記·蔡澤傳》「攻」作「收」。念孫案：作「收」者是也。「南收楊、越，北并陳、蔡」，皆謂取其地也。若但言「攻」，則非其指矣。《史記·南越傳》索隱曰：「案《戰國策》云：『吴起爲楚收楊、越。』」是《策》文本作「收」，與《史記》同也。又《韓策》曰：「公何不以秦爲韓求潁川於楚，此乃韓之寄地也。公求而得之，是令行於楚，而以其地德韓也。公求而弗得，是韓、楚之怨不解而交走秦也。韓、楚争强，而公過楚以攻韓，此利於秦。」鮑注曰：「過，謂以攻韓爲楚罪。」念孫案：鮑説非也。「過楚」謂責楚也。《吕氏春秋·適威篇》注曰：「過，責也。」《趙策》曰：「唯大王有意督過之也。」「攻」亦當爲「收」，收韓，謂合韓於秦也。上文曰「今公徒收之甚難」，下文曰「收楚、韓以安之」，皆其明證矣。《史記·甘茂傳》正作「過楚以收韓」。

棓而殺之

「大夫種爲越王禽勁吴，成霸功。句踐終棓而殺之」。念孫案：《史記·越世家》「越王賜大夫種劒，種自殺」，不言「棓而殺之」。姚本作「棓」。鮑本譌作「掊」，注云：「掊，戛同，轢也。」尤非。「棓」

當爲「倍」，字之誤也。「倍」與「背」同，言越王背德而殺之也。《史記》作「句踐終負而殺之」，「負」亦「背」也。《史記・魯世家》「南面倍依以朝諸侯」，「倍依」即負依。《主父偃傳》「南面負扆」，《漢書》「負」作「背」。《漢書・高祖紀》「項羽背約」，《史記》「背」作「負」。「背」、「倍」、「負」三字，古同聲而通用。《鄭世家贊》曰：「甫瑕雖以劫殺鄭子，内厲公。厲公終背而殺之。」語意正與此同。

更與不如景鯉留

「楚王使景鯉如秦。客謂秦王曰：『景鯉，楚王所甚愛，王不如留之以市地。楚王聽，則不用兵而得地；楚王不聽，則殺景鯉，更與不如景鯉留。』」姚曰：「『留』，曾、劉一作『者』。」念孫案：「者」字是也。作「留」者涉上下文「留」字而誤。「者」下當有「市」字。「更與不如景鯉者市」，即承上「市地」而言。上文范睢謂昭王曰：「王攻韓，以張儀爲言。張儀之力多，且割地而以自贖於王；張儀之力少，則王逐張儀，而更與不如儀者市。」語意正與此同。今脱去「市」字，則文不成義。

憚

「王之威亦憚矣」。高注曰：「憚，難也。六國諸侯皆畏難秦王之威也。」念孫案：憚者，盛威之名。《莊子·外物篇》曰:「白波若山,海水震蕩,聲侔鬼神,憚赫千里。」義與此「憚」字同。此言秦之威盛,非謂六國憚秦之威也。上文云「王之功亦多矣」,亦非謂六國多秦之功也。高以「憚」爲「畏難」,失之。《史記·春申君傳》「憚」作「單」,古字假借耳。小司馬以「單」爲「盡」,亦失之。盛威謂之憚,故威亦謂之憚。《賈子·解縣篇》曰「陛下威憚大信」是也。「信」與「伸」同。盛威謂之憚,故盛怒亦謂之憚。《大雅·桑柔篇》曰「逢天僤怒」是也。「僤」與「憚」同。司馬相如《上林賦》曰:「驚憚聾伏。」《鴻烈·覽冥篇》曰:「僤驚伏竄。」「僤驚」即「驚憚」。

朝爲天子

「魏爲逢澤之遇,乘夏車,稱夏王,朝爲天子,天下皆從」。念孫案:「爲」與「于」同。「爲」、「于」二字,古同聲而通用。《聘禮記》「賄,在聘于賄」,鄭注曰:「于,讀曰爲。」莊二十二年《左傳》「竝于正卿」,釋文曰:「于,本或作爲。」《晉語》「稱爲前世」,韋注曰:「言見稱譽於前世。」是「爲」即「于」也。僖二十年《穀梁傳》「謂之新宫,則近爲禰宫」,亦謂近于禰宫也。《史記·孟嘗君傳》「君不如令弊邑深合於秦」,《西周策》「於」作「爲」。「於」與「于」同。謂魏惠王朝于天子而天下皆從也。《秦策》又曰:「梁君驅十二諸侯,以朝天子於孟津。」《齊策》曰:「魏王從十二諸侯朝天子。」皆其證也。鮑讀「朝」爲「朝夕」之「朝」,而於「朝」上增「一」字,謂魏王一朝爲天子,而天下皆從,其失甚矣。吴讀「朝」爲「朝聘」之「朝」,是也。

而云「爲」字疑衍，則未知「于」、「爲」之通用也。

戰敗不勝　齊釋

「齊戰敗不勝，謀則不得，使陳毛釋劍掫委南聽罪。西説趙，北説燕，内喻其百姓，而天下乃齊釋」。念孫案：「敗」與「不勝」詞意相複。「敗」當爲「則」，字之誤也。「戰則不勝，謀則不得」相對爲文。「齊釋」當爲「釋齊」，上文「天下乃釋梁」，即其證。

太子爲糞矣

「樓𨸋約秦、魏，魏太子爲質。紛彊欲敗之，謂太后曰：『國與還者也。敗秦而利魏，魏必負之。負秦之日，太子爲糞矣。』」鮑注曰：「即所謂糞之。」吴曰：「糞，棄除也。」念孫案：鮑注不解所謂。吴以「糞」爲「棄除」，「太子爲棄除矣」，亦甚爲不詞。今案：「糞」下當有「土」字。下章吕不韋謂秦質子異人曰：「今子無母於中，外託於不可知之國，一日倍約，身爲糞土。」語意正與此同。

秦邑

「子楚立，王后爲華陽太后，諸侯皆致秦邑」。念孫案：「秦」當爲「奉」，字之誤也。奉邑，謂太后之養邑也。《魏策》曰：「王嘗抱葛、薛、陰、成以爲趙養邑。」「養邑」猶「奉邑」也。《西周策》曰：「以應爲太后養地。」「養地」猶「養邑」也。《史記·吴世家》曰：「吴予慶封朱方之縣，以爲奉邑。」《越世家》曰：「句踐表會稽山以爲范蠡奉邑。」《趙世家》曰：「奉邑侔於諸侯。」

恐懼　木材

「武安君曰：『緜病鉤，身大臂短，不能及地。起居不敬，恐懼死罪於前，故使工人爲木材以接手。』」念孫案：《文選·謝靈運〈初發都詩〉》注引此「懼」作「獲」，「材」作「杖」，於義爲長。「木杖」必使工爲之，故曰「使工人爲木杖」，若作「木材」，則非其指矣。「獲」與「懼」，「杖」與「材」，疑皆以形近而誤。

冠舞以其劍　冠舞其劍

「乃資車百乘，金千斤，衣以其衣冠，舞以其劍」。鮑注曰：「古者飲則以劍舞，今以王劍賜之，使爲舞時用。」姚曰：「舞，劉本作帶。」念孫案：此文當作「衣以其衣，冠古亂反。以其冠，帶以其劍」，謂衣以王之衣，冠以王之冠，帶以王之劍也。今本脱去「以其冠」三字，「帶」字又譌作「舞」。隸書「帶」字或作「𢂼」，又作「𢃄」，漢《濟陰太守孟郁脩堯廟碑》「雍徒帶衆」、《竹邑侯相張壽碑》「爲冠帶禮義之宗」，字竝作「𢂼」。《雜記》「率帶」，字作「𢃄」，《五經文字》所謂「《禮記》作『𢃄』」者也。因譌而爲「舞」。鮑曲爲之説，非也。又《齊策》「靖郭君衣威王之衣冠，舞其劍」，姚曰：「舞，劉作帶。」念孫案：《呂氏春秋·知士篇》「靖郭君」下有「來」字，此亦當有。下文曰「宣王自迎靖郭君於郊」，若無「來」字，則與下文義不相屬。且高注云：「從薛至齊也。」則有「來」字明矣。「冠」下亦當有「其冠」二字，「舞」亦當作「帶」。《呂氏春秋》正作「靖郭君來，衣威王之衣，冠其冠，帶其劍」。

齊

夫齊

「靖郭君將城薛，齊人有請見者，靖郭君見之，客曰：『君不聞海大魚乎？今本脱「海」字，兹據《太平御覽·鱗介部》所引及《鴻烈·人閒篇》《新序·雜事篇》補。網不能止，鉤不能牽。蕩而失水，則螻蟻得意焉。今夫齊，亦君之水也。君長有齊，奚以薛爲？夫齊，雖隆薛之城到於天，猶之無益也。』」吴曰：「夫齊，《新序》作『無齊』。是蓋『夫』、『無』音訛，又因上『夫齊』字混。」念孫案：吴説非也。「夫齊」當爲「失齊」，字之誤也。此以大魚之失水喻靖郭君之失齊。上文曰「蕩而失水，則螻蟻得意」，是其證也。《韓子·説林篇》及《鴻烈·人閒篇》竝作「失齊」。

信反　輕信

「齊貌辨謂靖郭君曰：『太子相不仁，過頤豕視，若是者信反。』」鮑注曰：「始信後反。」引之曰：鮑説甚謬。《吕氏春秋·知士篇》作「若是者倍反」，高注曰：「如此者倍反不循道理也。」《説文》：「倍，反也。」《太平御覽·人事部》引此《策》作「背反」。「背」與「倍」古字通。則「信反」明是

「倍反」之譌。凡隸書從言、從音之字多相似，故「倍」譌作「信」。篆文「言」字本作「𧥢」，隸作「咅」，又省而爲「音」，與「倍」、「陪」等字之右畔相亂。若「䛐」之爲「咅」，「詹」之爲「詹」，「譱」之省爲「善」，皆其例也。《魏策》「輕倍楚趙之兵」，「倍」字亦譌作「信」。《史記・穰侯傳》作「輕背楚趙之兵」，故知「信」爲「倍」之譌。《墨子・貴義篇》「市賈倍徙」，今本譌作「信」。《荀子・禮論篇》「大路之馬，必倍至教順」，《史記・禮書》作「信」。

則我不利

「弗救，則我不利」。念孫案：「不利」上當有「且」字，故高注曰：「且，將。」《史記・田完世家》作「不救，則不義且不利」。

專有齊國

「韓自以專有齊國，五戰五不勝」。念孫案：「專」當爲「恃」，字之誤也。「專」、「寺」草書相近，又脱去心旁。高注曰：「自恃有齊國之助，故五與魏戰而五不勝。」則《策》文本作「恃」明矣。《田完世家》作「韓因恃齊，五戰不勝」，即本於《策》文也。鮑本無「專」字，蓋不知其義而妄删之耳。

其見恩德亦甚大也

「楚將伐齊，魯親之，齊王患之。張丐爲齊見魯君曰：『足下豈如全衆而合二國之後哉？楚大勝齊，其良士選卒必殪。齊爲勝，其良士選卒亦殪。而君以魯衆合戰勝後，此其爲德也亦大矣。高注曰：「全衆，謂中立無以爲助也。觀二國交戰之後，勝者其良士選卒殆盡，君以全衆助負敗者擊之。」其見恩德亦甚大也。』」念孫案：「其見恩德亦甚大也」乃高注語，在「助負敗者擊之」下。今誤入正文，遂與上句相複。姚本作「其見恩德亦甚大也」，鮑改爲「其見恩德也亦甚大矣」，而於上句注云「德敗者」，於此句注云「敗者德之」，不得其解而彊爲區別，妄改原文，其失甚矣。

不察其至實

「大王覽其説而不察其至實」。念孫案：「至」即「實」字也。《雜記》「使某實」，鄭注曰：「實，當爲至，此讀，周、秦之人聲之誤也。」《漢書·東方朔傳》「非至數也」，師古曰：「至，實也。」是「實」與「至」聲相近而義亦相通，「至」字古讀若「質」，故聲與「實」相近。《豳風·東山篇》「我征聿至」與「垤」、「室」、「窒」爲韻，《小雅·杕杜篇》「期逝不至」、《蓼莪篇》「入則靡至」竝與「恤」爲韻，《月令》「寒氣總至」與「室」爲韻，《莊子·刻意篇》「道德之質」，《天道篇》「質」作「至」，皆其證也。「不察其至」即「不察其實」也。今本作「不察其至實」者，一本作「至」，一本作「實」，而後人誤合之耳。《史記·張儀傳》作「大王賢其説而不計其實」，是其明證矣。

犀首欲敗

「張儀以秦、梁之齊合横親，犀首欲敗」。念孫案：「欲敗」下當有「之」字。《秦策》曰「樓啎約秦、魏，魏，紛彊欲敗之」，《趙策》曰「楚王令昭應奉太子以委和於薛公，主父欲敗之」，《魏策》曰「楚許魏六城，與之伐齊而存燕，張儀欲敗之」，皆其證也。若無「之」字，則文不成義。

卮酒

「楚有祠者，賜其舍人卮酒」。念孫案：「卮」上當有「一」字。以酒僅一卮，故下文曰「數人飲之不足，一人飲之有餘」也。若無「一」字，則文義不明。《藝文類聚·雜器物部》《鱗介部》、《太平御覽·器物部》及《後漢書·袁紹傳》注引此竝作「酒一卮」，《史記·楚世家》作「一卮酒」。

不果

「或謂齊王曰：『周、韓西有强秦，東有趙、魏。秦伐周、韓之西，趙、魏不伐周、韓，爲割韓卻周害也。吴曰：「『害』、『割』字恐有誤混。」及韓卻周割之後，「後」字從鮑補，下文亦曰：「趙、魏亡之後。」趙、魏亦不免與秦爲患矣。今齊應秦伐趙、魏，「應」字從鮑補，下句亦有「應」字。則亦不果於趙、魏之應秦而伐周、韓。』」鮑注曰：「趙、魏近秦，其應秦不得不果。齊則遠矣，應秦必不果也。」念孫案：鮑説甚謬。「果」當爲「異」，字之誤也。此言趙、魏應秦而伐周、韓，及韓卻周割之後，趙、魏亦不免於秦患。今齊應秦而伐趙、魏，則趙、魏亡之後，齊亦不免於秦患。見下文。故曰：「今齊應秦伐趙、魏，則亦不異於趙、魏之應秦而伐周、韓也。」

土則復西岸耳

「土偶曰：『吾西岸之土也，土則復西岸耳。』」姚曰：「一作『吾殘則復西岸』。」念孫案：「土則復西岸」，義不可通。此承上「則女殘矣」而言，則作「吾殘」者是也。《趙策》「土梗謂木梗曰：『使我逢疾風淋雨，壞沮乃復歸土。』」彼言「壞沮」，此言「殘」，其義一也。《風俗通義・祀典篇》《藝文類聚・果部》《太平御覽・土部》引此竝作「殘則復西岸」，《御覽・人事部》

作「吾殘則復西岸」。

和其顔色

「孟嘗君在薛，荆人攻之。淳于髡爲齊使於荆，還反過薛。孟嘗君謂淳于髡曰：『荆人攻薛，夫子弗憂，文無以復侍矣。』淳于髡曰：『敬聞命。』至於齊，畢報。王曰：『何見於荆？』對曰：『荆甚固，而薛亦不量其力。』王曰：『何謂也？』對曰：『薛不量其力，而爲先王立清廟，荆固而攻之，清廟必危。』齊王和其顔色曰：『譆！先君之廟在焉。』疾興兵救之。」《吕氏春秋·報更篇》「齊王和其顔色」作「齊王知顔色」，高注曰：「知，猶發也。」念孫案：作「知」者是也。高注訓「知」爲「發」，謂發動也。知其顔色者，急先君之廟而顔色爲之動也，故下文曰：「譆！先君之廟在焉。疾興兵救之。」又曰：「善説者，陳其勢，言其方，人之急也。」《吕氏春秋》作「見人之急也」。若自在隘窘之中，蓋惟其急人之急，故顔色爲之動也。若云「和其顔色」，則與下意了不相涉矣。《齊策》又曰「宣王大息，動於顔色」，高注曰：「動，猶發也。」《趙策》曰：「趙王不説，形於顔色。」或言「形」，或言「動」，或言「知」，皆發動之謂也。故高注曰：「知，猶發也。」僖二十八年《左傳》「晉侯聞之，而後喜可知也」，杜注曰：「喜見於顔色。」《管子·心術篇》曰：「見於形容，知於顔色。」《内業篇》作「和於形容，見於膚色」，「和」亦「知」之誤。

《呂氏春秋·自知篇》曰「文侯不説，知於顔色」，高注曰：「知，猶見也。」《鴻烈·脩務篇》曰：「奉一爵酒，不知於色。」竝與此同意。

髮漂

「孟嘗君出行五國，今本脱「五」字，兹據《初學記·器用部》所引補。下文「小國所以皆致相印於君者」，「小」亦「五」之誤。《太平御覽·人事部》引此正作「五國」，吴引《春秋後語》亦作「五國」。至楚，獻象牀。郢之登徒直送之，不欲行，今本「直」下有「使」字，因與高注内「登徒直使」四字相涉而衍。案高注曰：「直，當曰『直使』也。」登徒直使，不欲行送象牀也。」則正文内本無「使」字，下文「直送象牀」，「直」下亦無「使」字。今據《太平御覽·人事》《服用》二部所引删。見孟嘗君門人公孫戍曰：『臣，郢之登徒也，直送象牀。象牀之直千金，傷此若髮漂，賣妻子不足償之。』」鮑注曰：「漂、飄同。」姚曰：「漂，别本作『標』。」引之曰：鮑讀「漂」爲「飄」，「傷此若髮飄」，甚爲不詞。今案：「漂」讀爲「秒」。髮、秒皆言其微細也。《説文》曰：「律數十二秒而當一分，十分而寸。」又曰：「十髮爲程，十[一]程爲分，十分爲寸。」是髮、秒皆至微之物。故《大戴禮·曾子天圓篇》「律曆迭相治也，其閒不容髮」，《史記·自序》作「閒不容翲忽」，「翲」亦與「秒」同。《説文》：「秒，禾芒

[一] 十，原作「一」，據《説文》改。

也。」字或作「標」，又作「蔈」，通作「翲」，又通作「票」。《鴻烈・天文篇》「秋分蔈定，蔈定而禾孰，律之數十二。故十二蔈而當一粟，十二粟而當一寸」，高注曰：「蔈，禾穗蔈孚榆之芒也。古文作秒。」又《主術篇》「寸生於標」，今本譌作「穄」。注曰：「標，禾穗標孚榆頭芒也。十標爲一分，十分爲一寸。」《説苑・辨物篇》「標」作「票」，今本譌作「粟」。又《史記・太史公自序》「間不容翲忽」，正義曰：「『翲』字當作『秒』。秒，禾芒表也。」然則今本作「漂」，別本作「標」，《鴻烈》作「蔈」，又作「標」，《史記》作「翲」，《説苑》作「票」，皆「秒」之異文耳。

封衛之東野

「今又劫趙、魏，疏中國，封衛之東野」。高注曰：「封，取。」鮑曰：「封，割也。」吴曰：「封，疆之也。」念孫案：高注訓爲「取」，則「封」爲「割」之譌也。上文「然後王可以多割地，可以益割於楚」，高注竝曰：「割，取也。」是其證。鮑、吴注皆失之。

後朞年下有脱文

「後朞年，齊王謂孟嘗君曰：『寡人不敢以先王之臣爲臣。』孟嘗君就國於薛」。念孫案：《文選・苔東阿王書》注引此曰：「後有毁孟嘗君於湣王，孟嘗君就國於薛。」據此，則「後朞年」下當有毀孟嘗君於湣王之事，而今本脱去也。蓋湣王聽讒，是以使孟嘗君就國。下文湣王爲書謝孟嘗君曰：「寡人沈於諂諛之臣，開罪於君。」正謂此也。《史記・孟嘗君傳》載此事亦云：「齊王惑於秦楚之毀，遂廢孟嘗君。」

歸反樸

「躅知足矣，歸反樸，則終身不辱」。鮑於「歸」下補「真」字。吴曰：「上言『大樸不完』，以喻士之形神不全，故曰『歸反樸』云云。文意甚明，添字謬。」念孫案：吴説是也。「足」、「樸」、「辱」爲韻，《後漢書・蔡邕傳》注引作「歸反於樸，則終身不辱」，句法較爲完善。

傳衛國城割平

「昔者趙氏襲衛，車舍人不休，傳衛國，城割平，衛八門土而二門墮矣」。鮑讀「不休傳」爲句，「衛國城割平」爲句，注曰：「傳，驛遽也。平，成也。言城中割地求成。」念孫案：鮑説甚謬。「傳」當爲「傅」，「割」當爲「剛」，皆字之誤也。草書「剛」字作「[illegible]」，「割」字作「[illegible]」，二形相似而誤。「傅衛國」爲句，「城剛平」爲句。「傅衛國」者，傅，附也，言兵附於國都，故下文曰：「衛八門土而二門墮也。」隱十一年《左傳》曰「公會齊侯、鄭伯伐許，庚辰，傅于許」是也。「城剛平」者，剛平，邑名，城此邑以偪衛，若晉人城虎牢以偪鄭也。《秦策》曰「趙築剛平，衛無東野，芻牧薪采，莫敢闚東門」，高注曰：「剛平，衛地，趙築之以爲邑。」是其證也。下文曰：「衛君跣行，告遡於魏。魏王身被甲底劍，挑趙索戰。衛得是藉也，亦收餘甲而北面，殘剛平，墮中牟之郭。」是趙城剛平以偪衛，衛得魏之助，因收餘甲而殘剛平也。《史記·趙世家》曰：「敬侯四年，築剛平以侵衛。」即此所謂「城剛平」也。又曰：「五年，齊、魏爲衛攻趙，取我剛平。」即下文所謂「殘剛平」也。

跼足

「有而與「能」同。案兵而後起，寄怨而誅不直，微用兵而寄於義，則亡天下可跼足而須也」。鮑注曰：「跼，不伸也。」念孫案：訓「跼」爲「不伸」，則與「而須」二字義不相屬。今案：「跼」與「蹻」同。蹻足，舉足也。兵以義動，則無敵於天下，故亡天下可舉足而待也。《一切經音義》十六引《三蒼解詁》曰：「蹻，舉足也。」《漢書·高祖紀》「亡可蹻足待也」，文穎曰：「蹻，猶翹也。」《史記·高祖紀》作「翹足」。《商君傳》亦曰：「亡可翹足而待。」晉灼曰：「許慎云：『蹻，舉足小高也。音橋。』」案：今《説文》作「舉足行高也」。楊雄《長楊賦》曰：「莫不蹻足抗首，請獻厥珍。」「蹻」、「跼」聲相近，故「蹻」通作「跼」。《史記·河渠書》「山行即橋」，《漢書·溝洫志》「橋」

作「梮」，是其例矣。

衍文十七

「故夫善爲王業者，在勞天下而自佚，亂天下而自安。諸侯無成謀，則其國無宿憂也。何以知其然？自「諸侯」至此凡十七字，皆涉下文而衍。佚治在我，勞亂在天下，則王之道也。鋭兵來則拒之，患至則趨之，使諸侯無成謀，則其國無宿憂矣。何以知其然也」。

有十二諸侯

「衛鞅謀於秦王曰：『夫魏氏，其功大而令行於天下，有十二諸侯而朝天子，其與必衆。』」念孫案：「有十二諸侯」，「有」下當有「從」字，「有」讀爲「又」。《戰國策》通以「有」爲「又」，《史記》《漢書》及諸子竝同。上文云「又從十二諸侯朝天子」是也。下文亦云：「今大王之所從十二諸侯。」今本無「從」字者，後人誤讀「有」爲「有無」之「有」，則與「從」字義不相屬，因删去「從」字耳。

制丹衣柱建九斿

「魏王説於衛鞅之言也，故身廣公宫，制丹衣，柱建九斿，從七星之旟，此天子之位也，而魏王處之」。鮑讀「制丹衣柱」爲句，注曰：「以丹帛爲柱衣。」吴曰：「丹柱猶衣之也。」念孫案：鮑、吴二説皆謬。「制丹衣柱」文不成義。「柱」當爲「旌」，字之誤也。「旌」字隸書或作「拴」，與「柱」相似。「旌」字當在「建」字下。「制丹衣」爲句，「建旌九斿」爲句。《周官・大行人》曰：「建常九斿。」若無「旌」字，則「建九斿」三字亦文不成義。記言「龍旂九斿」而此言「旌」者，「旌」、「旂」對文則異，散文則通。《樂記》曰「龍旂九旒，天子之旌」是也。廣公宫，制丹衣，建旌九斿，從七星之旟，皆言其宫室、衣服、車旗之擬於天子也。吴曰：「案《考工記》注『龍旂九斿，諸侯所建。鳥旟七斿，州里所建』，而此以天子言，戰國不可以古制準也。」

感忿

「故去忿恚之心，而成終身之名；除感忿之恥，而立累世之功」。念孫案：上既言「忿恚」，下不當復言「感忿」。《荀子・議兵篇》「善用兵者，感忽悠闇，莫知其所從出」，楊倞曰：「感忽悠闇，皆謂倏忽之閒也。《魯連子》曰：『弃感忽之恥，立累世之功。』」所引《魯連子》，即是《遺燕將書》之文。然則「感忿」當是「感忽」之譌。「忿」字隸書或作「忩」，形與「忽」相近，故「忽」譌爲「忿」。《史記・魯仲連傳》作「去感忿之怨，立終身之名；棄忿悁之節，定累世之功」，「感忿」亦「感忽」之譌。考《正義》「忿，敷粉反」之音，不在「感忿」之下，而在下文「忿悁」之下，則上文之本作「感忽」明矣。《荀子・解蔽篇》「凡人之見鬼也，必以其感忽之閒」，《鴻烈・繆稱篇》「説之所不至者，容貌至焉；容貌之所不至者，感忽至焉」，義與此「感忽」竝相近。

單單

「且自天地之闢，民人之治，爲人臣之功者，誰有厚於安平君者哉？而王曰『單單』」。念孫案：此衍一「單」字。下文「今國已定，民已安矣，王乃曰『單』」，鮑於「單」下補一「單」字，吴謂與前連舉不同，皆非也。上文曰「周文王得吕尚以爲太公，齊桓公得管夷吾以爲仲父，今王得安平君而獨曰『單』」，「單」字不連舉。此文即承上言之，亦不當連舉也。

攻狄不能下壘枯丘

「大冠若箕，脩劒拄頤，攻狄不能下，壘枯丘」。姚曰：「鼂改作『壘於梧丘』，《説苑》同。」《指武篇》。鮑曰：「『大不能降一壘，小不能枯一丘，言無人物。』」吴曰：「『吴氏《韻補》『能』叶年題反，『丘』叶去其反。廬陵劉氏讀『壘枯丘』，謂空守一丘爲壘。《説苑》『攻狄不能下，壘於梧丘』。齊景公田於梧丘，地名也。一本引《北堂書鈔》同。《地理部》《説苑》無『能』字，一本

『壘枯骨成丘』，《通鑑》從之。各有不同，似『梧丘』義長。」念孫案：鮑、劉説皆謬。一本作「壘枯骨成丘」，亦後人臆改。此當從《説苑》作「攻狄不下，壘於梧丘」，於文爲順，於義爲長。今本《説苑》作「攻狄不能下」，「能」字亦後人據《齊策》加之。一本引《説苑》無「能」字者是。義見下。《北堂書鈔》引《策》文正與《説苑》同。今《策》文作「攻狄不能下」，「能」字因上文「將軍攻狄不能下」而誤衍耳。《韻補》以「能」字絶句，而以「下壘」連讀，則文不成義矣。

雍門司馬前

「齊王建入朝於秦，雍門司馬前曰：『所爲立王者，爲社稷邪？爲王邪？』今本「爲王」下有「立王」二字，因與上下文相涉而衍，今刪。王曰：『爲社稷。』司馬曰：『爲社稷立王，王何以去社稷而入秦？』齊王還車而反」。念孫案：「雍門司馬前」本作「雍門司馬横戟當馬前」，今脱去「横戟當馬」四字。《北堂書鈔·武功部·戟類》下出「横戟當馬」四字，下引《戰國策》曰：「齊王建入朝於秦，雍門司馬横戟當馬前。」《太平御覽·兵部·戟類》所引亦如此。司馬横戟當馬前而諫，故齊王還車而反，事相因而文亦相承也。

戰國策弟二

楚

虚辭

「夫從人者，飾辯虚辭，高主之節行」。念孫案：「虚辭」本作「曼辭」，後人據《史記·張儀傳》改之耳。《文選·報任少卿書》「今雖欲自雕琢曼辭以自飾」，李善注：「如淳曰：『曼，美也。』《戰國策》蘇秦曰：當作「張儀」。『夫從人飾辯曼辭。』『曼』音『萬』。」據此，則《策》文本作「曼辭」，與《史記》異也。

兩虎相搏

「楚與秦構難，此所謂兩虎相搏者也」。引之曰：《太平御覽·兵部》引此「搏」作「據」，「據」字是也。「據」讀若「戟」，謂兩虎相掮持也。《説文》曰：「丮，持也，讀若『戟』。」《説文》：

「豦，鬭相丮不解也。從豕、從虍。」虍豕之鬭不相捨。《玉篇》音竭於、居御二切。「豦」與「丮」聲近而義同。又曰：「挶，戟持也。」哀二十五年《左傳》曰：「褚師出，公戟其手。」《史記·孫子傳》曰：「救鬭者不搏撠。」「丮」、「撠」、「戟」字異而義同，又通作「據」。《文選·江淹〈雜體詩〉》「幽并逢虎據」，李善注引此《策》「兩虎相據」，尤其明證矣。《史記·張儀傳》載此文，當亦作「兩虎相據」，《集解》引徐廣音「戟」，正是「據」字之音。《呂后紀》「見物如蒼犬，據高后掖」，「據」字徐廣音「戟」，正與此同。《漢書·五行志》「據」作「撠」，顏師古曰：「撠，謂挶持之也。」《老子》曰「猛獸不據，攫鳥不搏」，《鹽鐵論·擊之篇》曰「虎兕相據而螻蟻得志」，皆其證也。今本《史記》作「兩虎相搏」，蓋後人多聞「搏」，少聞「據」，故改「據」爲「搏」。若本是「搏」字，不得有「戟」音矣。《御覽》《文選注》引《楚策》竝作「據」，今本作「搏」，亦是後人所改。學者據徐廣之音以正《史記》，并據《御覽》《文選注》所引以正《楚策》可也。

遺使車　雞駭

「乃遺使車百乘，獻雞駭之犀、夜光之璧於秦王」。念孫案：「遺使車百乘」文不成義，當作「遺車百乘」。今本有「使」字者，因上文「使使臣獻書」而誤衍也。《藝文類聚·寶部》引此有「使」字，亦後人依誤本《戰國策》加之，其《獸部》引此無「使」字。又《北堂書鈔·政術部》、《太平御覽・人事部》《珍寶部》《獸部》引此俱無「使」字。「雞駭之犀」當爲「駭雞之犀」。《楚辭・九歎》「弃駭雞於筐簏」，今本作「雞駭」，非。洪興祖補注曰：「一作駭雞。」案：《御覽・獸部》引《楚辭》正作「駭雞」。王注曰：「駭雞，文犀也。」《文選・吴都賦》「駭雞之珍」，李善注引《孝經援神契》曰：「神靈滋液，則犀駭雞。」《後漢書・西域傳》「大秦國有駭雞犀」，注引《抱朴子》曰：「通天犀有白理如綖者，以盛米置羣雞中，雞欲往啄米，至輒驚卻，故南人名爲『駭雞』。」又《書鈔・政術部》《類聚・獸部》引此《策》竝作「駭雞」，舊本《書鈔》出「獻駭雞犀」四字，注曰：「《戰國策》云楚王獻駭雞之犀於秦王。」陳禹謨改注文爲「雞駭」，而正文尚未改。又《御覽・人事部》《珍寶部》《獸部》引此《策》亦作「駭雞」，則北宋本尚不誤，至南宋本始誤爲「雞駭」，故《楚辭補注》所引與今本同。

寡君

「昔吴與楚戰於柏舉，三戰入郢，寡君身出，大夫悉屬，百姓離散」。念孫案：「寡君」當爲「君王」，此涉下棼冒勃蘇之詞而誤也。棼冒勃蘇對秦王言之，故稱「寡君」。此是子華述昭王出奔之事，當稱「君王」，不當稱「寡君」也。下文述蒙穀之事，正作「君王身出」。

雀立

「棼冒勃蘇贏糧潛行，七日而薄秦王之朝，雀立不轉，晝吟宵哭」。鮑注曰：「雀立，踊也。」引之曰：鮑説甚謬。「雀」當爲「隺」，字之誤也。「隺」與「鶴」同，《一切經音義》卷二曰：「鶴，古文作隺。」漢《酸棗令劉熊碑》「隺鳴一震」，即「鶴鳴」也。鶴立，謂竦身而立也。《文選・求通親親表》「實懷鶴立企佇之心」，李善注引此《策》「鶴立不轉」，《初學記・人事部》《太平御覽・人事部》引此竝與《文選注》同，《鴻烈・脩務篇》曰「申包胥即棼冒勃蘇。鶴跱而不食，晝吟宵哭」，皆其明證也。

此蒙穀之功

「此蒙穀之功多，與存國相若」。念孫案：「此」當爲「比」，言比校其功，與存國相等也。《後漢書・李通傳》注引此作「校蒙穀之功」，是其證。

至今無冒

「吴與楚戰於柏舉，三戰入郢，君王身出，大夫悉屬，百姓離散。蒙穀入宫，負離次之典，以逃於雲夢之中。昭王反郢，蒙穀獻典，五官得法，而百姓大治。比蒙穀之功多，與存國相若。封之執珪，田六百畛。蒙穀怒曰：『穀非人臣，社稷之臣。苟社稷血食，余豈患無君乎？』遂自棄於磨山之中，至今無冒」。鮑注曰：「冒謂犯法。」引之曰：鮑説甚謬。「冒」當爲「胄」，字之誤也。「冒」俗作「冐」，比「胄」字只少一筆。「無胄」謂「無後」也。《周語》「晉懷公無胄」，韋注曰：「胄，後也。」

求反

「寡人之得求反，主墳墓，復羣臣，歸社稷也」。念孫案：「求」當爲「來」，謂得來反於楚也。隸書「來」字作「来」，「求」字或作「来」，漢《三公山碑》「乃求道要，本祖其原」，「求」字作「𣎳」。《蕩陰令張遷碑》「紀行求本，蘭生有芬」，「求」字作「来」。二形相似。上下文又有「求」字，故「來」譌爲「求」。《逸周書·周祝篇》「觀彼萬物，且何爲來」，《孟子·離婁篇》「舍館定，然後來見長者乎」，《史記·李斯傳》「來丕豹、公孫支於晉」，今本「來」字竝譌作「求」。鮑云：「求反國而得。」此曲爲之説也。《太平御覽·人事部》引此正作「來反」。

未涉

「齊王大興兵攻東地，句伐昭常，句未涉，疆秦以五十萬臨齊右壤」。念孫案：「未涉」下當有「泗」字，寫者脱去耳。「疆」當爲「彊」，字之誤也。「彊秦」二字下屬爲句。若以「疆」字上屬爲句，則文不成義。此言齊興兵攻楚之東地，尚未涉泗，而彊秦已以五十萬臨其右壤也。《史記·楚世家》：「齊湣王謂其相曰：『不若留太子，以求楚之淮北。』」《齊策》作：「蘇秦謂薛公曰：『君何不留楚太子以市其下東國？』」高注：「下東國，楚東邑近齊也。」然則「下東國」即淮北之地，亦即此篇所謂「東地五百里」也。地在淮北，則爲泗水所經，故齊攻楚之東地，必涉泗水也。

三日　因鬼見帝下有脱文

「蘇秦之楚，三日，乃得見乎王。談卒，辭而行，曰：『楚國之食貴於玉，薪貴於桂，謁者難得見如鬼，王難得見如天帝。今令臣食玉炊桂，因鬼見帝。』」念孫案：「三日」當作「三月」。據《藝文類聚·火部》《太平御覽·飲食部》及《文選·張協〈雜詩〉》注引此竝作「三月」。下文云「王難得見如天帝」，則當作「三月」明矣。下文「汗明見春申君，候閒三月而後得見」，事與此同也。「今令臣食玉炊桂，因鬼見帝」語意未了，其下必有脱文。《類聚》《御覽》《文選注》引此竝有「其可得乎」四字，當是也。

墨黑

「彼鄭、周之女，粉白墨黑」。鮑注曰：「黑，言其髮。」姚曰：「别本作『黛黑』。」念孫案：别本是也。《説文》：「黱，畫眉也。」《玉篇》：「黛，同『黱』。」《楚辭·大招》及《列子·周穆王篇》《鴻烈·脩務篇》竝云「粉白黛黑」，郭璞《子虚賦注》《文選·西都賦》注、《史記·司馬相如傳》正義、《後漢書·班固傳》注、《藝文類聚·人部》《太平御覽·人事部》引《策》文竝作「粉白黛黑」。

或謂楚王篇

「或謂楚王曰，臣聞從者欲合天下以朝大王」云云。念孫案：此篇在第十七卷之首，而《文選·爲齊明帝讓宣城郡公表》注引此「或謂楚王」作「唐雎謂楚王」，則合上卷末「唐且見春申君曰」云云爲一篇。是李善所見本，此處不分卷，而「謂楚王」之上亦無「或」字也。

以其類爲招　倏忽之閒墜於公子之手

「黄雀俯噣白粒，仰棲茂樹，鼓翅奮翼，自以爲無患，與人無争也。不知夫公子王孫，左挾彈，右攝丸，將加己乎十仞之上，以其類爲招。晝遊乎茂樹，夕調乎酸鹹，倏忽之閒，墜於公子之手」。念孫案：「以其類爲招」，「類」當爲「頸」，字之誤也。招，的也，言以其頸爲準的也。《吕氏春秋·本生篇》曰「萬人操弓，共射一招」，高注：「招，埻的也。」《别類篇》曰：「射招者，欲其中小也。」《文選·阮籍〈詠懷詩〉》注引此作「以其頸爲的」，《藝文類聚·鳥部》《太平御覽·羽族部》竝引此云「左挾彈，右攝丸，以加其頸」。姚曰：「《春秋後語》云：『以其頸爲的。』『的』或爲『招』。」以上姚校本語。「招」、「的」古聲相近，故字亦相通也。凡從勺聲之字，古音皆屬宵部。故「的」從勺聲而通作「招」。《説文》「杓，從木勺聲，甫摇切」，「尥，從九勺聲」，《玉篇》「平交、力弔二切」，皆其例也。「倏忽之閒，墜於公子之手」，姚云：「三同。集無此十字。曾云一本有。」念孫案：無此十字者是也。一本有者，後人妄加之耳。「夕調乎酸鹹」，謂烹之也。既烹之矣，何又言「倏忽之閒，墜於公子之手」乎？下文説黄鵠之事，至晝遊乎江河，夕調乎鼎鼐，以下更不贅一語。此獨於「夕調乎酸鹹」之下加二語以成蛇足，甚無謂也。《文選·詠懷詩》注及《藝文類聚》《太平御覽》引《戰國策》竝無此十字，《新序·雜事篇》亦無此十字。

䲡鯉

「黃鵠俯噣䲡鯉，仰嚙蔆衡」。鮑改「䲡」爲「鱔」，云：「字書無『䲡』字。」念孫案：「䲡鯉」當從《新序》作「鰋鯉」。《小雅》《周頌》皆以「鰋鯉」連文，鮑失考而改「䲡」爲「鱔」，謬矣。《類聚・鳥部》《御覽・羽族部》引此竝作「鰋鯉」。

禕布與縣　莫知媒兮　嫫母求之又甚喜之兮　詩曰上天甚神無自瘵也

「孫子爲書謝春申君，因爲賦曰：『寶珍隋珠，不知佩兮。禕布與縣，不知異兮。閭姝子奢，莫知媒兮。嫫母求之，又甚喜之兮。以瞽爲明，以聾爲聰。以是爲非，以吉爲凶。嗚呼上天！曷惟其同？』《詩》曰：『上天甚神，無自瘵也。』」自「寶珍隋珠」至「曷惟其同」，皆出《荀子・賦篇》，《韓詩外傳》亦同。「禕布與縣」，姚云：「『禕』，孫作『褋』。」鮑改爲「禕衣與絲」，注云：「《禮》：后服禕衣。」念孫案：鮑說甚謬。孫朴本作「褋」是也。《荀子》及《外傳》竝作「褋布與錦」，此《策》「錦」作「縣」，蓋「錦」譌爲「綿」，轉寫爲「緜」，又譌爲「縣」耳。隸書「縣」字或作「⿱県系」，「緜」字或作「⿰糸県」，二形相似，故「緜」譌作「縣」。漢《緜竹令王君神道》「緜」字作「⿰糸県」，是其證也。《鴻烈・本經篇》「緜聯房植」，《史記・孝文紀》「歷日緜長」，今本「緜」字竝譌作「縣」。褋布與錦，不知別異，言美惡不分也。「莫知媒」，當從《荀子》《外傳》作「莫之媒」，「之」與「知」聲相溷，又與上文兩「不知」相涉而誤。言無人爲之媒也。「嫫母求之，又甚喜之」，《荀子》《外傳》竝作「嫫母力父是之喜」，《荀子》一本作「刁父」。此《策》「求之」二字未詳何字之譌，「又」即「父」之譌也。篆文「父」字作「[illegible]」，「又」字作「[illegible]」，二形相似。「甚喜之」當從《荀子》《外傳》作「是之喜」，言惟嫫母力父是喜也。「是」與「甚」，字之誤。隸書「是」字作「昰」，「甚」字或作「甚」，二形相似，故「是」譌爲「甚」。《管子·小匡篇》「擇其寡功者而譙之」，《齊語》「其」作「是」，此因「其」譌爲「甚」，故又譌爲「是」也。《韓詩外傳》：「《詩》曰：『瞻彼日月，悠悠我思。道之云遠，曷云能來。』急時辭也，是故稱之日月也。」《説苑·辯物篇》作「甚焉故稱日月也」。《漢書·司馬相如傳》「閑雅甚都」，《史記》「甚」作「是」。《説文》：「尟，是少也。從是少。」今俗作「尠」。「是之喜」與「莫之媒」相對爲文，「喜」讀平聲，與「媒」爲韻也。《堯典》「庶績咸熙」，楊雄《劇秦美新》及《膠東令王君碑》竝作「庶績咸喜」。《家人》九三「婦子嘻嘻」，釋文曰：「陸作『喜喜』。」《爾雅》「廞、熙，興也」，《學記》正義引作「歆、喜，興也」。《晉語》「妹喜」，《楚辭·天問》作「妹嬉」，《吕氏春秋·慎大篇》《漢書·古今人表》竝作「末嬉」。《荀子》無「詩曰」以下三句，《外傳》有之。《外傳》每章之末必引《詩》爲證，若《戰國策》則無此例也。「詩曰」以下三句，蓋後人取《外傳》附益之耳。又案：《菀柳》之詩曰：「上帝甚蹈，無自瘵焉。」毛傳曰：「蹈，動也。」正義曰：「言王心無恒，數變動也。」此引《詩》「上帝」作「上天」，因與上文「嗚呼上天」相涉而誤。「甚蹈」作「甚神」，「神」者，「蹈」之壞字，故《外傳》引《詩》作「上帝甚慆」。《一切經音義》五曰：「《詩》云『上帝甚陶』，陶，變也。」義與毛《傳》、孔《疏》同。「陶」、「慆」、「蹈」古同聲而通用也。「瘵焉」作「瘵也」，亦是傳寫之誤。《外傳》亦作「瘵焉」。《集傳》據此《策》，遂謂《詩》之「蹈」字當作「神」，竊所未安。

大息

「汗明見春申君，談卒，春申君大説之。汗明欲復談，春申君曰：『僕已知先生，先生大息矣。』」鮑注曰：「異於小休。」念孫案：鮑説甚謬。「先生息矣」，猶孟嘗君言「先生休矣」。「息」上不當有「大」字，此因上文「大」字而誤衍耳。《太平御覽·人事部》引此無「大」字。

楚君雖欲攻燕將道何哉

「所道攻燕，非齊則魏。魏、齊新怨楚，楚君雖欲攻燕，將道何哉」。鮑改「楚君」爲「楚軍」。念孫案：「君」字因上下文而誤衍耳，鮑改非也。「將道何哉」當作「將何道哉」。道，從也，見《禮器》注。言楚欲攻燕，兵何從出也。置「道」字於「何」字之上，則文不成義矣。

趙

董閼安于

「夫董閼安于，簡主之才臣也」。念孫案：「閼」與「安」一字也。定十三年《左傳》及《晉語》《呂氏春秋・愛士篇》《史記・趙世家》《漢書・古今人表》竝作「董安于」，《韓子・十過篇》及《鴻烈・道應篇》竝作「董閼于」，是「閼于」即「安于」也。「安」與「焉」古同聲而通用。「閼于」之爲「安于」，猶「閼逢」之爲「焉逢」也。《爾雅》「大歲在甲曰閼逢」，釋文：「閼，烏割反，又於虔反。」《史記・曆書》作「焉逢」。今作「董閼安于」者，一本作「閼」，一本作「安」，而後人誤合之耳。

君之不用也

「知過見君之不用也，言之不聽，出，更其姓爲輔氏」。念孫案：「君之不用」「言之不聽」語意相複。此本作「知過見言之不聽」，其「君之不用也」五字衍文耳。《文選・爲曹公與孫權書》注、《後漢書・蘇竟傳》注引此竝作「智果見言之不聽」，《韓子・十過篇》作「智過見其言之不聽也」，皆無「君之不用」句。

報知氏之讎

「士爲知己者死，女爲悦己者容，吾其報知氏之讎矣」。念孫案：「之讎」二字，後人所加也。「吾其報知氏」者，承上「爲知己者死」言之，謂報知氏之恩，非謂報知氏之讎也。下文曰「知伯以國士遇臣，臣故國士報之」，又曰「而可以報知伯矣」，竝與此句同義。後人以下文多言爲知伯報讎，故加「之讎」二字，不知彼自言報讎，此自言報恩也。《史記·刺客傳》曰：「今智伯知我，我必爲報讎而死，以報智伯。」此雖兼報讎言之，而「報智伯」三字仍謂報恩，非謂報讎也。《太平御覽·人事部》引此《策》有「之讎」二字，則所見本已誤。《文選·報任少卿書》注引此正作「吾其報知氏矣」。

吞炭爲啞

「豫讓漆身爲厲，滅須去眉，自刑以變其容，又吞炭爲啞，變其音」。《史記》作「漆身爲厲，吞炭爲啞」。念孫案：此《策》原文本作「又吞炭以變其音」，今本「爲啞」二字，乃後人據《史記》加之也。不知「爲啞」即是「變其音」，故《戰國策》言「變音」而不言「爲啞」，《史記》言「爲啞」而不言「變音」也。《史記索隱》引此《策》曰「豫讓吞炭以變其音」，《吕氏春秋·

恃君篇》曰「豫讓滅須去眉，自刑以變其容，又吞炭以變其音」，《鴻烈·主術篇》曰「豫讓漆身爲厲，吞炭變音」，皆其明證也。

曲吾

「今魯句注，「魯」字義未詳，鮑據《史記》改爲「踰」。禁常山而守，三百里通於燕之唐、曲吾」。鮑改「曲吾」爲「曲遇」。吴曰：「『吾』當作『逆』。史注，中牟、曲遇、聚，鄭州縣，非此所指。按《齊策·權之難章》云：『燕戰勝兵罷，〔一〕趙可以取唐、曲逆。』唐即唐縣；曲逆，蒲陰縣，竝屬中山，此『曲』下必『逆』字也。」念孫案：吴説是矣，而未盡也。《釋名》曰：「逆，遻也。「遻」音「寤」。遻不從其理，則生殿遻不順也。」《韓詩外傳》曰：「孔子出衞之東門，逆姑布子卿。」「逆」與「遻」同，是「逆」字古讀若「遻」，「逆」從屰聲，「屰」與「遻」古亦同聲，故「咢」從屰聲，而「遻」又從咢聲，「㡿」從屰聲，而「諤」、「㵟」又從㡿聲也。與「吾」聲相近，故「曲逆」或作「曲吾」，不煩改「吾」爲「逆」也。「逆」與「吾」形不相似，若非古聲相通，「逆」字無緣誤作「吾」也。

〔一〕兵，原作「具」，據《戰國策》改。

城市之邑七十

「馮亭陰使人請趙王曰:『韓不能守上黨,今有城市之邑七十,願拜内之於王。』」吴曰:「『七十』,《史》作『十七』,下同。」念孫案:作「十七」是也。《秦策》曰「上黨十七縣,皆秦之有也」,是其證。

未見一城

「夫用百萬之衆攻戰,踰年歷歲,未見一城也」。念孫案:「見」當爲「㝵」。「㝵」,古「得」字,形與「見」相近,因譌爲「見」。說見《經義述聞・周語》「見神」下。下句曰「今不用兵而得城七十」,即其證也。《史記・趙世家》正作「未得一城」。

外賓客

「是以外賓客遊談之士,無敢盡忠於前者」。鮑注曰:「外,疏之也。」姚曰:「錢、劉去『賓』字。」念孫案:「外賓客遊談之士」,句法頗累,錢、劉去「賓」字是也。「外客」謂外來之客,鮑云「疏之」,非是。《史記・蘇秦傳》作「賓客游士」,此作「外客遊談之士」,文本不同。今本作「外賓客遊談之士」者，後人據《史記》旁記「賓」字，因誤入正文耳。楊倞注《荀子·臣道篇》引此有「賓」字，則所見本已誤。《文選·蜀都賦》注、《上吴王書》注引此竝無「賓」字，今據以訂正。

齊涉渤海

「秦攻趙，則韓軍宜陽，楚軍武關，魏軍河外，齊涉渤海，燕出鋭師以佐之」。念孫案：齊之救趙，無煩涉渤海。《史記》「渤海」作「清河」，是也。蘇秦説齊王曰：「齊西有清河。」説趙王曰：「趙東有清河。」是清河在齊、趙之閒，齊、趙相救，必涉清河。齊、趙相攻，亦必涉清河。張儀説齊王曰：「大王不事秦，秦悉趙兵涉清河，指博關。」説趙王曰：「今秦告齊，使興師度清河，軍於邯鄲之東。」皆是也。今作「渤海」者，因上文有「齊涉渤海」而誤。上文曰：「秦攻燕，則趙守常山，楚軍武關，齊涉渤海，韓、魏出鋭師以佐之。」渤海在燕、齊之閒，故齊之救燕，必涉渤海也。

以王因饒中山

「我約三國而告之，以未構中山也。「構」與「講」同。三國欲伐秦之果也。必聽我，欲和我。中山聽之，是我以王因饒中山而取地也」。鮑改「王因」爲「三國」，注曰：「饒，益也。以三國欲和我，故益得取地於中山。」念孫案：改「王因」爲「三國」，是也。「饒中山」三字連文，若訓「饒」爲「益」，則是以三國益中山，斯爲謬矣。今案：「饒」當爲「撓」，字之誤也。「撓」如「撓亂我同盟」之「撓」。以三國撓中山而講，則中山不得不聽，不得不割地，故曰「中山聽之，是我以三國撓中山而取地也」。《魏策》曰：「今韓受兵三年矣，秦撓之以講，韓知亡，猶弗聽。」是其證。

馬服之子　趙以亡敗之餘衆收破軍之敝守

「夫以秦將武安君、公孫起，乘七勝之威，而與馬服之子戰於長平之下」。念孫案：「馬服之子」，本無「之」字。後人以趙括爲趙奢之子，因加「之」字耳。不知當時人稱趙括爲「馬服子」，沿其父號而稱之也。「馬服子」猶言「馬服君」。《秦策》「君禽馬服君乎」，《史記·白起傳》作「馬服子」；《韓世家》曰「秦殺馬服子卒四十餘萬於長平」，皆其證也。《太平御覽·兵部》引此《策》正作「馬服子」。又下文「趙以亡敗之餘衆，收破軍之敝守」，「亡敗」當爲「七敗」。上言秦七勝，故此言趙七敗，下文曰「今七敗之禍未復」是也。「亡」、「七」字相近，故「七」譌爲「亡」。此時趙猶未亡，不得言「亡敗之餘衆」也。「敝守」二字，文不成義。此本作「趙以七敗之餘，收破軍之敝」。「敝」亦「餘」也，「收破軍之敝」，所謂收合餘燼也。

《周官》「職幣掌式法以斂官府都鄙，與凡用邦財者之幣」，鄭注曰：「幣謂給公用之餘。」《齊語》「戎車待游車之裂，戎士待陳妾之餘」，韋注曰：「裂，殘也。」謂殘餘也。《爾雅》：「烈，餘也。」「烈」與「裂」通。《管子・小匡篇》作「戎車待游車之弊」，「敝」、「幣」、「弊」字異而義同。「守」字因下文數「守」字而衍，後人因於上句加「衆」字，以成對文耳。《御覽》引此作「趙以十敗之餘，上文「七勝」《御覽》亦作「十勝」。收破軍之弊」，無「衆」、「守」二字。

與秦城何如不與何如

「秦攻趙於長平，大破之，引軍而歸，因使人索六城於趙而講。趙王與樓緩計之曰：『與秦城何如？不與何如？』」念孫案：此以「與秦城」爲句，「何如不與」爲句。「不與」下本無「何如」二字。《齊策》田侯召大臣而謀曰：「救趙，孰與勿救？」猶此言「與秦城，何如不與」也。《廣雅》：「與，如也。」「孰與」猶「何如」也。故鄒忌對曰：「不如勿救。」後人誤讀「與秦城何如」爲句，因於「不與」下加「何如」二字，而不知其謬也。《太平御覽・人事部》引此作「與秦地，何如勿與」。

久居若圍城之中

「魯連見辛垣衍，〔一〕辛垣衍曰：『吾視居此圍城之中者，皆有求於平原君者也。今吾視先生之玉貌，非有求於平原君者，曷爲久居若圍城之中而不去也？』」鮑據上文及《史記・魯仲連傳》改「若」爲「此」。吴云：「『若』疑『居』字訛衍。」念孫案：鮑之改、吴之疑皆非也。「若」猶「此」也。隱四年《公羊傳》「公子翬恐若其言聞乎桓」，謂此其言也。莊四年《傳》「有明天子則襄公得爲若行乎」，謂此行也。《論語・公冶長篇》「君子哉若人」，謂此人也。古字或兼數義，後人不能徧識，或改之，或删之，而古義浸亡矣。

魏魀

「魏魀謂建信君」。吴曰：「魀，一本作『鬿』。《楚辭》『九鬿』，北斗星名。」念孫案：《説文》《玉篇》《廣韻》《集韻》《類篇》皆無「魀」字。「魀」當爲「魁」。「魁」隸或作「鬿」漢《楊君石門頌》「奉鬿承杓」，「鬿」即「魁」字。「斗」字隸書作「廾」，或作「𠦃」，故「魁」字或作「鬿」。其右畔與「介」字相近，故譌

〔一〕辛，原作「新」，據《國學基本叢書》本及《戰國策》改。

而爲「魈」。吴云一本作「魆」，《楚辭·九歎》「訊九魆與六神」，「魆」一作「魁」，皆其證也。《文選·陳琳〈檄吴將校部曲文〉》注引此正作「魏魁」。鮑不達而改爲「尬」字，斯爲謬矣。

孝成王方饋不墮食

「齊人李伯見孝成王，成王説之，以爲代郡守。而居無幾何，人告之反。孝成王方饋，不墮食」。鮑注曰：「饋、餽同。方食而祭，不墮失匕筯。」吴曰：「墮祭食，猶放下也，見《儀禮》。墮，許規反。」念孫案：鮑、吴二説皆非也。高注《鴻烈·詮言篇》曰：「饋，進食也。」又注《吕氏春秋·必已篇》及《鴻烈·説林》《脩務》二篇竝曰：「墮，廢也。」此言孝成王方進食，聞告反之言，而不爲之廢食耳。「饋」非謂「祭」，「墮」亦非《儀禮》「墮祭」之「墮」也。

秦按兵攻魏

「臣謂奉陽君曰：『天下事秦，秦堅三晉之交攻齊，國破財屈，而兵東分於齊。秦按兵攻魏，取安邑。』」念孫案：「秦按兵攻魏」，「兵」字後人所加也。「秦按攻魏」者，「按」，語詞，猶言「於是」也。言秦使三晉攻齊，國破財屈而兵分，秦於是攻魏取安邑，則三晉不能救也。下文曰「秦行是計也，君按救魏，是以攻齊之已弊與秦争戰也」，又曰「天下事秦，秦按爲義，存亡繼絶，固危扶弱」。「秦按攻魏」、「君按救魏」、「秦按爲義」，三「按」字義竝同也。「按」，字或作「案」，又作「安」，又作「焉」。《荀子・勸學篇》「上不能好其人，下不能隆禮，安特將學雜識志順《詩》《書》而已耳」，楊倞曰：「安，語助，或作『安』，或作『案』。《荀子》多用此字。《禮記・三年問》作『焉』。《戰國策》謂趙王曰：『秦與韓爲上交，秦禍案移於梁矣。秦與梁爲上交，秦禍案攘於趙矣。』見《趙策》。《呂氏春秋》吴起謂商文曰：『今日置質爲臣，其主安重？釋璽辭官，其主安輕？』見《執一篇》。蓋當時人通以『安』爲語助。」念孫案：字之作「案」者，《戰國策》《荀子》而外，又見於《逸周書》。《武寤篇》曰：「約期于牧，案用師旅。商不足滅，分禱上下。」其作「安」者，《戰國策》《荀子》《呂氏春秋》而外，又見於《國語》《吴語》曰：「王安挺志，一日惕，一日留，以安步王志。」又曰：「王安厚取名而去之。」《管子》《大匡篇》曰：「必足三年之食，安以其餘脩兵革。」《地員篇》曰：「其陰則生之查梨，其陽安樹之五麻。」又曰：「羣木安逐，條長數大。」又曰：「羣藥安生，薑與桔梗，小辛大蒙。」《墨子》。《非樂篇》曰：「然即當爲之撞巨鍾，擊鳴鼓，彈琴瑟，吹竽笙，而揚干戚，民衣食之財將安可得而具乎？即我以爲未必然也。」又曰：「然即當爲之撞巨鍾，擊鳴鼓，彈琴瑟，吹竽笙，而揚干戚，天下之亂將安可得而治與？即我以爲未必然也。」其作「焉」者，則《禮記・三年問》而外，見於經史諸子者甚多。見《釋詞》。後人不知「按」爲語詞，而於「按」下加「兵」字，「按兵」與「攻魏」連文，而其義遂不可通矣。

燕郭之法　桑雍

「燕郭之法，有所謂桑雍者」。吴曰：「一本標劉本作『郭偃之法』。晉掌卜大夫郭偃，乃卜偃也。」念孫案：「燕」字當在「郭」字下。「燕」、「偃」聲相近，「郭燕之法」即「郭偃之法」。《商子·更法篇》引「郭偃之法」云云，是其證也。「桑雍」，姚曰：「桑，曾作『柔』。」下文所謂「桑雍」者，便辟左右之近者及夫人優愛孺子也。此皆能乘王之醉昏，而求所欲於王者也。姚曰：「桑雍，劉作『柔癕』。」念孫案：作「柔癕」者是也。「癕」即「癰疽」之「癰」。便辟左右夫人孺子，皆柔媚其君以爲患於内，故曰「柔癕」。「癕」、「雍」字之通，「柔」、「桑」字之誤耳。鮑、吴説「桑雍」之義，皆不得其解而爲之辭。

觸讋　揖之

「太后明謂左右：『有復言令長安君爲質者，老婦必唾其面。』左師觸讋願見太后，太后盛氣而揖之」。吴曰：「觸讋，姚云一本無『言』字，《史》亦作『龍』。案《説苑》《敬慎篇》魯哀公問孔子：『夏桀之臣有左師觸龍者，諂諛不正。』人名或有同者，此當從『讋』以别之。」念孫案：吴説非也。此《策》及《趙世家》皆作「左師觸龍言願見太后」。今本「龍言」二字誤合爲

「讋」耳。太后聞觸龍願見之言，故盛氣以待之。若無「言」字，則文義不明。據姚云「一本無『言』字」，則姚本有「言」字明矣。而今刻姚本亦無「言」字，則後人依鮑本改之也。《漢書・古今人表》正作「左師觸龍」。又《荀子・議兵篇》注曰：「《戰國策》，趙有左師觸龍。」《太平御覽・人事部》引此《策》曰：「左師觸龍言願見。」皆其明證矣。又《荀子・臣道篇》曰：「若曹觸龍之於紂者，可謂國賊矣。」《史記・高祖功臣侯者表》有臨轅夷侯戚觸龍，《惠景閒侯者表》有山都敬侯王觸龍，是古人多以「觸龍」爲名，未有名「觸讋」者。「太后盛氣而揖之」，吴曰：「揖之，《史》云『胥之』。當是。」念孫案：吴說是也。《集解》曰：「胥，猶須也。」《御覽》引此《策》作「盛氣而須之」。隸書「胥」字作「𦙍」，因譌而爲「咠」，後人又加手旁耳。下文言「入而徐趨」，則此時觸龍尚未入，太后無緣揖之也。

有所郤

「而恐太后玉體之有所郤也。故願望見太后」。鮑注曰：「恐太后不能前。」念孫案：鮑未解「郤」字之義。「郤」字本作「㣣」，讀如「煩劇」之「劇」，謂疲羸也。言恐太后玉體之疲羸，故願望見也。《廣雅》：「困、疲、羸、券、《考工記・輈人》注曰：「券，今『倦』字也。」㣣，極也。」皆謂困極也。《漢書・司馬相如傳〈子虛賦〉》「徼㣣受詘」，蘇林曰：「㣣，音『倦㣣』之『㣣』。」郭璞曰：「㣋，疲極也。」又《上林賦》「與其窮極倦㣋」，郭璞曰：「窮極倦㣋，疲憊也。」《方言》曰：「㑭，𠊳也。」「𠊳」亦與「倦」同。《説文》曰：「御，徼御受屈也。」「御」、「㑭」、「㣋」、「卻」竝字異而義同。《趙世家》作「恐太后體之有所苦也」，「苦」與「卻」同義，則「卻」爲「倦御」之「御」明矣。

戰國策第三

魏

適秦

「夫虧楚而益魏，攻楚而適秦，内嫁禍安邦，《張儀傳》無「内」字。此善事也」。鮑解「適秦」曰：「適，猶歸。」念孫案：攻楚而歸秦，殊爲不詞，鮑說非也。今案：適者，悦也，言攻楚而悦秦也。《一切經音義》六引《三蒼》曰：「適，悦也。」上文云「秦之所欲弱莫如楚，而能弱楚者莫如魏」，故魏攻楚，即所以悦秦。《韓策》張儀説韓王曰：「夫攻楚而私其地，轉禍而説秦，計無便於此者。」是其證。

反於楚王

「張儀惡陳軫於魏王曰：『軫善事楚，爲求壤埊也甚力。』左華謂陳軫曰：『公不如以儀之言爲資而反於楚王。』陳軫曰：『善。』因使人先言於楚王」。鮑解「反於楚王」曰：「反，言報之。」念孫案：鮑説非也。「以儀之言爲資而反於楚」，「楚」下本無「王」字，此因下有「楚王」而誤衍耳。陳軫去楚適魏，而張儀惡之於魏王，謂其善事楚，爲之求地。軫即令人以此言聞於楚王，使楚王喜而復之。以上竝見《楚策》。故曰：「以儀之言爲資而反於楚。」「反」訓爲「歸」，非訓爲「報」。《楚策》記此事曰：「公不如以儀之言爲資而得復楚。」是其證。

東夷之民不起

「黄帝戰於涿鹿之野，而西戎之兵不至。禹攻三苗，而東夷之民不起」。鮑改「起」爲「赴」。念孫案：鮑改非也。不起者，謂不起兵以應禹也。下文曰：「以燕伐秦，黄帝之所難也，而臣以與「已」同。致燕甲而起齊兵矣。」即其證。

令儀狄

「昔者帝女令儀狄作酒而美，進之禹」。姚曰：「一本無『令』字。」念孫案：一本是也。「儀狄」即帝女之名，不當有「令」字。《文選・七啟》、《七命》注及《太平御覽・飲食部》引此皆無「令」字。

睪子

「秦蠶食魏，盡晉國，戰勝睪子，割八縣」。《史記·穰侯傳》「睪子」作「暴子」。徐廣曰：「韓將暴鳶。」念孫案：作「暴」者是也。《史記·秦本紀》「昭襄王三十二年，相穰侯攻魏，至大梁，破暴鳶」，《韓世家》「釐王二十一年，使暴䳒救魏，「䳒」與「鳶」同。爲秦所敗」，即此所謂「戰勝暴子」者也。此《策》作「睪子」者，《説文》：「㬥，晞也。暴，疾有所趣也。」此《策》「暴子」之「暴」，蓋本作「㬥」字，隸省作「㬥」，漢《武都太守李翕西狹頌》「强不㬥寡」，即「暴」字也。「㬥」之省作「㬥」，猶「暴」之省作「㬥」。又省作「𣅀」，形與「皋」字相似。俗書「皋」字作「睪」，故「暴子」譌爲「睪子」矣。

伐魏之事不便

「伐魏之事不便，魏雖刺髡，于王何益？若誠不便，魏雖封髡，于王何損」。鮑注上三句曰：「伐魏不便，魏所欲也，而髡止之，故魏刺之。雖刺髡，而齊實不便，非益也。此設辭也。」吴曰：「鮑强注，終不通。愚案：『伐魏之事不便』當無『不』字，義乃通。」念孫案：吴説是也。《藝文類聚·寶玉部》《太平御覽·珍寶部》引此竝作「伐魏之事便，魏雖刺髡，於王何益」。

道涉山谷　危隘

「伐楚，道涉山谷，行三千里，而攻危隘之塞」。念孫案：「道涉山谷」，「山」字後人所加也。「危」當爲「黽」，字之誤也。草書「危」字作「危」，「黽」字作「黽」，二形相似，故「黽」誤爲「危」。涉谷，地名也。道，從也。上文曰：「道河内，倍鄴、朝歌。」下文曰：「道河外，倍大梁。」義竝與「道涉谷」同。《韓策》曰：「道於南鄭、藍田以入攻楚。」《大荒西經》「風道北來」，郭璞曰「道，猶從也」，引《韓子·十過篇》曰：「玄鶴二八，道南方來。」言秦師伐楚，從涉谷行三千里，而攻黽隘之塞也。「黽」音「盲」。案：今之平靖關在信陽州應山縣之閒，其地即古之黽隘也。定四年《左傳》作「冥阸」，《韓策》作「澠隘」，《燕策》作「鄳隘」，《楚策》謂之「黽塞」，竝字異而義同。《史記·魏世家》曰：「伐楚，道涉谷，汲古閣所刊《索隱》單行本如此，別本有「山」字，乃後人依誤本《戰國策》加之。考《索隱》《正義》皆無此字。行三千里，而攻冥阸之塞。」索隱曰：「道，猶行也。涉谷是往楚之險路。」正義引劉伯莊《音義》曰：「秦兵向楚有兩道，涉谷是西道，河外是東道。」皆其證也。後人不知「道」訓爲「從」，而誤以爲「道路」之「道」，又不知「涉谷」爲地名，而誤以「涉」爲「跋涉」之「涉」，故妄加「山」字以增成其義耳。

王曰不敢　王曰不能

「長平之役,平都君説魏王曰:『王胡不爲從?』魏王曰:『秦許吾以垣雍。』平都君曰:『臣以垣雍爲空割也。』魏王曰:『何謂也?』平都君曰:『秦、趙久相持於長平之下而無決,天下合於秦,則無趙;合於趙,則無秦。秦恐王之變也,故以垣雍餌王也。秦戰勝趙,王敢責垣雍之割乎?王曰不敢。秦戰不勝趙,王能令韓出垣雍之割乎?王曰不能。臣故曰垣雍空割也。』魏王曰:『善。』」念孫案:「王曰不敢」、「王曰不能」,兩「王」字皆後人所加也。「曰不敢」、「曰不能」,皆平都君之語,與上文自爲問荅。是以「秦戰不勝趙」上、「臣故曰」上皆無「曰」字,而魏王荅平都君之語,則必加「魏王曰」三字以別之也。後人誤以「不敢」、「不能」爲魏王荅語,故於「曰」上加「王」字耳。《論語》「懷其寶而迷其邦,可謂仁乎?曰不可。好從事而亟失時,可謂知乎?曰不可」,皆陽貨自爲問荅之語,是以「好從事」及「日月逝矣」之上皆無「曰」字。而孔子荅陽貨之語,則加「孔子曰」三字以別之,正與此同也。詳見《四書釋地》。《史記·孔子世家》楚昭王將以書社地七百里封孔子,令尹子西曰:「王之使使諸侯,有如子貢者乎?曰無有。王之輔相有如顏回者乎?曰無有。王之將率有如子路者乎?曰無有。王之官尹有如宰予者乎?曰無有。且楚之祖封於周,號爲子男五十里。今孔某述三五之法，明周召之業，王若用之，則楚安得世世堂堂方數千里乎？」以上四問四荅及且楚之始封云云，皆子西一人之語。《留侯世家》張良對漢王曰：「昔者湯伐桀而封其後於杞者，度能制桀之死命也。今陛下能制項籍之死命乎？曰未能也。其不可一也。武王伐紂，封其後於宋者，度能得紂之頭也。今陛下能得項籍之頭乎？曰未能也。其不可二也。武王入殷，表商容之閭，釋箕子之拘，封比干之墓。今陛下能封聖人之墓，表賢者之閭，式智者之門乎？曰未能也。其不可三也。發鉅橋之粟，散鹿臺之錢，以賜貧窮。今陛下能散府庫以賜貧窮乎？曰未能也。其不可四矣。殷事已畢，偃革爲軒，倒置干戈，覆以虎皮，以示天下不復用兵。今陛下能偃武行文，不復用兵乎？曰未能也。其不可五矣。休馬華山之陽，示以無所爲。今陛下能休馬無所用乎？曰未能也。其不可六矣。放牛桃林之陰，以示不復輸積。今陛下能放牛不復輸積乎？曰未能也。其不可七矣。」以上七問七荅，皆張良一人之語，亦與此同也。《墨子·耕柱篇》「和氏之璧，隋侯之珠，三棘六異，此諸侯之所謂良寶也。可以富國家、衆人民、治刑政、安社稷乎？曰不可」。《孟子·告子篇》「爲是其智弗若與？曰非然也」。亦是一人之語，自爲問荅。

衣焦不申頭塵不去

「季梁衣焦不申，頭塵不去」。鮑注曰：「行路犯風日，故焦，焦故不申。」吴曰：「焦，卷也。」念孫案：吴説近之。「焦」讀爲「𤺋」。《廣雅》「𤺋，縮也」，曹憲音子笑反，謂衣縮而不申之也。「頭塵不去」，吴曰：「《文選》『去』作『浴』。」阮籍《詠懷詩》注。念孫案：作「浴」者是也。凡從谷、從去之字，隸書往往相亂。隸書「去」字或作「厺」，形與「谷」相似，易致譌舛。《廣雅》：「渡，去也。」「去」譌作「谷」。「袪，開也。」「袪」譌作「裕」。皆其類也。此是「浴」字譌爲「法」，《列子·説符篇》「白公遂死於浴室」，《吕氏春秋·精諭篇》作「法室」。後人因改爲「去」耳。

請出西説秦

「唐且謂魏王曰：『老臣請出西説秦，令兵先臣出，可乎？』」念孫案：「請」下不當有「出」字，此涉下文「出」字而誤衍耳。《史記·魏世家》《新序·雜事篇》俱無「出」字。《藝文類聚·人部》《太平御覽·人事部》引《策》文亦無。

誤

「魏王與龍陽君共船而釣，龍陽君得十餘魚而涕下。王曰：『何爲涕出？』對曰：『臣之始得魚也，臣甚喜。後得又益大，今臣直欲棄臣前之所得矣。今以臣凶惡，而得爲王拂枕席。今臣爵至人君，走人於庭，辟人於途。四海之内，美人亦甚多矣，聞臣之得幸於王也，必褰裳而趨王，臣亦猶曩臣之所得魚也，今本「所」上有「前」字。案：「曩」即「前」也。上既言「曩」，下不得復言「前」，此因上文「臣前之所得」而誤衍耳。《藝文類聚・人部》《太平御覽・資産部》及《文選・阮籍〈詠懷詩〉》注、《陸厥〈中山王孺子妾歌〉》注引此竝無「前」字。臣亦將棄矣。臣安能無涕出乎？』魏王曰：『誤，有是心也，何不相告也。』」鮑注曰：「以不告爲誤。」吴曰：「『誤』字當句。然恐是『譆』字譌。」引之曰：吴以「誤」爲「譆」之譌，近之。然「誤」與「譆」字不相似，「譆」字無緣譌作「誤」。「誤」當爲「誒」，形近而譌也。「矣」字隸或作「[illegible]」，「吴」字隸或作「吳」，二形相似，故「誒」譌爲「誤」。《漢書・韋賢傳》注曰：「誒，歎聲，音許其反。」是「誒」與「譆」同。

韓

大成午從趙來謂申不害於韓

「大成午從趙來，謂申不害於韓曰：『子以韓重我於趙，請以趙重子於韓。』」念孫案：「大成午從趙來」，「來」字後人所加也。「大成午從趙謂申不害於韓」作一句讀，謂大成午在趙，申不害在韓，而大成午寄言於申不害，非謂從趙來韓而與之言也。後人不曉文義，故於「從趙」下加「來」字耳。《韓子·内儲説篇》正作「大成午從趙謂申不害於韓」。

寧爲雞口無爲牛後

「臣聞鄙語曰：『寧爲雞口，無爲牛後。』」姚曰：「《顔氏家訓》引作『寧爲雞尸，不爲牛從』。」鮑曰：「沈括辨以爲『雞尸牛從』。今案秦稱『牛後』，蓋以惡語侵韓，故昭王怒而從之。雞尸牛從，誤也。」吳曰：「《索隱》引延篤云：『寧爲雞尸，不爲牛從。尸，雞中主也。從，牛子也。』沈説亦有所本。」念孫案：《顔氏家訓·書證篇》曰：「《太史公記》曰：『寧爲雞口，無爲牛後。』案延篤《戰國策音義》曰：『尸，雞中之主。從，牛子。』然則『口』當爲『尸』，『後』當爲

『從』，俗寫誤也。」《文選·爲曹公與孫權書》「昔蘇秦説韓，羞以牛從」，李善本如此，今本作「牛後」，乃後人依五臣本改之。李善注曰：「《戰國策》『寧爲雞尸，不爲牛從』，延叔堅注曰：『尸，雞中主也。從，牛子也。』『從』或爲『後』，非也。」是《策》文本作「寧爲雞尸，不爲牛從」，故顔、李、小司馬所引竝同。而今本作「寧爲雞口，無爲牛後」，則後人依《史記》改之也。《史記》作「雞口牛後」，亦傳寫之誤，顔氏已辨之矣。又案蘇秦説趙王曰：「臣人之與臣於人也，豈可同日而言之哉？·雞尸喻臣人也，牛從喻臣於人也。」故下文曰：「交臂而臣事秦，何以異於牛從乎？·」而《史記正義》乃云「雞口雖小猶進食，牛後雖大乃出糞」，其説甚爲迂曲。鮑襲取其義，謂蘇秦以惡語侵韓，謬矣。

虎摯　貫頤

「秦帶甲百餘萬，車千乘，騎萬匹，虎摯之士，跿跔科頭，貫頤奮戟者，至不可勝計也」。念孫案：《史記·張儀傳》「虎摯」作「虎賁」，是也。此蓋「賁」譌爲「贄」，又譌爲「摯」耳。《太平御覽·兵部》引此《策》正作「虎賁之士」。《楚策》亦云：「秦虎賁之士百餘萬，車千乘，騎萬匹。」鮑、吴皆讀「摯」爲「前有摯獸」之「摯」，鮑又改「摯」爲「鷙」。望文生義，近於皮傅矣。「跿跔科頭，貫頤奮戟」，《史記索隱》曰：「貫頤，謂兩手捧頤而直入敵。」鮑曰：「貫人之頤。」

吴曰：「鮑説與上文不類。《索隱》以『貫頤』爲『捧頤』，亦不通。劉辰翁云：『貫頤謂見射猶奮戟，不顧死也。』則此連下文『奮戟』爲義。」引之曰：諸説皆有未安。「貫」讀爲「彎弓」之「彎」，《史記·伍子胥傳》「伍胥貫弓執矢嚮使者」，索隱曰：「劉氏音『貫』爲『彎』，謂滿張弓也。」《陳涉世家贊》「士不敢貫弓而報怨」，《漢書》作「彎」，是「貫」即「彎」也。頤，弓名也。《廣韻》作「弬」，音與「頤」同。云：「弓名，出《韻略》。」古無「弬」字，借「頤」爲之耳。彎弓、奮戟，事同一類。《史記集解》曰：「『趹跔』音『徒俱』，跳躍也。『科頭』謂不著兜鍪入敵。」趹跔科頭而彎弓奮戟，言士之勇也。

馳南陽之地

「秦攻陘，韓使人馳南陽之地。秦已馳，又攻陘，韓因割南陽之地。秦受地，又攻陘。陳軫謂秦王曰：『國形不便故馳，交不親故割。今割矣而交不親，馳矣而兵不止，臣恐山東之無以馳割事王者矣。』」鮑解「馳南陽之地」曰：「馳，反走，示服也。」解「秦已馳」曰：「馳，進也。韓避之而秦進也。」念孫案：鮑説甚謬。「馳」讀爲「移」。移，易也。謂以南陽之地易秦地也。下文曰：「國形不便故馳。」謂兩國之地形不便，故交相易也。《竹書紀年》：「梁惠成王十一年，及鄭馳地，我取枳道，與鄭鹿。」「馳地」謂易地也。「馳」字或作「施」，而皆讀爲

「移」。《管子・國蓄篇》：「今君鑄錢立幣，民庶之通施也。」《輕重甲篇》「施」作「移」。《荀子・儒效篇》「充虛之相施易也」，《漢書・衛綰傳》「劒，人之所施易」，「施」字竝讀爲「移」。下文曰：「公戰勝楚，遂與公乘楚，易三川而歸。」《史記・韓世家》「易」作「施」。《正義》以「施」爲「張設」，非是。說見《史記》。《田完世家》曰：「請與韓地，而王以施三川。」「施」竝與「移」同，字又作「弛」。《韓子・内儲説篇》曰：「應侯謂秦王曰：『上黨之安樂，其處甚劇，臣恐弛之而不聽，奈何？』王曰：『必弛易之矣。』」「弛」亦與「移」同。《集韻》：「弛，余支切，改易也。」

縱韓爲不能聽我

「秦、韓戰於濁澤，韓氏急。公仲朋謂韓王曰：『今秦之心欲伐楚，王不如因張儀爲和於秦，賂之以一名都，與之伐楚。此以一易二之計也。』韓王曰：『善。』乃儆公仲之行，將西講於秦。楚王聞之大恐，召陳軫而告之。陳軫曰：『王聽臣，爲之儆四竟之内，選師言救韓，令戰車滿道路。發信臣，多其車，重其幣，使信王之救已也。縱韓爲不能聽我，姚本如是。韓必德王也，必不爲鴈行以來。是秦、韓不和，兵雖至，楚國不大病矣。爲能聽我絶和於秦，秦必大怒，以厚怨於韓。韓得楚救，必輕秦。輕秦，其應秦必不敬，是我因秦、韓之兵，而免楚國之患也。』」念孫案：「縱韓爲不能聽我」，鮑本無「縱」字，是也。「韓爲不能聽我」、

「爲能聽我」，兩「爲」字竝與「如」字同義。言韓如不能聽我，則韓必德我，而不爲戎首。如能聽我而絶秦，則韓必代楚受兵也。古或謂「如」曰「爲」。《秦策》曰「中國無事於秦，則秦且燒焫獲君之國。中國爲有事於秦，則秦且輕使重幣而事君之國」，言中國如有事於秦也。又曰「爲我葬，必以魏子爲殉」，言如我葬也。《齊策》曰「楚大勝齊，其良士選卒必殪。齊爲勝，其良士選卒亦殪」，言齊如勝也。《楚策》曰「子爲見王，則必揜子鼻」，言子如見王也。《魏策》曰「痤有御庶子公孫鞅，願王以國事聽之也。爲弗能聽，勿使出竟」，言如弗能聽也。《管子·戒篇》曰「夫江黄之國近於楚，爲臣死乎，君必歸之楚而寄之」，言如臣死也。《吕氏春秋·異寶篇》曰「爲我死，王則封女，女必無受利地」，言如我死也。姚本作「縱韓爲不能聽我」者，後人不解「爲」字之義，故據《史記》加「縱」字，不知「爲」與「如」同義。若加「縱」字，則與「爲」字義不相屬矣。《史記·韓世家》作「縱韓不能聽我」，無「爲」字，則「縱」字之義可通。然據《索隱》單行本，亦無「縱」字。

書報韓王

「尚靳歸書報韓王」。鮑讀「尚靳歸書」爲句，注曰：「以書歸。」念孫案：鮑説非也。此本作「尚靳歸報韓王」，謂靳自秦歸，以宣太后之言報韓王也。「歸」下不當有「書」字。《太平御覽·兵部》《人事部》引此皆無「書」字。

因也

「韓咎立爲君而未定也，其弟在周，周欲以車百乘重而送之，恐韓咎入韓之不立也。綦毋恢曰：『不如以百金從之，韓咎立，因也以爲戒。不立，則曰來効賊也。』」念孫案：「因也」當爲「因曰」，與下文「則曰」相對爲文。《韓子·説林篇》作「得立，因曰爲戒」，是其證。

生得失

「今殺人之相，相又國君之親，此其勢不可以多人。多人不能無生得失，生得失則語泄」。鮑解「生得失」云：「謂相可否。」今本《史記·刺客傳》亦作「生得失」。念孫案：《史記索隱》出「不能無生得」五字，解云：「《戰國策》作『無生情』，言所將人多，或生異情，故語泄。此云『生得』，言將多人往殺俠累，後又被生擒而事泄。亦兩通也。」據此，則《史記》本作「生得」。今本「得」下有「失」字，乃後人以意加之也。《戰國策》本作「生情」，而今本亦作「生得失」，則又後人據《史記》改之也。

位正

「今王位正，張儀之貴，不得議公孫郝，是從臣不事大臣也。公孫郝之貴，不得議甘戊，則大臣不得事近臣矣」。鮑解「今王位正」句曰：「言武王能正貴賤之位。」念孫案：如鮑説，則當云「今王正位」，不當云「今王位正」也。今案「位」讀爲「涖」，「正」讀爲「政」。言自今王涖政以來，從臣不事大臣，大臣不事近臣也。上言「羣臣比周以蔽其上」，此言今王涖政以來，從臣不事大臣，大臣不事近臣，則羣臣不得比周以蔽上矣。故下文曰：「羣臣之賢不肖，可得而知也。」僖三年《穀梁傳》曰：「莅者，位也。」「位」與「涖」義同而聲相近，故字亦相通。《周官・肆師》「用牲于社宗則爲位」，故書「位」爲「涖」，是也。《秦策》曰「臣聞明主莅正」，即「莅政」也。「政」、「正」古多通用，不煩覼縷。

燕

足下皆

「足下皆自覆之君也，僕者進取之臣也」。念孫案：「皆」字義不可通，「皆」當爲「者」。「足下者」與「僕者」相對爲文。今作「皆」者，因上文「皆自覆之術」而誤。

君人

「臣聞古之君人，有以千金求千里馬者」。念孫案：「君人」當依《新序·雜事篇》作「人君」。《藝文類聚·居處部》《太平御覽·資産部》及《文選·論盛孝章書》注引此竝作「人君」。

黄金千溢

「臣請獻白璧一雙，黄金千溢，以爲馬食」。念孫案：《秦策》言「白璧百雙，黄金萬溢」，此獻白璧一雙，則黄金不得有千溢之多，且與下「以爲馬食」之意不合。《太平御覽·獸部》引此「千」作「十」，於義爲長。

長驅至國

「濟上之軍，奉令擊齊，大勝之。輕卒鋭兵，長驅至國」。姚曰：「國，錢作『齊』。」念孫案：作「齊」者原文，作「國」者後人據《史記·樂毅傳》改之也。後人以上文既言「擊齊」，此不當復言「至齊」，故改爲「至國」，不知「至齊」之「齊」與「擊齊」之「齊」異義。「至齊」，謂至齊都，猶言至國也。《齊策》云「馮煖自薛長驅到齊」，亦謂到齊都也。《文選·東京賦》注、《爲曹洪與魏文帝書》注、《爲石仲容與孫皓書》注、《晉紀·總論》注引《策》文竝作「至齊」。《新序·雜事篇》亦作「至齊」。又《文選·天監三年策秀才文》注引《史記》「輕卒鋭兵，長驅至國」，然則《史記》作「國」，而《戰國策》作「齊」明矣。

舉王

「臣聞當世之舉王，必誅暴正亂，舉無道，攻不義」。鮑解「舉王」二字曰：「興起之王。」吴曰：「『舉』字恐因下誤衍。」念孫案：吴説是也。「當世之王」，謂受命之君也。「王」上不當有「舉」字。《太平御覽·人事部》引此無「舉」字。

即有死蚌

「蘇代爲燕爲趙惠王曰：『今者臣來，過易水，蚌方出暴，而鷸啄其肉，蚌合而拑其啄。鷸曰：「今日不雨，明日不雨，即有死蚌。」蚌亦謂鷸曰：「今日不出，明日不出，即有死鷸。」』」姚曰：「謡語、諺語皆叶。《後語》作『必見死蚌脯』，即多一字。《藝文類聚》引云：『蚌將爲脯。』如此則叶韻。然不聞蚌鷸得雨則解也。陸農師乃云：『今日不兩，明日不兩，必有死蚌。』『兩』謂闢口。一本作『雨』，非是。恐別有所據。」念孫案：陸説甚爲紕謬，訓「兩」爲「闢口」，既屬無稽，謂「兩」與「蚌」爲韻，又於古音不合。凡平聲江韻之字，古音皆與東、冬通，而不與陽通，上、去聲亦然。「蚌」字古讀若「奉」，故其字從虫丰聲。郭璞《山海經・毆野絲贊》曰：「女子鮫人，體近蠶蚌，出珠匪甲，吐絲匪蛹，化出無方，物豈有種。」則晉時「蚌」字尚讀若「奉」。陸佃不知古音，而謂「蚌」與「兩」爲韻，故有此謬説。吴棫《韻補》：「蚌，叶彼五反。」與「雨」爲韻。亦非。 此當作「今日不雨，明日不雨，蚌將爲脯」。姚云「不聞蚌鷸得雨則解」，非也。蚌將爲脯者，謂不雨則蚌將枯死，非謂蚌鷸得雨則解也。今案作「蚌將爲脯」者，《戰國策》原文也。《藝文類聚・人部》及《太平御覽・人事部・諫諍》《游説》二類竝引作「蚌將爲脯」，今據以訂正。《藝文類聚・鱗介部》及《御覽・羽族部》竝引作「即見蚌脯」，又《御覽・兵部》引作「即有蚌脯」，皆後人據他書改之也。 作「必見蚌脯」者，《春秋後語》文也。《御覽・鱗介部》及唐釋湛然《止觀輔行傳宏決》引《後語》竝作「必見蚌脯」。姚所見本作「必見死蚌脯」，多一「死」字者，又宋人據誤本《戰國策》加之也。 誤本《戰國策》作「即有死蚌」者，因下文「即有死鷸」而誤也。諸書所引，皆無作「即有死蚌」者。 陸所見本作「今日不兩，明日不兩」者，誤本之尤甚者也。諸書所引，皆無作「兩」者。 乃不知「兩」與「蚌」之非韻，而轉以作「雨」者爲非。又妄解「兩」爲「闢口」，以曲成其説，甚矣其謬也。而姚且疑其別有所據，毋亦眩於名而不知其實乎？

非君恐望之

「燕王遺樂閒書曰：『掩人之邪者，厚人之行也。救人之過者，仁者之道也。世有掩寡人之邪，救寡人之過，非君恐望之？』」姚本作「非君心所望之」。念孫案：《新序·雜事篇》作「非君惡所望之」，是也。惡，何也，言非君何所望之也。作「恐」者，「惡」之譌。作「心」者，「惡」之脱耳。鮑不考而改「恐」爲「孰」，謬矣。「恐」與「孰」形聲俱不相近，若本是「孰」字，無緣誤爲「恐」。

君之所揣也

「願君捐怨，追惟先王，復以教寡人。意君曰，鮑注以「意」爲「意度」，非也。意，詞也，讀與「抑」同。《論語·學而篇》「抑與之與」，《漢石經》「抑」作「意」。《大戴禮·武王踐阼篇》曰：「黄帝顓頊之道存乎？意亦忽不可得見與？」《墨子·明鬼篇》曰：「豈女爲之與？意鮑爲之與？」《莊子·盜跖篇》曰：「知不足邪？意知而力不能行邪？」余且慝心以成而過，不顧先王以明而惡，使寡人進不得脩功，退不得改過，君之所揣也，唯君圖之。」鮑解「君之所揣」句云：「言君量我也。」姚云：「揣，曾作『剬』。」念孫案：鮑説甚謬。「揣」者，「剬」之譌，「剬」者，「制」之譌。言君之幸教寡人與否，皆在於君，故曰：「君之所制也，唯君圖之。」《新序·雜事篇》作「此君所制，唯君圖之」，是其明證也。篆文「制」字作

「𠛐」，隸作「制」，形與「剬」相近，因譌而爲「剬」矣。《齊策》「夫制楚者，王也」，《鴻烈・主術篇》「其立君也，所以制有司使無專行也」，今本「制」字竝譌作「剬」。《大戴禮・五帝德篇》「依鬼神以制義」，《史記・五帝紀》譌作「剬」，《正義》以「剬」爲古「制」字，非也。

膝下行

「太子再拜而跪，膝下行，流涕」。鮑注曰：「以膝行，不立行，故言『下』。」念孫案：鮑說甚謬。「膝行」二字之閒不當有「下」字，此因上文「下」字而誤衍耳。《史記・刺客傳》無「下」字。《文選・四子講德論》注引《策》文亦無。

宋

王之所憂　齊王　荊王

「齊攻宋，宋使臧子索救於荊，荊王大説，許救甚勸。臧子曰：『宋小而齊大。夫救於小宋而惡於大齊，此王之所憂也。而荊王説甚，必以堅我。我堅而齊弊，荊之利也。』」念孫案：「王之所憂」，「王」當作「人」。今作「王」者，《戰國策》「人」字或作「生」，因譌而爲「王」。

下章墨子曰：「吾欲藉子殺王。」「王」亦「𤯔」之譌也。吳曰：「一本『殺王』作『殺𤯔』，云：『人』、『𤯔』竝而鄰反。《集韻》云『人，唐武后字作「𤯔」』。」《韓子·説林篇》作「夫救小宋而惡於大齊，此人之所以憂也」，是其證。下文「齊王果攻拔宋五城，而荆王不至」，兩「王」字亦當作「人」。《韓子》作「齊人拔五城於宋，而荆救不至」，是其證。

設機

「公輸般爲楚設機，將以攻宋」。念孫案：「機」下當有「械」字，故高注曰：「機械，雲梯之屬也。」莊三十二年《公羊傳》注曰：「有攻守之器曰械。」機械，機巧之械也。《文選·勸進今上牋》注、《辯亡論》注引《策》文竝作「機械」。《墨子·公輸篇》亦云「公輸般爲楚造雲梯之械」。

罵國老諫曰

「宋康王射天笞地，斬社稷而焚滅之，罵國老諫曰」。鮑改「諫曰」爲「諫臣」。見吳校本。念孫案：「曰」與「臣」形聲俱不相近，若本是「臣」字，無緣誤爲「曰」。考《太平御覽·人事部》引此作「罵國老諫者」，《賈子·春秋篇》《新序·雜事篇》竝作「罵國老之諫者」。則舊本

「曰」字乃「者」字脱去上半耳。且「諫者」即指國老而言，蓋羣臣莫敢諫，唯國老尚有諫者，而康王駡之也。鮑不達而以意改之，斯爲妄矣。

見祥而不爲

「見祥而不爲，祥反爲禍」。念孫案：「見祥而不爲」，當作「見祥而爲不可」。「爲不可」謂爲不善也，《吕氏春秋·制樂篇》曰：「見祥而爲不善，則福不至。」義與此同。「可」與「禍」爲韻。今本「爲不」二字誤倒，又脱去「可」字。《賈子》《新序》竝作「故見祥而爲不可，祥反爲禍」。

衞

今蒲入於魏衞必折於魏

「秦攻衞之蒲，胡衍謂樗里疾曰：『衞所以爲衞者，以有蒲也。今蒲入於魏，衞必折於魏。』」吴曰：「一本作『蒲入於秦』。」念孫案：《史記·樗里子傳》作「今伐蒲入於魏，衞必折而從之」，索隱曰：「《戰國策》云：『今蒲入於秦，衞必折而入於魏。』與此文相反也。」據此，則今本作「今蒲入於魏」，乃後人據《史記》改之。下句作「衞必折於魏」，「折」下又脱去「而入」

二字也。《西周策》曰:「與之高都,則周必折而入於韓。」《齊策》曰:「晚救之,韓且折而入於魏。」《楚策》曰:「魏折而入齊、秦,子何以救之?」《韓策》曰:「韓急,則折而入於楚矣。」其一本作「蒲入於秦」者是也。據高注云「衛知必失蒲,必自入於魏以求救」,則正文本作「今蒲入於秦,衛必折而入於魏」明矣。蓋攻蒲者秦也,故言「蒲入於秦」,不得言「蒲入於魏」。史公未達其意而改之,故《索隱》有相反之語。而後人復據《史記》以改此《策》,弗思甚矣。鮑解「蒲入於魏」句云:「衛恐秦取蒲,必自入之魏。」此不得其解而爲之詞。

衛使客事魏　衛客曰

「衛使客事魏,三年不得見」。念孫案:「衛使客」當作「衛客」,謂衛人之客於魏者也。「衛客」猶言「燕客」。《秦策》曰「燕客蔡澤」是也。「衛」下不當有「使」字,「事魏」下當有「王」字,今本衍「使」字、脱「王」字,則文不成義。《藝文類聚·人部》《太平御覽·人事部》引此竝作「衛客事魏王」。又下文「衛客曰,事王三年不得見」,衍「曰」字,《類聚》《御覽》皆無「曰」字。

中山

商敵爲資

「司馬憙奏書中山王曰：『臣聞弱趙强中山。』中山王説而見之曰：『願聞弱趙强中山之説。』司馬憙曰：『臣願之趙，觀其地形險阻，人民貧富，君臣賢不肖，商敵爲資，未可豫陳也。』」念孫案：「敵」當爲「敲」，字之誤也。「敲」即「商搉」之「搉」，「搉」音古學反。「商搉」之「搉」通作「敲」，猶「搉擊」之「搉」通作「敲」。《説文》：「搉，敲擊也。」《玉篇》：「苦角切。」定二年《左傳》「奪之杖以敲之」，釋文：「敲，苦孝反，又苦學反。」《説文》：「毃，擊頭也。」《玉篇》：「口交、口卓二切。」「搉」、「敲」、「毃」三字，古同聲而通用。凡從高、從隺之字，古多通用。《説文》「塙，堅不可拔也」，《玉篇》口角切，即《易》「確乎其不可拔」之「確」。《詩》「白鳥翯翯」，《孟子》作「鶴鶴」，皆其例也。言當觀其地形險阻，人民貧富，君臣賢不肖，商搉以爲資，未可豫陳其説也。「商搉」猶「商較」也。「較」與「搉」，古字通。《續漢書・律志》「其可以相傳者，唯大搉常數而已」，「大搉」即「大較」。鮑彪解「商」字云：「商，較之。」是也。但未知「搉」之借作「敲」，譌作「敵」耳。《太平御覽・人事部》引此作「商搉爲資」，是其明證矣。「搉」字古通作「敲」，因譌而爲「敵」。《荀子・儒效篇》「退編百姓而慤」，《新序・雜事篇》「慤」作「敲」，今本譌作「敵」。《莊子・徐無鬼篇》釋文引《三蒼》云：「摧，敵也。」今本亦譌作「敵」。《漢書·李廣傳》「自負其能，數與虜确」，《史記》作「數與虜敵戰」，「敵」音古學反，故與「确」通，今本亦譌作「敵」。草書「敵」字作「𢿛」，「敵」字作「𢽳」，二形極相似。

不知者特以爲神力言不能及也

「司馬憙見趙王曰：『以臣所行多矣，周流無所不通，未嘗見人如中山陰姬者也。不知者特以爲神，力言不能及也。』」鮑改「力」爲「人」。吴以「力言」二字連讀，云：「盡力言之。」引之曰：鮑之改、吴之釋皆非也。「力」字與上下文皆不相屬，當是「也」字之誤。「不知者特以爲神也」絶句。《楚策》曰：「鄭、周之女，粉白黛黑，立於衢閭，非知而見之者以爲神。」其「言不能及也」五字，乃高注之誤入正文者耳。《太平御覽·人事部》引《策》文無此五字，是其明證矣。

讀史記雜志

沈毅驊 點校

讀史記雜志序

太史公書，東漢以來注者無多，又皆亡逸，今見存者唯裴駰《集解》、司馬貞《索隱》、張守節《正義》而已。宋本有單刻《集解》本，有兼刻《索隱》本，明季毛氏有單刻《索隱》本，而《正義》則唯附見於震澤王氏本，其單行者不可得矣。是書傳寫或多脱誤，解者亦有踳駁，所亟宜辯正者也。近世錢少詹事大昕作《史記攷異》，討論精核，多所發明，足爲司馬氏功臣。後有梁明經玉繩作《志疑》一書，所説又有錢氏所未及者，而校正諸表特爲細密。余鼎好此學，研究《集解》《索隱》《正義》三家訓釋，而參攷經、史、諸子及羣書所引，以釐正譌脱，與錢氏、梁氏所説或同或異。歲在丁丑，又從吴侍御榮光假宋本參校，因以付之剞劂。凡所説與錢、梁同者，一從刊削，尚存四百六十餘條，一勺之流，一卷之石，未足以言海嶽之大也。嘉慶二十二年冬十一月五日，高郵王念孫敘，旹年七十有四。

史記第一

五帝本紀

西陵

「黄帝居軒轅之丘，而娶於西陵之女」。念孫案：「西陵」下脱「氏」字。下文「昌意娶蜀山氏女」、「帝嚳娶陳鋒氏女」皆有「氏」字，《太平御覽·皇王部》《皇親部》引此竝作「西陵氏」，《大戴禮·帝繫篇》亦作「西陵氏」。

剬

「依鬼神以制義」。《正義》本「制」作「剬」。云：「『剬』，古『制』字。」又《論字例》云：「『制』字作『剬』[一]，緣古少字，通共用之，《史》《漢》本有此古字者，乃爲好本。」念孫案：張説非也。「制」與「剬」聲不相近，無緣通用「剬」字。篆文「制」字作「𠛎」，隸作「制」，形與「剬」相似，因譌爲「剬」，非古字通用也。

西至于

「北至于幽陵，南至于交趾，西至于流沙，東至于蟠木」。念孫案：「西至」本作「西濟」，此涉上下三「至」字而誤也。《正義》曰：「濟，渡也。」則本作「濟」明矣。唐魏徵《羣書治要》引此正作「濟」，《大戴禮·五帝德篇》同。

小大

「動静之物，小大之神」。念孫案：「小大」當從宋本作「大小」，此吴氏荷屋所藏單刻《集解》宋本也，其缺者則以兼刻《索隱》本補之，是以二本各存其半，此之所有即彼之所無，然皆係宋槧，故可寶也。寫者誤倒耳。《正義》先釋「大」，後釋「小」，則本作「大小」明矣。《羣書治要》引此正作「大小」。《大戴

[一] 制字作剬，《史記正義論字例》後有「此之般流」四字。

禮》同。

夏本紀

厥田斥鹵　厥貢鹽絺

「其土白墳，海濱廣潟，厥田斥鹵，田上下，賦中上，厥貢鹽絺」。念孫案：此文本作「其土白墳，海濱廣潟，田上下，賦中上，貢鹽絺」。凡《禹貢》「厥」字，史公皆以「其」字代之。「其土白墳」，「其」字統下「土」、「田」、「賦」、「貢」而言。「潟」即「斥」字也。故《集解》云：「徐廣曰：『潟』一作『澤』，又作『斥』。鄭玄曰：『斥』謂地鹹鹵。」「潟」字又作「舃」。《河渠書》：「溉澤鹵之地。」《索隱》曰：「『澤』一作『舃』。本或作『斥』。」《呂氏春秋·樂成篇》「終古斥鹵」，《漢書·溝洫志》作「千古舃鹵」。後人不曉字義，乃於「海濱廣潟」下加「厥田斥鹵」四字，上文有「廣潟」則不得更言「斥鹵」，下文有「田上下」則不得先言「厥田」，且樹穀曰田，斥鹵之地豈得謂之田乎？而移「鄭玄曰『斥謂地鹹鹵』」八字於「厥田斥鹵」之下，且於「謂地鹹鹵」下加「《索隱》曰：『鹵』音『魯』，《説文》云『鹵，鹹地。東方謂之斥，西方謂之鹵』」二十二字，自「鹵音魯」以下皆《索隱》單行本所無。又於「貢鹽絺」上加「厥」字。甚矣其謬也。《漢書·地理志》作「厥土白墳，海瀕廣潟，田上下，賦中上，貢鹽絺」，足正今本之謬。

逆河

「北播爲九河，同爲逆河」。念孫案：「逆河」本作「迎河」。《古文尚書》作「逆河」，今文作「迎河」。《漢書》皆用今文，《史記》雖多用古文，然用今文者亦不少。說見段氏《古文尚書撰異》。此篇及《河渠書》《漢書·地理志》之同爲「逆河」，皆後人依古文改之。《集解》引鄭注「下尾合名曰『逆河』」，則所見本已改爲「逆」。而《地理志》勃海郡「莽曰『迎河』」，南皮「莽曰『迎河亭』」，《溝洫志》同爲「迎河」，及《河渠書贊》「余東闚洛汭、大邳，迎河」，此四處仍作「迎河」，則改之未盡者也。蓋晉以後之治《尚書》者皆傳古文而不傳今文，他書之同於今文者，皆以古文改之。故觀《地理志》之兩「迎河」則知上文之「逆河」爲後人所改，觀《河渠書》贊之「迎河」則知上文之「逆河」亦後人所改矣。「逆」字古讀若「御」，說見《唐韻正》。文多不録。而「迎」字亦有「御」音。《天官書》「迎角而戰者不勝」，徐廣曰：「迎，一作御。」《楚辭·離騷》「九疑繽其竝迎」，與「故」爲韻，則「迎」亦可讀若「御」。《莊子·應帝王篇》「不將不逆」，與「藏」、「傷」

爲韻，《淮南·覽冥篇》「逆」作「迎」，則「逆」又可讀若「迎」。「迎」古讀若「印」，[一]亦見《唐韻正》。「迎」、「逆」、「御」古聲竝相近，故古文作「逆河」，今文作「迎河」也。

太平治

「天下於是太平治」。念孫案：「太」當爲「大」。「大」、「太」字相近，後人又習聞「天下太平」之語，故「大」誤爲「太」耳。《羣書治要》引此正作「大平治」。[二]

殷本紀

炮烙

「於是紂乃重刑辟，今本「刑辟」作「辟刑」，據宋本及明游明本改。有炮烙之法」。段氏若膺曰：「『炮烙』本作『炮格』。《江鄰幾雜志》引陳和叔云：『《漢書》作「炮格」。』念孫案：此謂《谷永傳》「撈箠瘠於炮格」也。師古曰：「膏塗銅柱，加之火上。」此正釋「炮格」二字。而今本亦改爲「炮烙」矣。今案：《索隱》引鄒

[一] 印，原作「卬」，據《國學基本叢書》本改。

[二] 大，原作「太」，據《國學基本叢書》本改。

誕生云：『格，今本譌「烙」，下同。一音「閣」。』又云：『爲銅格，炊炭其下，使罪人步其上。』又楊倞注《荀子·議兵篇》：『音古責反。』觀鄒、楊所音，皆是『格』字無疑。鄭康成注《周禮》『牛人』云：『互若今屠家縣肉格。』意紂所爲亦相似。庋格、庋閣兩音皆可通。《吕氏春秋·過理篇》云：『肉圃爲格。』高氏注：『格，以銅爲之，布火其下，以人置上，人爛墮火而死。』《列女傳》所説亦相類。是其爲『格』顯然，而不但以燔灼爲義。今諸書皆爲後人改作『炮烙』矣。」念孫案：段説是也。《韓子·喻老篇》曰：「紂爲肉圃，設炮格，登糟丘，臨酒池。」「肉圃」、「炮格」、「糟丘」、「酒池」，皆相對爲文，今改「炮格」爲「炮烙」，則文不相對矣。《難勢篇》又云：「桀紂爲高臺深池以盡民力，爲炮格以傷民性。」言「設」言「爲」，則必有所設、所爲之物，今改「炮格」爲「炮烙」，則不知爲何物矣。

周本紀

西伯曰文王

「子昌立，是爲西伯，西伯曰文王」。念孫案：「西伯曰文王」本作「西伯，文王也」。今本既衍「曰」字，又脱「也」字。此是承上句而申明之，故曰「西伯，文王也」。《五帝紀》曰：「文祖者，堯大祖也。」《項羽紀》曰：「亞父者，范增也。」語意竝與此同。若云「西伯曰文王」，則非其指矣。《文選・報任少卿書》注引此，正作「西伯，文王也」。

散鹿臺之財

「命南宮括散鹿臺之財，發鉅橋之粟，以振貧弱萌隸」。念孫案：「散鹿臺之財」本作「散鹿臺之錢」。今作「財」者，後人依晚出《古文尚書》改之也。請以十證明之。晚出《尚書・武成篇》「散鹿臺之財」，正義引《周本紀》曰：「命南宮括散鹿臺之錢。」又曰：「言鹿臺之財，則非一物也。《史記》作『錢』，後世追論，以錢爲主耳。」是《史記》本作「錢」，不作「財」。一也。《樂記》正義引《史記》作「財」。案：孔氏一人所見之本，不得互異，明是後人依晚出《尚書》改之。《武成》正義獨不改者，以孔氏明言《史記》作「錢」故也。《羣書治要》引《史記》亦作「散鹿臺之錢」，是唐初人所見本皆作「錢」。二也。《齊世家》曰：「散鹿臺之錢，發鉅橋之粟。」三也。《留侯世家》曰：「發鉅橋之粟，散鹿臺之錢。」《新序・善謀篇》同。《漢書・張良傳》《漢紀・高祖紀》竝作「財」。案：此三書記張良諫立六國後事，竝本《史記》。今《漢書》《漢紀》作「財」，與《史記》《新序》不合，皆後人依晚出《尚書》改之耳。四也。《逸周書・克殷篇》曰：「乃命南宮忽振鹿臺之錢，散巨橋之粟。」孔晁注：「振，散之以施惠也。」今本脱去「散」字，「錢」字又改爲「財」。《太平御覽・資産部・錢類》引《周書》曰：「武王克商，發鹿臺之錢，散鉅橋之粟。」足正今本之誤。又案：《武成》正義曰：「鹿臺之財非一物，後世追論，以錢爲主耳。」若《逸周書》果作「財」，則孔氏必引以爲證。今不引，則《逸周書》本作「錢」可知。他如《管子》《吕覽》《淮南》諸書亦皆作「錢」，故皆不引也。《周本紀》即本於此。五也。《管子·版法解篇》曰：「決鉅橋之粟，散鹿臺之錢。」六也。《淮南·主術篇》《道應篇》竝曰：「發鉅橋之粟，散鹿臺之錢。」七也。《殷本紀》曰：「帝紂厚賦稅以實鹿臺之錢。」是紂作鹿臺本以聚錢，故《周本紀》言「散鹿臺之錢」。八也。《吕氏春秋·慎大篇》曰：「發巨橋之粟，賦鹿臺之錢，以示民無私。高注：「鹿臺，紂錢府。」出拘救罪，分財棄責，以振窮困。」是分財不專在鹿臺，而賦錢則專在鹿臺，故曰「賦鹿臺之錢」。九也。《說苑·指武篇》曰：「武王上堂見玉曰：『誰之玉也？』曰：『諸侯之玉也。』即取而歸之於諸侯。天下聞之曰：『武王廉於財矣。』入室見女曰：『誰之女也？』曰：『諸侯之女也。』即取而歸之於諸侯。天下聞之曰：『武王廉於色矣。』於是發巨橋之粟，散鹿臺之金錢，以與士民。」今本作「散鹿臺之財金錢」，文不成義，「財」字明是後人所加。《藝文類聚·産業部》引《六韜》亦云：「武王散鹿臺之金錢，以與殷民。」是玉與女皆在宫中，而金錢則在鹿臺，故曰「散鹿臺之金錢」。十也。自晚出《尚書》盛行於世，學者翫其所習，蔽所希聞，於是見古書中言「散鹿臺之錢」者，輒改「錢」爲「財」。其已改者則有《漢書》《漢紀》，見上注。其已改而舊迹尚存者則有《周本紀》《逸周書》《說苑》，其未改者則有《殷本紀》《齊世家》《留侯世家》及《管子》《吕覽》《淮南》《新序》。其引

《史記》而已改者則有《樂記》正義，見上注。其未改者則有《武成》正義、《羣書治要》。幸其參差不一，猶可考見古書原文，故具論之。

誅武庚管叔　殺武庚禄父管叔

「周公奉成王命，伐誅武庚、管叔，放蔡叔」。念孫案：史公原文本作「伐誅武庚，殺管叔，放蔡叔」。今本無「殺」字者，後人以「殺」與「誅」意義相複而删之也，不知「誅武庚」「殺管叔」「放蔡叔」相對爲文，古人之文，不嫌於複也。《衛將軍驃騎傳》「殺折蘭王，斬盧胡王，誅全甲」，亦以「殺」、「斬」、「誅」竝用。《藝文類聚·帝王部》《太平御覽·皇王部》引此竝作「誅武庚，殺管叔，放蔡叔」。又，《魯世家》曰：「遂誅管叔，殺武庚，放蔡叔。」《管蔡世家》《宋世家》竝曰：「誅武庚，殺管叔，放蔡叔。」皆其明證矣。又《衛世家》「殺武庚禄父、管叔，放蔡叔」，「管叔」上亦本有「殺」字。《御覽·州郡部》引此正作「殺武庚禄父，殺管叔，放蔡叔」。

莫敢發之

「比三代，莫敢發之」。念孫案：「莫敢發之」本作「莫之敢發」，淺學人改之耳。僖三年《左傳》「未之絶也」，今本作「未絶之也」，亦淺人所改。《鄭語》作「莫之發也」。《文選·幽通賦》注、《運命論》

注引《史記》竝作「莫之敢發」。《列女傳·孽嬖傳》同。《論衡·異虚篇》作「皆莫之發」。

王用之又廢申后去太子也

「幽王以號石父爲卿，用事，國人皆怨。石父爲人佞巧，善諛，好利。王用之，又廢申后、去太子也。申侯怒，與繒、西夷犬戎攻幽王」。念孫案：「廢申后、去太子」一事已見上文，此處不應重見。「王用之」三字亦與上文「用事」相複。今案：「王用之，又廢申后、去太子也」本作「王之廢申后、去太子也」，乃復舉上文以起下文。申侯與犬戎攻周之事與號石父之事各不相涉，祇因「王之廢申后、去太子」，「王」下衍一「用」字，因上文「用事」而衍。遂致不成文理。後人不得其解，遂於「廢申后」上加一「又」字，以曲爲彌縫耳。《羣書治要》引此作「王之廢后、去太子也」。《太平御覽·皇王部十》引作「幽王之廢申后、去太子也」。今據以訂正。

樂及徧舞

「立釐王弟積爲王，樂及徧舞」。念孫案：《太平御覽·皇王部》引此，「樂及徧舞」上有「遂享諸大夫」五字，是也。今本脱此五字，則敘事不明。莊二十年《左傳》曰「王子積享五大夫，樂及徧舞」，《周語》曰「王子穨飲三大夫酒，子國爲客，樂及徧儛」，皆其證。

秦本紀

雍廩

「齊雍廩殺無知、管至父等」。念孫案：「雍廩」本作「雍林人」。此後人依《左傳》改之也。《齊世家》曰：「齊君無知游於雍林。雍林人嘗有怨無知，及其往游，雍林人襲殺無知。」是史公誤以「雍林」爲邑名，故言無知游於雍林，雍林人襲殺之也。此文亦當云「齊雍林人殺無知」。故《正義》曰：「雍林邑人。」此正釋「雍林人」三字也。今本《正義》曰：「是雍林邑人姓名也。」案：既云「雍林邑人」，則不得又以「雍林」爲姓名。此句亦經後人改竄，惟「雍林邑人」四字尚未改耳。後人改「雍林」爲「雍廩」，又删去「人」字，非史公之意矣。又案：《正義》内有「雍，於宫反。廩，力甚反」八字，亦後人所加。雍字不須作音，故《左傳》「雍廩」之「雍」無音。又《齊世家》之「雍林」，《鄭世家》之「宋雍氏」、「雍糾」，《正義》皆無音，此不當獨有音。且《正義》既作「雍林」，則又不當有「廩，力甚反」之音，故知此八字皆後人所加也。

河西

「出子二年，庶長改迎靈公之子獻公于河西而立之」。正義曰：「西者，秦州西縣，秦之舊地。時獻公在西縣，故迎立之。」念孫案：如《正義》，則正文「西」上本無「河」字，蓋涉下文「奪秦河西地」而衍。《漢書·地理志》：「西縣屬隴西郡，故城在今秦州西南。」上文曰「宣王以莊公爲西垂大夫，居其故西犬丘」，故《正義》曰「西者，秦之舊地」。

魏晉

「與魏晉戰少梁，虜其將公孫痤」。念孫案：「魏」字後人所加也。「與晉戰少梁」者，「晉」即魏也。三家分晉，魏得晉之故都，故魏人自稱晉國，而韓、趙則否。梁惠王曰：「晉國，天下莫强焉。」周霄曰：「晉國，亦仕國也。」周霄，魏人。《魏策》曰：「魏武侯與諸大夫浮於西河，稱曰：『河山之險，豈不亦信固哉！』王鍾侍王，曰：『此晉國之所以强也。』」是「晉」即魏也。上文云「晉城少梁，秦擊之」，此云「與晉戰少梁，虜其將公孫痤」。《魏世家》云「與秦戰少梁，虜我將公孫痤」，此尤其明證也。後人不達，又於「晉」上加「魏」字，其失甚矣。

秦始皇本紀

遂定其荆地

「荆王獻青陽以西，已而畔約，擊我南郡，故發兵誅得其王，遂定其荆地」。念孫案：「荆地」上不當有「其」字，蓋涉上句「其」字而衍。

至千萬世

「二世，三世，至千萬世」。念孫案：「至千萬世」當從宋本、游本作「至于萬世」，字之誤也。《漢書·賈山傳》：「秦皇帝曰：『以一至萬，則世世不相復也。』」是其證。舊本《北堂書鈔·禮儀部十五》《文選·過秦論》注、《太平御覽·皇王部十一》引此竝作「至于萬世」，陳禹謨本《北堂書鈔》依俗本改「于」爲「千」。《資治通鑑·秦紀二》同。

置廷宫中

「收天下兵，聚之咸陽，銷以爲鍾鐻，金人十二，重各千石，置廷宫中」。念孫案：此當作

「置宫廷中」，今本「廷」字誤在「宫」字之上，則文不成義。《文選・過秦論》注、《太平御覽・皇王部》引此竝作「置宫廷中」，《通鑑・秦紀二》同。「庭」、「廷」古字通。

焉

「始皇巡隴西、北地，出雞頭山，過回中句焉作信宫渭南」。念孫案：「焉」字下屬爲句。「焉」猶「於是」也。於是作信宫於渭南也。今本以「焉」字絶句，非是。古或謂「於是」爲「焉」。故僖十五年《左傳》「晉於是乎作爰田」、「晉於是乎作州兵」，《晉語》作「焉作轅田」、「焉作州兵」。又《刺客傳》豫讓謂趙襄子曰：「願請君之衣而擊之，句焉以志報讎之意，則雖死不恨。」「焉」字亦下屬爲句。「焉」猶「於」也。於以志報讎之意也。古或謂「於」爲「焉」。故宣六年《公羊傳》注曰：「焉者，於也。」詳見《釋詞》。

陶山

「西北斥逐匈奴，自榆中竝河以東，屬之陰山，以爲三十四縣，城河上爲塞。又使蒙恬渡河，取高闕、陶山、北假中」。念孫案：「陶山」之名不見於各史志，「陶」當爲「陰」。隸書「陶」字或作「陰」，「陰」字或作「陰」，二形相似，故「陰」譌爲「陶」。《水經・河水注》：「秦始皇逐匈奴，竝河以東，屬之陰山。」今本「陰」譌作「陶」，即其證也。《穰侯傳》「乃封魏冉於穰，復益封陶」，徐廣曰：「陶，一作陰。」《惠景閒侯者年表》「成陶夷侯周信」，《漢表》作「成陰」。《漢書・司馬相如傳》「奏陶唐氏之舞」，顔師古曰：「『陶唐』當爲『陰康』，傳寫字誤耳。」「陰山」已見上文，是以《集解》《索隱》《正義》皆不復作注。若此處作「陶山」，則必當有注，以是知「陶」爲「陰」之譌也。《集解》引徐廣曰：「陰山在五原北。」又引晉灼曰：「《王莽傳》云：『五原、北假，膏壤殖穀。』北假，地名也。」《續漢書・郡國志》曰：「五原郡西、安陽北有陰山。」《史記・匈奴傳》曰：「趙武靈王築長城，自代竝陰山下，至高闕爲塞。」是「高闕」、「陰山」、「北假」地皆相連，故此云「渡河，取高闕、陰山、北假中」也。「陰山」或謂之「陽山」。故《匈奴傳》曰：「蒙恬度河，據陽山、北假中。」《水經注》曰：「自高闕以東，夾山帶河，陽山以西，皆北假也。」《禹貢錐指》曰：「『陽山』即『陰山』也。山在中國之北，故名『陰山』。水北曰陽，山在河水之北，故亦謂之『陽山』。徐廣云：『陰山在河南，陽山在河北。』非也。《漢書》侯應曰：『北邊塞至遼東外有陰山，東西千餘里。』非河南所能容。」

若欲有學法令

「若欲有學法令，以吏爲師」。念孫案：「欲有」當爲「有欲」，「若有」二字連讀，「欲學法令」四字連讀。置「欲」字於「有」字之上，則文不成義。「法令」下當有「者」字。《李斯傳》作

「若有欲學者」，是其證。《通鑑·秦紀二》正作「若有欲學法令者」。

使者從關東

「使者從關東，夜過華陰平舒道」。念孫案：「使者從關東」本作「鄭使者從關東來」。鄭使者，謂出使於鄭者也。鄭在關東，故曰「從關東來」。今本脱「鄭」字、「來」字，則文義不明。《文選·西征賦》注引此作「鄭使者從關東來」，《初學記·地部上》引作「鄭客從關東來」，《漢書·五行志》同。雖「客」與「使者」異文，而皆有「鄭」字、「來」字。

其賜死

「更爲書賜公子扶蘇、蒙恬，數以罪，其賜死」。念孫案：「賜死」上本無「其」字，後人據《李斯傳》加之耳。不知彼言「其賜死」，乃趙高所爲始皇書語。此言「賜死」，乃史公記事之文，不當有「其」字也。《太平御覽·皇王部》引此無「其」字。

奉酌

「天子儀，當獨奉酌，祠始皇廟」。引之曰：《説文》「酌，盛酒行觴也」。可言「奉觴」，不可言「奉酎」。「酎」當爲「酎」，字之誤也。《説文》：「酎，三重醇酒也。」《漢書·景帝紀》「高廟酎」，張晏曰：「正月旦作酒，八月成，名曰『酎』。至武帝時，因八月嘗酎，會諸侯廟中，出金助祭，所謂『酎金』也。」案：漢制以八月嘗酎，蓋本於秦制。祭廟時天子率羣臣奉酎酒以獻，故曰「奉酎」。《漢書·武五子傳》「何面目復奉齊酎見高祖之廟」是也。而《集解》《索隱》《正義》「酎」字皆無音釋，蓋所見本已誤爲「酎」矣。

固不聞聲

「趙高説二世曰：『天子稱朕，固不聞聲。』」索隱曰：「一作『固聞聲』。單行本如是。各本無此五字，後人妄删之也。言天子常處禁中，臣下屬望，纔有兆朕，聞其聲各本無此三字，亦後人所删。耳，不見其形也。」念孫案：一本及小司馬説是也。《李斯傳》記高之言曰：「天子所以貴者，但以聞聲，羣臣莫得見其面，故號曰『朕』。」是其證。《潛夫論·明闇篇》趙高要二世曰：「天子稱『朕』，固但聞名。」即本於《史記》。

飯土熘

「堯、舜飯土熘，啜土形」。集解：「徐廣曰：吕静曰『飯器謂之簋』。」索隱曰：「熘，如字，一音『鏤』。《玉篇》：「塯，力又切，瓦飯器也。」不作『簋』。」念孫案：「不作『簋』」乃「一作『簋』」之誤。徐廣本正作「簋」，故引《韻集》「飯器謂之簋」。小司馬本作「塯」，故云「塯，一作『簋』」。「塯」或作「溜」。「簋」古讀若「九」，說見《唐韻正》。聲與「塯」相近，故字亦相通。《李斯傳》「飯土匭，《說文》：「匭，古文簋。」啜土刑」，徐廣曰：「匭，一作溜。」《太史公自序》「食土簋，啜土刑」，徐廣曰：「簋，一作溜。」皆其證矣。

不觳於此

「雖監門之養，不觳於此」。索隱曰：「謂監門之卒。養即卒也。觳音學，謂盡也。又古學反。」正義曰：「《爾雅》云：『觳，盡也。』言雖監守門之人，供養亦不盡此之疎陋也。」念孫案：《索隱》以「養」爲「卒」，以「觳」爲「盡」，皆非也。《正義》以「養」爲「供養」，是也。而誤解「觳」字，則與《索隱》同。下文曰：「臣虜之勞不烈於此矣。」言雖臣虜之勞，猶不酷烈於此也。此言「雖監門之養，不觳於此」，意亦與下文同。觳者，薄也。言雖監門者之供養，猶不薄於此也。《管子・地員篇》曰：「五粟之土，淖而不肕，剛而不觳。」尹知章曰：「觳，薄也。」故薄土謂之墝埆。「埆」與「觳」同義。《莊子・天下篇》曰：「其生也勤，其死也薄，其道大觳。」與此「觳」字同義。《韓子・五蠹篇》作「雖監門之服養，不虧於此矣」。「虧」與

「縠」義亦相近。不縠於此，不烈於此，皆言其自苦之已甚也。若訓「縠」爲「盡」，而謂雖監門者之供養，亦不盡此之疎陋，則「不盡於此」下須加「疎陋」二字，且與下文之「不烈於此」文義不相當矣。《李斯傳》索隱誤與此同。

或言鹿者

「問左右，左右或默，或言馬以阿順趙高，或言鹿者」。念孫案：「或言鹿」下不當有「者」字，此因下文「言鹿者」而誤衍耳。《羣書治要》《後漢書·文苑傳》注、《太平御覽·職官部》《獸部》引此竝無「者」字。

變化有時

「去就有序，變化有時」。念孫案：「變化有時」當從宋本作「變化應時」。今作「有時」者，涉上句「有」字而誤也。《老子傳贊》曰：「虛無，因應變化於無爲。」《自序》曰：「與時遷移，應物變化。」即此所謂「變化應時」也。下文曰：「秦離戰國而王天下，其道不易，其政不改。」謂其不能變化應時也。故此言「君子爲國，察盛衰之理，審權勢之宜，去就有序，變化應時」，謂去彼就此，隨時變化也。若云「變化有時」則詞不達意矣。《羣書治要》引《史記》正作「變化應時」。《賈子·過秦篇》作「因時」，宋淳祐本作「應時」，與《羣書治要》合。是古本《賈子》《史記》皆作「應」也。

翟景

「齊明、周冣、陳軫、昭滑、樓緩、翟景、蘇厲、樂毅之徒」。索隱曰：「翟景未詳。」《文選注》同。念孫案：「翟景」蓋即《戰國策》之「翟强」也。《楚策》曰：「魏相翟强死。」《魏策》曰：「魏王之所用者，樓𪊲、翟强也。」又曰：「翟强欲合齊、秦外楚，以輕樓𪊲；樓𪊲欲合秦、楚外齊，以輕翟强。」是翟强固爲魏相而合齊秦、外楚者也。「景」字古讀若「彊」，聲與「强」相近。故「翟强」或作「翟景」。《白虎通義》「舜重瞳子，是謂元景」，與「光」爲韻。《春秋考異郵》：「景風至。景者，强也，强以成之。」《逸周書·謚法篇》曰：「布義行剛曰景。」又曰：「景，武之方也。」義與「强」竝相近。《史記·高祖功臣侯者表》「杜衍彊侯王〔一〕郢人」，徐廣曰：「彊，一作景。」是「景」、「彊」聲相近，「景」與「彊」通，故又與「强」通也。

〔一〕王，《史記》無。

帶佗兒良

「吴起、孫臏、帶佗、兒良、王廖、田忌、廉頗、趙奢之朋」。索隱曰：「《吕氏春秋》曰：『王廖貴先，兒良貴後，二人皆天下之豪士。』」《文選注》與《索隱》同，又云「帶佗未詳」。念孫案：「王廖貴先」以下，見《吕氏春秋·不二篇》，高注亦未言王廖、兒良爲何國之將。案：《易林·益之臨》曰：「帶季、兒良明知權兵，將師合戰，敵不能當，趙魏以彊。」「帶季」蓋即「帶佗」。帶佗、兒良爲趙魏將，故曰「趙魏以彊」，但未知其孰爲趙將、孰爲魏將耳。

是其所以取之守之者異也

「秦離戰國而王天下，其道不易，其政不改，是其所以取之守之者異也」。念孫案：「異」上當有「無」字。上文言取與守不同術，今秦以不仁取天下，而又以不仁守之，則其所以守之者無異於其所以取之者矣。故曰「是其所以取之守之者無異也」。脱去「無」字，則義不可通。

十三年

「孝公十三年，始都咸陽」。正義曰：「《本紀》云『十二年作咸陽，築冀闕』，是十三年始都之。」念孫案：《秦本紀》孝公「十二年，作爲咸陽，築冀闕，秦徙都之」。是作爲咸陽與徙都咸陽皆十二年之事，非至十三年始徙都也。《商君傳》孝公「以鞅爲大良造，居三年，作爲築冀闕宮庭於咸陽，秦自雍徙都之」，徙都與作冀闕亦同在一年。又案：《秦本紀》「秦徙都之」下云「并諸小鄉聚，集爲大縣，縣一令，四十一縣。爲田開阡陌」，《商君傳》「秦自雍徙都之」下所紀與此略同。考《六國表》聚小邑爲縣及開阡陌之事皆在十二年，而《秦本紀》《商君傳》紀此二事皆在徙都之後，則徙都之在十二年斷然無疑。此云「十三年，始都咸陽」，「三」即「二」字之誤。《正義》曲爲之説，非也。

項羽本紀

蠭起

「楚蠭起之將」。集解：「如淳曰：『蠭起，猶言蠭午也。衆蠭飛起，交横若午，言其多也。』」

念孫案：「蠭起」本作「蠭午」。《集解》引如淳《漢書注》本作「蠭午，猶言蠭起也」。蓋「蠭午」二字必須訓釋，故曰「蠭午，猶言蠭起」，又曰「衆蠭飛起，交横若午」，皆是釋「蠭午」，非釋「蠭起」也。若正文本作「蠭起」，則無煩更以「蠭午」釋之，且不必如此詞費矣。《漢書·項籍傳》亦本作「蠭午」，故如淳以「交横若午」釋之，而今本《漢書》作「蠭起」。顔師古曰：「蠭起，如蠭之起。」則師古所見本，已誤作「蠭起」，《漢書》作「蠭起」，即涉如注「蠭起」而誤。是以即據誤本爲注，而不用「交横若午」之説。《漢紀》作「蠭起」，亦後人據《漢書》改之。今考《索隱》單行本出「蠭午」二字，而釋之曰：「凡物交横爲午，言蠭之起，交横屯聚也。故《劉向傳》注云：『蠭午，雜沓也。』鄭玄云：『一縱一横爲午。』」此《大射儀》注。據此則小司馬本正作「蠭午」，故詳釋「午」字之義，并引《劉向傳》之「蠭午」爲證。裴本亦作「蠭午」，故引如淳「交横若午」之注。是《漢書》雖誤而《史記》尚未誤也。乃後人又據《漢書》以改《史記》，且改如注爲「蠭起猶言蠭午」以就之，其失甚矣。學者據如注以正《漢書》，并據《集解》《索隱》以正《史記》，可也。

西北至定陶

「項梁起東阿，西北至定陶，再破秦軍」。念孫案：「西北至定陶」，《漢書》作「比至定陶」，是也。考《水經・濟水篇》:「濟水自定陶縣東北流至壽張縣西,與汶水會,又北過穀城西。」穀城故城即今東阿縣治,東阿故城在其西北,而定陶故城在今定陶縣西北,是定陶在東阿之西南,不得言「西北至定陶」也。「比」、「北」字相近,故「比」誤爲「北」。後人以上文云「項梁已破東阿下軍,數使使趣齊兵,欲與俱西」,因於「北」上加「西」字耳。《文選・王命論》注引《史記》無「西」字。

毋從俱死

「項伯乃夜馳之沛公軍,私見張良,具告以事,欲呼張良與俱去,曰:『毋從俱死也。』」念孫案:「從」當爲「徒」。項伯以張良不去,則徒與沛公俱死,故曰「毋徒俱死也」。《漢書・高祖紀》作「毋特俱死」,蘇林曰:「特,但也。」師古曰:「但,空也。空死而無成名也。」「特」「但」「徒」一聲之轉,其義一也。隸書「從」字作「従」,形與「徒」相似,故「徒」誤爲「從」。《齊風・載驅》箋「徒爲淫亂之行」,釋文:「徒,一本作從。」《列子・天瑞篇》「食於道徒」,釋文:「徒,一本作從。」《吕氏春秋・禁塞篇》「承從多羣」,「從」一本作「徒」。《史記・仲尼弟子傳》「壤駟赤,字子徒」、「鄭國,字子徒」,《家語・七十二弟子篇》「徒」竝作「從」。

部五諸侯兵

漢王部五諸侯兵。徐廣曰：「部，一作劫。」念孫案：作「劫」者是也。《高祖紀》及《漢書·高祖紀》《項籍傳》竝作「劫」。《陸賈傳》亦曰：「漢王鞭笞天下，劫略諸侯。」隸書「劫」、「部」形相近，故「劫」誤爲「部」。

高祖本紀

泗水

「爲泗水亭長」。念孫案：「泗水」當依《漢書》作「泗上」。此涉《正義》「泗水」而誤也。案：正文作「泗上」，故《正義》釋之曰：「高祖爲泗水亭長也。」若本作「泗水」，則無庸更釋矣。《藝文類聚·帝王部》《太平御覽·皇王部》引《史記》竝作「泗上」。

呂后本紀

犂明孝惠還

「帝晨出射，趙王少，不能蚤起。太后聞其獨居，使人持酖飲之。犂明孝惠還，趙王已死」。《集解》：「徐廣曰：犂，猶比也。」念孫案：帝晨出射，則天將明矣。及既射而還，則在日出之後，不得言「犂明孝惠還」也。「犂明孝惠還」當作「犂孝惠還」，「犂」猶「比」也。言比及孝惠還，而趙王已死也。《漢書·外戚傳》作「遲帝還，趙王死」。「遲」、「犂」聲相近，「遲帝還」，比帝還也。凡《史記》言「犂明」，《漢書》言「遲明」者，皆謂「比明」也。説見《漢書·高祖紀》「遲明」下。「遲」下無「明」字，則《史記》亦無「明」字可知。後人不解「犂孝惠還」之意，故於「犂」下加「明」字，而不知與上文不合也。《晉世家》：「重耳謂其妻曰：『待我二十五年，不來，乃嫁。』其妻笑曰：『犂二十五年，吾冢上柏大矣。』」「犂二十五年」與「犂孝惠還」同義，故徐廣曰「犂，猶比也」。後人既於「犂」下加「明」字，又於《集解》內增注云：「諸言犂明者，將明之時。」不知將明乃帝晨出射之時，非還宮時也。

劉氏危

「諸呂用事兮劉氏危，迫脅王侯兮彊授我妃」。念孫案：「危」本作「微」，謂劉氏衰微也。今作「危」者，後人以意改之耳。「微」字古今同音，故與「妃」爲韻。若「危」字，則古音魚戈反，不得與「妃」爲韻。《逸周書・本典篇》「其上乃不危」，與「宜」、「和」爲韻，「宜」古音「俄」。說見《唐韻正》。《管子・形勢篇》「雖安必危」，與「和」爲韻，《小問篇》「不得則危」，與「禾」爲韻。《淮南・說林篇》「讒賊閒之，而父子相危」，與「和」爲韻。皆在歌部，不在脂部。又《管子・侈靡篇》「重予之官而危之」，與「隨」爲韻。《版法解篇》「雖高不危」，與「墮」爲韻。《墨子・小取篇》「行而異，轉而危」，與「離」爲韻。《說苑・說叢篇》「非所言，勿言，以避其患；非所爲，勿爲，以避其危」，「言」「患」爲韻，「爲」「危」爲韻。《太玄・釋・測》「失下危也」，與「爲」爲韻。《莊子・漁父篇》「苦心勞形，以危其真」，釋文：「危，或作僞。」「隨」、「墮」、「離」、「爲」、「僞」五字，古音亦在歌部也。說見《唐韻正》。又案：《晉語》「直不輔曲，明不規闇，榣木不生危，松柏不生埤」，「曲」、「闇」非韻，則「危」、「埤」亦非韻。《荀子・解蔽篇》引《道經》「人心之危，道心之微」，「危」、「微」亦非韻。《唐韻正》「危」音魚葵反，引此二條爲證，其說疏矣。《漢書・高五王傳》正作「劉氏微」。

呂氏立三王

「劉氏所立九王，呂氏立三王」。念孫案：「呂氏」下脱「所」字。《索隱》本有「所」字，《漢書》《漢紀》竝同。

孝文本紀

謂天下何

「今縱不能博求天下賢聖有德之人而禪天下焉，而曰豫建太子，是重吾不德也，謂天下何」。索隱曰：「言何以謂於天下也。」念孫案：「謂」猶「如」也。言如天下何也。《禮書》曰：「典法不傳，謂子孫何？」《律書》曰：「謂百姓遠方何？」義竝與此同。《禮書》又曰：「孝文以爲繁禮飾貌，無益於治，躬化謂何耳。」言禮貌不足恃，但問躬化如何耳。正義曰：「躬化節儉，謂何嫌耳。」非是。《儒林傳》申公對武帝曰：「爲治者不至多言，顧力行何如耳。」語意與此同。古者謂「如何」爲「謂何」。《邶風·北門篇》：「天實爲之，謂之何哉！」言如之何也。僖二十八年《左傳》：「救而弃之，謂諸侯何？」言如諸侯何也。成二年《傳》：「以師伐人，遇其師而還，將謂君何？」言將如君何也。十七年《傳》：「君實有臣而殺之，其謂君何？」言其如君何也。《齊策》曰：「雖惡於後王，吾獨謂先王何乎？」言獨如先王何也。故高注曰：「謂何，猶奈何也。」「奈」亦「如」也。《魏策》曰：「殺之亡之，無謂天下何。內之，無若羣臣何。」言無如天下何、無如羣臣何也。《漢書·禮樂志〈郊祀歌〉》：「偏觀是邪謂何？」晉灼曰：「謂何，當如之何也。」

申屠嘉

「淮陽守申屠嘉等十人」。念孫案：「屠」字宋本、游本皆作「徒」，此本謂王延喆本。初刻作「徒」，後改爲「屠」。「屠」字獨小於衆字，剜改之迹顯然。而各本皆從之，蓋未達假借之旨也。《酷吏傳》有「勝屠公」，索隱引《風俗通義》曰：「勝屠，即申徒。」〔一〕《通志·氏族略》亦引《風俗通義》曰：「申徒氏，隨音改爲申屠氏。」

〔一〕勝屠即申徒，《史記》作「勝屠，即申屠」。

建國千餘歲

「朕聞古者諸侯建國千餘歲，各守其地」。念孫案：「歲」字因上文「治安皆千餘歲」而衍，此言「千餘」者，謂千餘國，非謂千餘歲也。下文「各守其地」，即指「千餘國」而言，則「千餘」下本無「歲」字明矣。《漢書·文帝紀》無「歲」字。

置傳

「大僕見馬遺財足，餘皆以給置傳」。念孫案：「置傳」當爲「傳置」。《索隱》本出「傳置」二字，引如淳曰：「律，四馬高足爲傳置，四馬中足爲馳置，下足爲乘置，一馬二馬爲軺置。」則作「傳置」者是也。《漢書》亦作「傳置」。

歷日縣長

「歷日縣長」。念孫案：「縣」當爲「緜」，字之誤也。隸書「縣」字或作「縣」，「緜」字或作「縣」。二形相似，故「緜」誤爲「縣」。漢《緜竹令王君神道》「緜」字作「縣」，是其證也。《淮南·本經篇》「緜聯房植」，「緜」字亦誤作「縣」。《漢書》作「歷日彌長」，「彌」亦「緜」也。故文十四年《穀梁傳》「緜地千里」，范寧注曰：「緜，猶彌漫也。」《賈子·壹通篇》「彌道數千」，猶「䌛道數千」也。「䌛」與「彌」聲近而義同，故「䌛」或作「彌」。《賈生傳》「彌融爚」，《漢書》作「偭蟂獺」。「偭」、「䌛」古同聲，「彌」之通作「偭」，猶「彌」之通作「䌛」也。若「縣」與「彌」，則聲遠而不可通矣。

孝景本紀

深者二尺

「二年秋，衡山雨雹，大者五寸，深者二尺」。念孫案：「深者二尺」，「者」字因上句而誤衍也。雹有大小，故言「大者五寸」。若「深二尺」，則平地皆然，不得言「深者二尺」也。《秦始皇紀》「二十一年，大雨雪，深二尺五寸」，《漢書·五行志》「宣帝地節四年五月，山陽濟陰雨雹，如雞子，深二尺五寸」，皆不言「深者二尺五寸」也。又《五行志》「元帝建昭二年十一月，齊楚地大雪，深五尺」，不言「深者五尺」也。《初學記》《太平御覽·天部》引《史記》並無「者」字。

史記弟二

十二諸侯年表

介江淮

「晉阻三河，齊負東海，楚介江淮」。索隱曰：「介音界，言楚以江淮爲界。一云：介者，夾也。」念孫案：二説皆非也。介者，恃也，言恃江淮之險也。襄二十四年《左傳》「以陳國之介恃大國，而陵虐於敝邑」，「介」亦「恃」也。《漢書·五行志》「虢介夏陽之阸，怙虞國之助」，「介」「怙」皆「恃」也。顔師古曰：「介，隔也。」失之。《南粵傳》「欲介使者權」，顔師古曰：「介，恃也。」「阻」、「負」、「介」三字同義。隱四年《左傳》「夫州吁阻兵而安忍」，杜注訓「阻」爲「恃」。《説文》：「負，恃也。」

弗生

「穆侯弗生元年」。念孫案：「生」上本無「弗」字，此後人依《晉世家》加之也。《索隱》本出「晉穆公生」四字「公」字誤，當作「侯」。而釋之曰：「案：《世家》名『費生』，今《晉世家》譌作「費王」。或作『潰生』，《世本》名『弗生』，則『生』是穆公名，『費』『潰』『弗』不同耳。」據此則穆侯本名「生」。或作「弗生」者，「弗」，發聲耳。或作「費」「潰」，字異而義同也。「生」之爲「弗生」，猶「降」之爲「不降」，《夏本紀》「帝不降」，《世本》作「帝降」。「閬」之爲「毋涼」，《周本紀》「惠王閬」，《世本》作「毋涼」，「涼」、「閬」古字通，「毋」，發聲。「皇」之爲「弗皇」，《魯世家》「惠公弗皇」，《漢書·律曆志》作「惠公皇」。上一字皆是發聲。故《索隱》以「生」爲穆侯名，無庸加「弗」字也。又穆侯上脱去「晉」字，亦當依《索隱》補。

堵敖

「堵敖囏元年」。念孫案：「堵敖」本作「杜敖」，此後人依《左傳》改之也。《索隱》本出「楚杜敖囏」四字而釋之曰：「《世家》作『莊敖』，劉音『壯』。此作『杜敖』，今改爲「此作堵敖」。劉氏云亦作『堵』。今改爲「亦作杜」。『堵』、『杜』聲相近。與《世家》乖，不詳其由也。」據此則《史記》

本作「杜敖」，「杜」、「堵」聲相近，故《左傳》作「堵敖」。莊十四年其作「莊敖」者，「杜」譌爲「壯」，又譌爲「莊」耳。《左傳釋文》亦云《史記》作「杜敖」，《漢書・古今人表》亦作「杜敖」，不得以《左傳》改《史記》也。又案：《集解》引徐廣曰：「䵤，一作動。」「動」當爲「勤」，字之誤也。《齊語》「夫爲其君勤也」、《淮南・原道篇》「四支不勤」，今本「勤」字竝誤作「動」。《說文》：「䵤，籀文艱字。」「艱」古讀若「根」。說見《古韻標準》。「根」、「勤」聲相近，故「䵤」通作「勤」。若「動」與「䵤」，則聲遠而不可通矣。又「杜敖」上脱「楚」字，亦當依《索隱》補。

晏嬰大破之

「齊靈公二十七年，晉圍臨淄，晏嬰大破之」。念孫案：《齊世家》曰：「晉使中行獻子伐齊，齊師敗，靈公走入臨菑，晏嬰止靈公，靈公弗從。」此文「晉圍臨淄」下，傳寫殘缺，僅餘「晏嬰」二字。其「大破之」三字，則因下一行晉《表》內「圍齊，大破之」而衍。晉《表》以晉爲主，故言「圍齊，大破之」。齊《表》以齊爲主，齊爲晉所破，則不得言「大破之」。故知此三字爲衍文也。明程一枝《史詮》反以「晏嬰」二字爲衍文，謬矣。

立其弟

「齊簡公四年，田常殺簡公，立其弟，爲平公」。念孫案：「弟」下本有「驁」字，驁，平公名也。《索隱》本出「弟驁」二字，注曰：「五高反，平公也。」《齊世家》《田完世家》竝云「立簡公弟驁」，則有「驁」字明矣。今本脱去「驁」字，而移《索隱》於下文「齊平公驁元年」之下，又改其文曰「驁，音五高反」，而删去「平公也」三字，其失甚矣。

六國表

取小邑　令

「秦孝公十二年，初取小邑，爲三十一縣句令。此字上有脱文。爲田開阡陌」。念孫案：「取小邑」當爲「聚小邑」，字之誤也。《秦本紀》曰：「并諸小鄉聚，句集爲大縣。」彼言「集」，此言「聚」，其義一也。「令」上有脱文。《秦本紀》曰：「集爲大縣，縣一令。」《商君傳》曰：「集小鄉邑，聚爲縣，置令丞。」「令」字絶句，不與下文連讀。下文「爲田開阡陌」，别爲一事。《秦本紀》曰「爲田開阡陌」，《商君傳》曰「爲田開阡陌封疆」，「爲」上皆無「令」字。

高祖功臣侯者年表

率將

「棘蒲剛侯陳武：以將軍前元年率將二千五百人起薛」。念孫案：「率將二千五百人」，當依《漢表》作「將卒二千五百人」。上文「陽夏侯陳豨：以特將將卒五百人」即其證，今本「將卒」二字誤倒，「卒」字又誤作「率」。隸書「卒」字，或作「𡙸」，見漢《韓勑造孔廟禮器碑》。形與「卒」相似，因誤矣。《投壺》「卒投」，《大戴禮》「卒」誤作「率」。《齊語》「十邑爲卒」，《管子·小匡篇》誤作「率」。

蠱逢

「曲城圉侯蠱逢」。念孫案：「蠱逢」當依《漢表》作「蟲達」，字之誤也。《春秋·成五年》「同盟于蟲牢」，《春秋繁露·竹林篇》「蟲」誤作「蠱」。《明堂位》注「刻之爲雲氣蟲獸」，《晏子春秋·外篇》「東海有蟲，巢於蟁睫」，《後漢書·馬融傳》「乃命壺涿驅水蟲」，今本「蟲」字竝誤作「蠱」。「達」字本作「逹」，「逢」，隸或作「逄」，二形相似。古有蟲姓，無蠱姓，《廣韻》：「《漢功臣表》有曲成侯蟲達。」則「蠱」爲「蟲」之誤明矣。《索隱》本作「蟲達」，注曰：「蟲，音如字。《楚漢春秋》云『夜侯蟲達』，蓋改封也。」今本并注文亦改爲「蠱」，唯「達」字未改。且删去「蟲音如字」四字，其失甚矣。汲古閣所刻《索隱》單行本初刻作「蟲」，後復依今本改爲「蠱」，并注内兩「蟲」字亦改爲「蠱」，而字體較大，筆畫較粗，剜改之迹顯然。

張越

「任侯張越」。《索隱》本作「張成」，注云：「《漢表》作『張越』。」引之曰：《史記》作「成」者，「戉」之誤也。「戉」，今作「鉞」。「戉」與「越」同音，故《漢表》作「越」。「戉」與「成」相似，故《史記》誤作「成」。隸書「戉」、「成」二字極相似，説見《經義述聞·禮記》。若《史記》本是「越」字，不得誤作「成」矣。後人依《漢表》改「成」爲「越」，又删去《索隱》「《漢表》作『張越』」五字，而《史記》之原文遂不可復考。

彭祖

「戴敬侯彭祖」。念孫案：「彭祖」上脱「秋」字。《廣韻》「秋」字注曰：「又姓。宋中書舍人秋當。」《索隱》本作「秋彭祖」，注曰：「《漢表》作『䄂』，音『繒』。」今檢《史記》諸本竝作『秋』。今見有姓秋氏。」據此則《史記》本作「秋」，與《漢書》不同。今本脱去「秋」字，又依《漢書》改《索隱》之「竝作秋」爲「竝作䄂」，「秋氏」爲「䄂氏」，斯爲謬矣。

惠景閒侯者年表

侯劉揭

「陽信侯劉揭」。念孫案：「侯」上脱「夷」字。夷，謚也。《索隱》本有「夷」字，《漢表》同。

建元以來侯者年表

將卒　官卒將

「將卒以次封矣」。念孫案：「將卒」當爲「將率」。「率」即「帥」字也。又《馮唐傳》「臣大父在趙時，爲官卒將」，「卒」亦「率」之譌。《集解》引晉灼曰：「百人爲徹行，亦皆帥將也。」索隱曰：「案：《國語》：『闔閭卒百人爲徹行，行頭皆官帥。』賈逵云：『百人爲一隊。官帥，隊大夫也。』」舊本「帥」字竝譌作「師」，今據《索隱》單行本改正。是「官率」即「官帥」。《漢書・馮唐傳》正作「帥」也。隸書「率」字或作「卒」，形與「卒」相近，因譌爲「卒」。《陸賈傳》「率不過再三過」，《漢書》「率」作「卒」。《漢書・嚴助傳》「美將率之功」，今本「率」譌作「卒」。又，《君奭》「率惟兹有陳」，《史記・燕世家》「率」

作「卒」。

建元以來王子侯者年表

侯劉章　侯劉忠　侯劉延年　侯劉買　侯劉成

念孫案：「東野侯劉章」，「侯」上脱「戴」字。「繁安侯劉忠」，「侯」上脱「夷」字。「鄗侯劉延年」，「侯」上脱「安」字。「春陵侯劉買」，「侯」上脱「節」字。「餅侯劉成」，「侯」上脱「敬」字。皆當依《漢表》及《索隱》本補。

漢興以來將相名臣年表

元鼎六年

念孫案：此年缺御史大夫位。《漢書·百官表》《漢紀·孝武紀》竝曰「元鼎六年，齊相卜式爲御史大夫」。《索隱》本出「御史大夫式」五字，注曰：「卜式也。」當據補。

禮書

疏房牀第

「疏房牀第，所以養體也」。念孫案：宋本、游本「牀第」下竝有「几席」二字。《荀子·禮論篇》作「疏房檖貌越席牀第几筵」，則此當有「几席」二字。

臭茝

「側載臭茝，所以養鼻也」。劉伯莊音義曰：「臭，香也。」引之曰：「臭」當爲「臭」，字之誤也。《說文》：「臭，古文以爲澤字。」「澤」謂澤蘭也。《士喪禮記》「茵著用茶，實綏澤焉」，鄭注曰：「澤，澤蘭也，取其香。」「澤」字古文作「臭」，故香草之「澤」亦作「臭」。上言「椒蘭芬茝，所以養鼻」，此言「側載臭茝，所以養鼻」。「臭茝」即「蘭茝」也。《荀子》作「睪茝」，《正論篇》同。「睪」即「澤」之借字。

士出死要節

「孰知夫士出死要節之所以養生也」。索隱曰：「志士推誠守死，要立名節，仍是養生安身之本。」念孫案：「士」即「出」字之譌。隸書「出」字或省作「士」。故「款」字省作「款」，「敖」字省作「敖」，「賣」字省作「賣」。經傳中「士」「出」二字亦往往譌溷。《夏本紀》「稱以出」，《大戴禮·五帝德篇》作「稱以上士」。《吕后本紀》「齊内史士」，徐廣曰：「一作出。」僖二十五年《左傳》「諜出曰：原將降矣」，《吕氏春秋·爲欲篇》「諜出」譌爲「諜士」。《荀子·大略篇》「君子聽律習容而後出」，今本「出」譌作「士」。此作「士出死要節」者，一本作「士」，一本作「出」，而後人誤合之耳。《荀子》無「士」字，是其明證矣。

垂涉

「然而兵殆於垂涉」。集解：「許慎曰：『垂涉，地名也。』」念孫案：「垂涉」當依《荀子·議兵篇》作「垂沙」，字之誤也。《墨子·備城門篇》「城上沙」，今本「沙」誤作「涉」。《韓詩外傳》《淮南·兵略篇》竝與《荀子》同。今本《淮南注》：「垂沙，地名。」此即《集解》所引許注也。《楚策》亦云「垂沙之事，死者以千數」。

函及士大夫

「郊疇乎天子，社至乎諸侯，函及士大夫」。集解曰：「函，音含。」《索隱》作「啗」，云：「啗，音含。含謂包容。鄒誕生音徒濫反。今按：《大戴禮》作『導及士大夫』，『導』亦通也。今此爲『啗』者，當以『導』與『蹈』同，後其字『足』失『止』，唯有『口』存，故使解者穿鑿也。」錢氏曉徵《史記攷異》曰：「予謂『函及』者，『覃及』也。《説文》：『㔾，嘾也。讀若含。』『函』從『㔾』得聲，亦與『嘾』同義。古文『導』與『禫』同。《士喪禮》『中月而禫』，古文『禫』作『導』。《説文》『棪，讀若「三年導服」之「導」』，亦謂『禫服』也。『導』與『禫』通，則亦與『覃』『嘾』通。而『啗』又與『嘾』同音，是文異而實不異。小司馬疑『啗』爲『蹈』之譌，由不知古音之變易也。」「蹈」從舀，「啗」從臽，「舀」、「臽」形、聲俱别。念孫案：錢謂「導」與「覃」通，「導及士大夫」即「覃及士大夫」，是也。《大雅·蕩篇》曰：「覃及鬼方。」《爾雅》曰：「覃，延也。」言社自諸侯延及士大夫也。「函」當爲「臽」。今作「陷」。「啗」字從臽得聲，是「臽」與「啗」古同聲，故鄒誕生本作「啗」，即「臽」之異文也。「啗」與「覃」古亦同聲，故鄒本之「啗及」，即《詩》之「覃及」也。錢以「函及」爲「覃及」，非也。「函」訓爲容，非「覃及」之義。「函」與「啗」亦不同聲。若本是「函」字，無緣通作「啗」也。「臽」字本作「𦥠」，形與「函」相似，因譌爲「函」。

裴駰、司馬貞音「含」，又訓爲「包容」，皆失之也。後人多見「函」，少見「臽」，故經史中「臽」字或譌作「函」。說見《經義述聞》「若合而函吾中」下。

上大羹

「故尊之上玄尊也，俎之上腥魚也，豆之上大羹，一也」。念孫案：「上大羹」本作「先大羹」。今作「上」者，涉上二句而誤也。《索隱》本正文作「先」，注文亦作「先」，今則并注文亦改爲「上」矣。《荀子·禮論篇》《大戴禮·禮三本篇》竝作「先」。上文云「大饗上玄尊，俎上腥魚，先大羹」，此其明證矣。

廣鶩　不外是以　性守

「步驟馳騁廣鶩不外，是以君子之性守宮庭也」。《索隱》《正義》皆斷「步驟馳騁廣鶩不外」爲句，「是以君子之性守宮庭也」爲句。《索隱》曰：「言君子之性守正不慢遠行，如常守宮庭也。」《正義》略與《索隱》同。念孫案：二說皆非也。「廣鶩」當爲「厲鶩」，字之誤也。經傳中「厲」、「廣」二字往往相亂。《月令》「天子乃厲飾」，《呂氏春秋·季秋篇》作「厲服厲飭」，《淮南·時則篇》作「厲服廣飾」。《莊子·大宗師篇》「厲乎其似世乎」，崔譔本「厲」作「廣」。《史記·平津侯傳》「厲賢予祿」，徐廣曰：「厲，一作廣。」

《儒林傳》「以廣賢材」，《漢書》「廣」作「厲」。《漢書・地理志》「齊郡：廣」，《説文・水部》注「廣」譌作「厲」。隸書「厲」字或作「厲」，漢《議郎元賓碑》：「揚清厲於海內。」《執金吾丞武榮碑》：「蘱然高厲。」形與「廣」相近，因譌爲「廣」。「厲」字本作「鴷」。《廣雅》曰：「鴷、騍、馳、騖、騁，奔也。」《説文》：「鴷，次弟馳也。」《玉篇》力世切。古通作「厲」，《楚辭・遠遊》「颯弭節而高厲」是也。「步驟」、「馳騁」、「厲騖」皆兩字平列，若作「廣騖」，則非其指矣。「是以」當爲「是矣」，聲之誤也。「是矣」二字，上屬爲句。「是」謂禮也，言君子率禮不越，步驟馳騁厲騖皆不外乎此也。若讀至「外」字絶句，而以「是以」二字下屬爲句，則文不成義矣。「君子之性守宮庭也」，「性守」當爲「廛宇」，亦字之誤也。隸書「廛」字或作「壥」，《魏風・伐檀》釋文曰：「廛，本亦作壥。」《集韻》：「廛，亦作壥。」《管子・小匡篇》曰：「壥而不税。」形與「性」相近，「守」、「宇」形亦相近，故「廛宇」譌爲「性守」。「廛」與「壇」古字通，《周官》「廛人」，故書「廛」作「壇」，杜子春讀「壇」爲「廛」。又《載師》「以廛里任國中之地」，故書「廛」或作「壇」，鄭司農云：「壇，讀爲廛。」「廛宇」即「壇宇」也。壇，堂基也。《獨斷》曰：「壇謂築土起堂。」宇，屋邊也。《荀子・儒效篇》曰：「君子言有壇宇，行有防表。」《漢書・禮樂志》郊祀歌曰：「神之揄，臨壇宇。」《鹽鐵論・散不足篇》曰：「無壇宇之居，廟堂之位。」此言君子率禮不越，如在壇宇宮庭之中也。「壇宇宮庭」皆指宮室言之，若云「性守宮庭」，則文不成義矣。「君子」上當有「是」字，今本脱去，則與上文義不相屬。《荀子・禮論篇》曰：「步驟馳騁厲騖不外是矣，是君子之壇宇宫庭也。」足證今本之誤。《儒效篇》又曰：「高之下之，小之巨之，不外是矣，是君子之所以騁志意於壇宇宫庭也。」

曲直得其次序

「於是中焉，房皇周浹，曲直得其次序」。引之曰：「直」字後人所加。《索隱》曰：「委曲得禮之序。」則「曲」下本無「直」字明矣。《荀子》正作「曲得其次序」。

樂書

樂之容

「欣喜驩愛，樂之容也」。念孫案：「容」當依《樂記》作「官」，字之誤也。鄭注曰：「官，猶事也。」《正義》用鄭注爲解，又引賀瑒云：「八音克諧，使物欣喜，此樂之事迹也。」則正文本作「官」明矣。今本《正義》亦誤作「容」，則與「猶事也」之訓不合。

知禮樂之道

「知禮樂之道，舉而錯之天下，無難矣」。念孫案：「知」當依《樂記》《祭義》作「致」，此後人妄改之也。《正義》曰：「極致禮樂之道。」則本作「致」明矣。

何道出

「師涓援琴鼓之，未終，師曠撫而止之曰：『此亡國之聲也，不可聽。』平公曰：『何道出？』」念孫案：此本作「是何道出」。是，此也。道，從也。言此聲何從出也。脱去「是」字，則文義不明。《太平御覽・地部》引此作「是何道出」，《韓子・十過篇》作「此奚道出」，舊本「奚道」譌作「道奚」。今據本書及《論衡》改。《論衡・紀妖篇》作「此何道出」，皆其證也。

律書

言陽氣之危垝

「東至於危。危，垝也。言陽氣之危垝，故曰危。十月也」。念孫案：「言陽氣之危垝」，

「垝」上本無「危」字。此是訓「危」爲「垝」，故曰：「危，垝也。言陽氣之垝。」《爾雅》曰：「垝，毁也。」言陽氣至十月而毁也。今本「垝」上有「危」字，即因上「危，垝也」而誤衍耳。

主風吹萬物而西之軫

「清明風居東南維，主風吹萬物而西之軫」。念孫案：「軫」上當有「至於」二字。「主風吹萬物而西之」爲句，「至於軫」爲句。上文云「東壁居不周風東，主辟生氣而東之，至於營室」，自此以下皆有「至於」二字。是其證。

曆書

又不由人

「正不率天，又不由人，則凡事易壞而難成矣」。念孫案：「正」與「政」同。「又不由人」本作「亦不由人」。今作「又」者，後人以意改之耳。《索隱》本作「亦不由人」，注云：「此文出《大戴禮》。」今本《大戴禮·誥志篇》作「下不由人」，「下」即「亦」字之誤，則作「亦」者是也。

度驗

「名察度驗，定清濁」。引之曰：「名察度驗」，《漢志》作「名察發斂」。應劭曰：「名節會，察寒暑，致啓閉分至。」〔一〕孟康曰：「春夏爲發，秋冬爲斂。」晉灼曰：「蔡邕《天文志》：『渾天名察發斂，以行日月，以步五緯。』」又，《周髀算經》：「冬至夏至者，日道發斂之所生也。」趙君卿曰：「『發猶往也，斂猶還也。』」則當作「發斂」爲是。《史記》作「度驗」者，「發」字古通作「廢」，說見《平原君傳》。其草書與「度」相似，又涉上文「星度」而誤耳。「斂」、「驗」聲相近，故字亦相通。下文曰：「今日順夏至，黄鍾爲宫，林鍾爲徵，太蔟爲商，南吕爲羽，姑洗爲角。自是以後，氣復正，羽聲復清，名復正。變以至子日當冬至，則陰陽離合之道行焉。」是律之清濁出於氣之「發斂」，故曰「名察發斂，定清濁」，無取於「度驗」也。薛瓚以爲「題名宿度，候察進退」，乃不得其解，而曲爲之説。

〔一〕名節會察寒暑致啓閉分至，《漢書》作「名節會，察寒暑，致啓分，發斂至」。

然

「然蓋尚矣」。念孫案：「然」猶「是」也。此承上文言黄帝作曆之事如是，是蓋尚矣。《漢書》作「然則上矣」，亦謂是則上矣也。范望注《太玄·務·測》曰：「然，猶是也。」《傅靳酈成傳贊》曰：「酈成侯周緤操心堅正，身不見疑，上欲有所之，未嘗不垂涕，此有傷心者，然可謂篤厚君子矣。」亦謂是可謂篤厚君子也。

歲名焉逢攝提格月名畢聚

「太初元年，歲名『焉逢攝提格』，月名『畢聚』，日得甲子，夜半朔旦冬至。」索隱曰：「聚，音『陬』。〔一〕謂月值畢及陬訾也。畢，月雄也。聚，月雌也。」錢氏《攷異》曰：「《爾雅》：『月在甲曰畢，正月爲陬，十一月爲辜。』此冬至之月，建子月也。月陽在甲，當云『畢辜』，而云『畢聚』者，『聚』與『陬』古文通用，天正之月亦可云『陬』也。《索隱》謂『月值陬訾』，則是建寅之月，非冬至矣。」引之曰：此殷曆也。《續漢書·律曆志論》曰：「顓頊曆元用乙卯，殷

〔一〕聚音陬，《史記索隱》作「聚音娵」。

用甲寅。」又載劉洪上言曰：「甲寅元天正，正月甲子朔旦冬至，七曜之起，始于牛初。乙卯之元人正，己巳朔旦立春，三光聚天廟五度。」是顓頊曆以乙卯年之立春爲元，而以其月爲正月。殷曆以甲寅年之冬至爲元，亦以其月爲正月也。正月爲「陬」，而在甲曰「畢」，故曰「月名畢陬」。《漢書・律曆志》曰：「太初元年，前十一月甲子朔旦冬至，歲在星紀婺女六度。故《漢志》曰歲名困敦，困敦，太歲在子之名。殷曆之甲寅，即顓頊曆之丙子。説詳《太歲攷》。正月歲星出婺女。」班氏引《漢志》以證十一月歲星在婺女，則所謂正月者，正謂十一月也。蓋漢初用顓頊曆，以建寅之月爲正月，曆元起於立春。至武帝太初元年改曆，《太史公自序》：「太初元年，十一月甲子朔旦冬至，天曆始改。」而用殷曆建子之月爲正月，曆元起於冬至。是年五月，正曆仍用殷曆之十一月冬至爲元，而正月之在寅月，則又參以顓頊曆法。《漢書・武帝紀》：「太初元年，夏五月，正曆㠯正月爲歲首。」師古曰：「謂以建寅之月爲正也。」故太初元年之正月爲建子之月，而二年之正月即爲建寅之月也。《漢書・武帝紀》「太初元年，十一月甲子朔旦冬至」，不稱「正月」者，據太初曆追改之耳。唯《律曆志》所引《漢志》尚存「正月」之文。

焉逢攝提格太初元年

「焉逢攝提格太初元年」。引之曰：當作「端蒙單閼」，下文「端蒙單閼」當作「游兆執徐」。

自此以下，皆後人所改，當以次更正。説見《太歲攷》。

商横涒灘

「商横涒灘」。單行《索隱》本作「商横赤奮若」，下文「尚章大淵獻」作「尚章困敦」，「焉逢困敦」作「焉逢大淵獻」，「端蒙赤奮若」作「端蒙汭漢」。引之曰：此殷曆也，故與《爾雅》歲名不同。今本既以《爾雅》改《史記》，又并《索隱》而改之，大謬。説見《太歲攷》。

祝犂大荒落四年建始四年

「祝犂大荒落四年」。引之曰：此七字乃後人所加。説見《太歲攷》。

端旃蒙

「端旃蒙者，年名也」。念孫案：《爾雅》之「旃蒙」，《史記》作「端蒙」。此作「端旃蒙」者，後人旁記「旃」字，因誤入正文耳。

天官書

斗魁

「在斗魁中，貴人之牢」。念孫案：「魁」上本無「斗」字，此因《集解》内「在斗魁中」而誤衍也。此云「在魁中」，下文云「魁下六星」，皆承上「斗魁」而言，無庸更加「斗」字。《索隱》本無「斗」字，《漢書·天文志》亦無。

名曰三能

「魁下六星，兩兩相比者，名曰三能」。念孫案：「名」字後人所加。此書稱星名，皆言「曰某」，無言「名曰某」者。《索隱》本無「名」字，《太平御覽·天部》引此亦無「名」字，《漢書·天文志》同。

順入軌道

「月、五星順入，軌道」。索隱曰：「韋昭云：『謂循軌道不邪逆也。順入，從西入也。』」正義曰：「謂月、五星順〔一〕軌道，入太微庭也。」念孫案：「順入」，一事也，「軌道」，又一事也。「順入」者，韋氏以爲「從西入」，是也。「軌道」者，「軌」猶「循」也。謂月、五星皆循道而行，不旁出也。《賈子·道術篇》曰：「緣法循理謂之軌。」是「軌」與「循」同義。《漢書·賈誼傳》：「諸侯軌道。」謂循道也。《後漢書·襄楷傳》：「熒惑入太微，出端門，不軌常道。」謂不循常道也。下文曰：「其逆入，若不軌道。」索隱引宋均云：「逆入，從東入。不軌道，不由康衢而入也。」「逆入」爲一事，「不軌道」又爲一事，此尤其明證矣。

水水

「火入，旱句金，兵句水，今本此下載《索隱》曰：「謂火、金、水入五潢，則各致此災也。宋均云：『不言木、土者，木、土德星，於此不爲害故也。』」水此字上屬爲句。中有三柱。句」念孫案：「火入，旱。金，兵。水，水」者，謂火入五潢則爲旱，金則爲兵，水則爲水也。《漢書·天文志》曰：「辰星入五車，大水。」「中有三柱」者，謂五潢中有三柱也。索隱謂「火、金、水」云云，本在「水，水」之下，今本列入上「水」字之下，下「水」字之上，而讀「金兵水」爲句，「水中有三柱」爲句，大謬。

〔一〕順，《史記正義》下有「入」字。

水患

「五星犯北落，入軍，軍起。火、金、水尤甚。火，軍憂。水患」。念孫案：「水患」當作「水，水患」，言水犯北落，入軍，則有水患也。上文「火入，旱。金，兵。水，水」即其證。今本脱一「水」字，則文不成義。《漢書·天文志》正作「水，水患」。

可以重致天下

「填星所居，五星皆從而聚于一舍，其下之國可以重致天下」。今本脱「以」字。上文「歲星」云「可以義致天下」，「熒惑」云「可以禮致天下」，下文「太白」云「可以兵從天下」，「辰星」云「可以法致天下」，今據補。正義曰：「言五星皆從填星，其下之國倚重而致天下。」《漢書·天文志》：「凡五星所聚宿，其國王天下：從歲以義，從熒惑以禮，從填以重，從太白以兵，從辰以法。」韋昭解「從填以重」曰：「謂以威重得。」念孫案：韋氏、張氏皆未曉「重」字之義。重，猶厚也。高誘注《秦策》及《呂氏春秋·振亂篇》竝曰：「厚，重也。」又注《呂氏春秋·盡數篇》及《淮南·俶真篇》竝曰：「重，厚也。」是「厚」、「重」二字同義。填星爲土，土德厚重，虞翻注《復卦》曰：「坤爲厚。」又注《繫辭傳》曰：「坤爲重。」故五星從填星，則其下之國可以厚重之德致天下也。《開元占經·五星占》引《春秋運斗樞》曰：「填星帥五精聚于中央，黄帝以重厚賢聖起。」又引《石氏星經》曰：「填星所在，五星皆從而聚于一舍，其下之國可以重德致天下。」《天官書》即本於此，「重」下無「德」字者，省文耳。上文曰：「填星主德。」「德」即「重德」也。皆其明證矣。

若水

「木星與土合，爲内亂，饑，主勿用戰，敗。水則變謀而更事。火爲旱。金爲白衣會若水」。錢氏《攷異》曰：「『若水』當作『若木』。」念孫案：錢説非也。「若水」二字，文與上屬，不與下屬。「金爲白衣會若水」者，水謂水災也。《漢書·高祖紀》注曰：「若，及也。」言木與金合，則爲白衣會及水災也。上文曰「填星失次下二三宿曰縮，有后戚，其歲不復，不乃天裂若地動」，下文曰「月蝕歲星，其宿地饑若亡」，文義竝與此同。《漢書·天文志》作「歲與太白合，則爲白衣之會，爲水」。《開元占經·五星占》引巫咸曰：「太白與歲星合，爲白衣之會，爲水。」此皆其明證矣。

爲北軍軍困舉事大敗

「火與水合爲焠，與金合爲鑠，爲喪，皆不可舉事，用兵大敗。土爲憂，主孽卿，大饑，戰敗，爲北軍，軍困，舉事大敗」。念孫案：上既言「戰敗」，下不當復言「北軍」。「爲北軍」上當有「水」字，言火與水合，則爲北軍，軍困，舉事大敗也。《漢書·天文志》「熒惑與辰合，則爲北軍，用兵舉事大敗」，《晉書·天文志》「火與水合，爲北軍，用兵舉事大敗」，皆其明證矣。

疾

「太白所居久，其鄉利；疾，其鄉凶」。集解引蘇林《漢書注》曰：「疾過也。」念孫案：正文「疾」字本作「易」。《集解》引蘇林注是解「易」字之義，非解「疾」字之義。疾行而過謂之易，故蘇林訓「易」爲「疾過」。《漢書·天文志》「太白所居久，其國利；易，其鄉凶」，蘇林解「易」字曰「疾過也」，是其明證矣。《開元占經·太白占》引《石氏星經》曰：「太白所居久，其鄉利；易，其鄉凶。」此即《天官書》所本。《天官書》又曰：「填星其居久，其國福厚；易，福薄。」徐廣曰：「易猶輕速也。」《天文志》又曰：「歲星出而易，所當之國，是受其殃。」皆足與此「易」字互相證明矣。後人誤讀「疾過也」之注，遂改正文「易」字爲「疾」，不知蘇林自訓「易」爲「疾過」，非訓「疾」爲「過」也。

天矢

「色白五芒，出蚤爲月蝕，晚爲天矢及彗星，將發其國」。念孫案：「天矢」當從宋本作「天夭」，字之誤也。「夭」與「祅」同字，亦作「妖」。書傳中「祅祥」字多作「妖」。《周本紀》「後宮童妾所弃妖子」，徐廣曰：「妖，一作夭。」《莊子·大宗師篇》「善妖善老」，釋文：「妖，本又作夭。」《漢書·天文志》作「天祅」。《開元占經·太白占》引《甘氏占》曰「太白色白五芒，出早爲月食，晚爲天妖及彗星」，是其證。又下文「辰星，出蚤爲月蝕，晚爲彗星及天矢」，《天文志》作「天妖」，則「矢」字亦是「夭」字之誤，宋本亦誤作「矢」。

而食益盡

「而食益盡爲主位」。念孫案：「而」讀曰「如」，「益」即「盡」字之誤而衍者也。《漢志》作「不然，食盡爲主位」，「盡」上無「益」字，是也。「不然」二字亦有誤。「而食盡爲主位」者，如日食盡，則其咎在主位也。故《漢書·天文志》引夏氏《日月傳》曰：「日食盡[一]，主位也；不盡，臣位也。」或以

[一] 日食盡，《漢書》作「日月食盡」。

「而」爲衍字，非是。

毛羽

「枉矢，類大流星，蛇行而倉黑，望之如有毛羽然」。念孫案：「毛羽」本作「毛目」，後人以意改之耳。《漢書》《晉書》竝作「毛目」。又《開元占經・妖星占》引巫咸及《海中占》亦作「毛目」，又引《春秋合誠圖》曰：「枉矢者，射星也。水流蛇行含明，故有毛目。」《考工記・輈人》注：「妖星有枉矢者，蛇行，有毛目。」疏引《考異郵》曰：「枉矢，狀如流星，蛇行，有毛目。」今本「毛目」二字竝誤作「尾因」，據宋本、嘉靖本、十行本改。此皆其明證矣。《太平御覽・咎徵部二》引《史記》正作「毛目」。

前方而後高兑而卑

「前方而後高兑而卑者卻[一]」。「兑」與「鋭」同。《漢書・天文志》作「前方而後高者鋭，後鋭而卑者卻」，《晉志》作「前方而高後鋭而卑者，卻」。武進顧子明曰：「下文云『氣相遇者，卑勝

[一] 卻，原作「郤」，據《國學基本叢書》本改。

高，兑勝方』，『卑』與『高』對，『兑』與『方』對，當依《晉志》作『前方而高後兑而卑者，卻』。」今本《史記》「高」、「後」二字互易，《漢書》則「高」上衍「後」字，「高」下又衍「者鋭」二字。

卿雲見

「卿雲見，喜氣也」。念孫案：「卿雲」下本無「見」字，此涉下文「見」字而誤衍也。凡言「某星見」「某氣見」者，其下文必有吉凶之事。見上下文。此是以「喜氣」釋「卿雲」，猶言「卿雲者，喜氣也」。「卿」與「慶」同。「慶」即「喜」也。若加一「見」字，則隔斷上下文義。上文「景星者，德星也」，若改爲「景星見，德星也」，其可乎？《藝文類聚·祥瑞部》引此有「見」字，《漢書·天文志》有「見」字，皆後人依誤本《史記》加之。《初學記·天部》《太平御覽·天部》《人事部》《休徵部》引《史記》皆無「見」字。《晉書·天文志》曰：「『慶雲』亦曰『景雲』，此喜氣也。」《書大傳》注曰：「《天文志》曰：『若煙非煙，若雲非雲，郁郁紛紛，蕭索輪囷，是爲卿雲。』此和氣也。」此雖小變其文，而亦無「見」字，蓋「喜氣」、「和氣」皆是釋「卿雲」二字，不當有「見」字也。

則

「有日，無雲，不風，當其時者稼有敗。如食頃，小敗；熟五斗米頃，大敗。則風復起，有雲，其稼復起」。念孫案：則者，若也。言若風復起，有雲，則其稼復起也。古者「則」與「若」同義。《高祖紀》曰：「今聞章邯降項羽，項羽乃號爲雍王，王關中。今則來，沛公恐不得有此。」言今若來也。《三年問》曰：「今是大鳥獸則失喪其羣匹，越月踰時焉，則必反巡。」言若失喪其羣匹也。《荀子・議兵篇》曰：「大寇則至，使之持危城則必畔，遇敵處戰則必北。」言大寇若至也。《趙策》曰：「彼則肆然而爲帝，過而遂正於天下，則連有赴東海而死矣。」言彼若肆然而爲帝也。《燕策》曰：「誠得劫秦王，使悉反諸侯之侵地，則大善矣。則不可，因而刺殺之。」言若不可也。《韓詩外傳》曰：「臣之里，有夫死三日而嫁者，有終身不嫁者。則自爲娶，將何娶焉？」言若自爲娶也。《項羽紀》：「項王謂曹咎等曰：『謹守成皋，則漢欲挑戰，慎勿與戰。』」《高祖紀》作「若漢挑戰」。此尤其明證矣。《漢書・天文志》無「則」字者，省文耳。或以「則」爲衍字，失之。

占種其所宜

「各以其時用雲色占種其所宜」。顧子明曰：下「其」字因上「其」字而衍。《漢志》無。

鹿解角

「鹿解角」。念孫案：「鹿」當從《天文志》作「麋」，字之誤也。夏至，鹿解角；冬至，麋解角。諸書皆然。《太平御覽·時序部》引《史記》亦作「麋解角」。

歲星所在五穀逢昌其對爲衝歲乃有殃

「略以知日至，要決晷景。歲星所在，五穀逢昌。其對爲衝，歲乃有殃」。張守節斷「晷景歲星所在」爲一句，説曰：「言晷景歲星行不失次，則無災異，五穀逢其昌盛。若晷景歲星行而失舍，有所衝，則歲乃有殃禍災變也。」念孫案：張説非也。「晷景」上屬爲句。「略以知日至，要決晷景」者，此言日至測晷景之事也。自「歲星所在」以下，别爲一事，與「晷景」無涉。《漢書·天文志》無「歲星所在」四句。「歲星所在」者，謂歲星所居之地，非謂「晷景歲星行不失次」也。「五穀逢昌」者，「逢」與「豐」古字通，《玉藻》「縫齊倍要」，鄭注曰：「縫，或爲逢，或爲豐。」《周語》：「道而得神，是謂逢福。」《説苑・辨物篇》「逢」作「豐」。又《淮南・天文篇》見下。「逢昌」即「豐昌」，非謂「逢其昌盛」也。「其對爲衝」者，言與歲星所居之地相對則爲衝。衝者，相對之名。上文曰：「國皇星所出，其下起兵，兵彊；其衝不利。」又曰：「八風各與其衝對課。」假如歲在壽星，則降婁爲衝；歲在大火，則大梁爲衝。非謂「晷景歲星行而失舍有所衝」也。地當歲星之衝則有殃。襄二十八年《左傳》「歲弃其次，而旅於明年之次，以害鳥帑，周、楚惡之」，杜注曰：「歲星所在，其國有福。失次於北，禍衝在南。」《淮南・天文篇》曰：「歲星之所居，五穀豐昌。其對爲衝，歲乃有殃。」是其明證矣。

天道命

「是以孔子論六經，紀異而説不書。至天道命，不傳」。念孫案：「天道命」當作「天道性命」。《論語》曰：「夫子之言性與天道，不可得而聞也。」此本《論語》爲説，則「命」上當有「性」字。《正義》内兩言「天道性命」，是其明證矣。《孔子世家》亦曰：「夫子言天道與性命，弗可得聞也已。」

河戒

「朝鮮之拔，星茀于河戒」。單行《索隱》本及宋本、游本竝如是。而王本則於「河」下缺一字，載《索隱》曰：「《天文志》：『武帝元封之中，星孛于河戍，束遇反。今本《漢志》誤作「戍亥」之「戍」。其占曰：南戍爲越門，北戍爲胡門。』」又曰：「其河戍即南河、北河也。」字竝作「戍」。宋本、游本正文雖作「戒」，而所載《索隱》皆作「戍」，與王本同。若各本及毛刻單行《索隱》本則盡改爲「戒」矣。引之曰：作「戍」者是也。戍讀戍申、戍甫之戍。《説文》：「戍，守邊也。」「戍」訓「守邊」，故「南戍」爲越門，「北戍」爲胡門。《晉書》《隋書》「天文志」竝云「南河曰南戍，北河曰北戍」。《開元占經》「南北河戍」字前後凡百餘見，皆作「戍」，不作「戒」。其歲星、熒惑、太白、辰星四《占》竝引《石氏》曰：「守南河戍，蠻夷兵起，邊戍有憂。」《太白占》又引《甘氏》曰：「太白守北河戍，邊戍有謀。」《流星占》引巫咸曰：「流星犯南河，蠻夷兵起，防戍有憂。」《彗星占》引《海中占》曰：「彗星犯南河，蠻越兵起，邊戍有憂。」然則「河戍」之「戍」本作「邊戍」字明甚。上文「鉞北，北河；南，南河」，正義曰：「南河三星，北河三星，分夾東井南北，置而爲戍。今本《正義》「戍」作「戒」，後人所改也。「戍」可言置，「戒」不可言置。南河南戍，一曰陽門，亦曰越門；北河北戍，一曰陰門，亦曰胡門。」「置而爲戍」者，謂置守邊之亭障也。襄十年《左傳》注：「脩其城而置戍。」故《開元占經·石氏中官占》引《黄帝占》曰：「南北河戍，一名天高，一名天亭，義取戍邊之人登亭障以候望也。」《唐書·天文志》曰：「一行以爲，天下山河之象存乎兩戍。北戍，自三危、積石，負終南地絡之陰，東及太華，逾河，竝雷首、厎柱、王屋、太行，北抵常山之右，乃東循塞垣，至濊貊、朝鮮，是謂北紀，所以限戎狄也。南戍，自岷山、嶓冢，負地絡之陽，東及太華，連商山、熊耳、外方、桐柏，自上洛南逾江、漢，攜武當、荆山，至于衡陽，乃東循嶺徼，達東甌、閩中，是謂南紀，所以限蠻夷也。故《星傳》謂『北戍爲胡門，南戍爲越門』。」以上《唐書·天文志》。一行所論，正取邊戍之義，其字亦當作「戍」。且一行開元中受詔治新曆，與司馬貞、張守節及作《開元占經》之瞿曇悉達皆同時人，斷無諸家「河戍」字不誤，而一行獨誤作「戒」之理，自傳寫者誤書作「戒」，而文義遂不可通。隸書「戒」字或作「戎」，與「戍」相似而誤。淺人襲謬承譌，反以作「戒」者爲正文，而改《史記》之「河戍」以從之，則惑矣。唯漢、晉、隋《志》未改。且「戒」「界」二字古不同聲，自唐以前之書無以此二字通用者。後人不知「戒」爲「戍」之譌，而以「兩戒」爲「兩界」，此誤之又誤也。「戒」於古音屬志部。「界」從介聲，於古音屬祭部。自韻書以「戒」、「界」溷爲一音，而宋人遂以「兩戒」爲「兩界」矣。志、祭二部古不相通。説見《經義述聞》「終不可用也」下。錢氏《史記攷異》誤從作「戒」之本，至作《養新録》，又謂「戒」當爲「戉」。「戉」，古「鉞」字。而引「東井西曲星曰鉞。鉞北，北河；南，南河」爲證，并欲改《天文志》「星孛于河戍」之「戍」爲「戉」。案：北河在鉞北，南河在鉞南，則「鉞」非南北河，不得謂南北河爲「河鉞」也。《開元占經·石氏中官占》引郗萌曰：「兩河戍與戉，俱爲帝闕。」上爲「邊戍」之「戍」，下爲「斧戉」之「戉」，較然甚明。若改作「兩河戉」，則不須更言「與戉」矣。且「鉞」只一星，何得稱「兩河鉞」乎？錢説非也。

封禪書

遂覲東后

「遂覲東后。東后者，諸侯也」。念孫案：「覲」本作「見」。史公述《尚書》，每以詁訓之字相代，故《五帝紀》云「遂見東方君長」，此云「遂見東后。東后者，諸侯也」。以「遂」代「肆」，以「見」代「覲」，以「君長」代「后」，又以「諸侯」釋「后」，二篇之文可以互證矣。後人依《尚書》改「見」爲「覲」，不知《五帝紀》正作「見」，且上文「見四岳諸牧」，亦是以「見」代「覲」也。又案：《漢書·郊祀志》即本《史記》，而亦云「遂見東后」，則《史記》之本作「見」益明矣。

羨門子高　最後

「而宋毋忌、正伯僑、充尚、羨門子高、最後皆燕人」。念孫案：「羨門子高」，「高」上本無「子」字，此因《索隱》內「羨門子高」而誤衍也。《索隱》本出「羨門高」三字，注曰：「秦始皇使盧生求羨門子高是也。」則正文內無「子」字明矣。《郊祀志》亦無「子」字。又案：索隱曰：「最後猶言甚後也。服虔説止有四人，是也。小顔云自『宋毋忌』至『最後』凡五人，劉伯莊亦同此説，非也。」念孫案：以「最後」爲人名者是也。「皆燕人」三字乃總承上文之詞。若以「最後」爲「甚後」，則與上下文義皆不相屬矣。「最」疑「冣」字之誤。《説文》「冣，積也」，徐鍇曰：「古以聚物之『聚』爲『冣』。」《殷本紀》「大冣樂戲於沙丘」，集解：「徐廣曰：『冣，一作聚。』」《周本紀》「則固有周聚以收齊」，集解：「徐廣曰：『聚，一作冣。』」今本「冣」字竝誤作「最」。又，《周本紀》之「周聚」，東西《周策》竝誤作「周最」。《趙世家》之「顔聚」，《趙策》誤作「顔最」。又，《樂記》「會以聚衆」，鄭注：「聚，或爲冣。」今本亦誤作「最」。《高唐賦》：「有方之士，羨門高谿，上成鬱林，公樂聚穀。」「聚」與「冣」古字通，「穀」有「彀」音，「彀」與「後」聲相近，疑《史記》之「最後」即《高唐賦》之「聚穀」也。

黃金銀

「其物禽獸盡白，而黃金銀爲宮闕」。念孫案：「銀」上本有「白」字。後人以金有五色，故言「黃金」以別之，銀唯一色，不須言「白」，故刪去「白」字耳，不知書傳言「白銀」者多矣。且「黃金」、「白銀」相對爲文，少一「白」字，則文不成義。《世說·言語篇》注、《文選·思玄賦》注、《結客少年場行》注、《石闕銘》注、《藝文類聚·居處部》《靈異部》、《初學記·地部》《山類》《海類》俱引。《釋道部》《寶器部》、《太平御覽·地部》《珍寶部》引此皆有「白」字。《郊祀志》無「白」字，亦後人所刪。《秦始皇紀》正義引《郊祀志》亦有「白」字。

賽

「冬賽禱祠」。念孫案：「賽」本作「塞」。古無「賽」字，借「塞」爲之。《說文》無「賽」字，新附有之。《急就篇》「謁禓塞禱鬼神寵」，顔師古曰：「塞，報福也。」《管子·小問篇》：「令釁社塞禱。」《墨子·號令篇》：「寇去事已塞禱。」《韓子·外儲說右篇》：「秦襄王病，百姓爲之禱，病愈，殺牛塞禱。」《漢書·武五子傳》亦云：「殺牛塞禱。」《周官·都宗人》注：「祭，謂報塞也。」漢《無極山碑》：「各白羊塞神山。」又見下。《索隱》本出「冬塞」二字，注云：「『塞』音先代反，與『賽』同。賽，今報神福也。」今本正文、注文俱改爲「賽」，又刪去「與賽同」三字，其失甚矣。《漢書·郊祀志》亦作「塞」。篇内「賽」字竝同。

熒惑太白歲星填星

「熒惑、太白、歲星、填星」。念孫案：「填星」下脱「辰星」二字，當依《郊祀志》補。

春三月及時臘

「有司請令縣常以春三月及時臘祠社稷以羊豕」。念孫案：「三月」當從《郊祀志》作「二月」。「臘」上不當有「時」字，此因上文「歲時」字而衍。《郊祀志》無「時」字。

釋

「古者先振兵釋旅」。念孫案：「釋」本作「澤」。故徐廣《音義》曰：「古『釋』字作『澤』。」《高祖功臣侯者表》「張節侯毛澤之」，亦作「釋之」。《惠景閒侯者表》「襄成侯韓澤之」，《漢表》作「釋之」。又，《周頌·載芟篇》「其耕澤澤」，正義引《爾雅》作「釋釋」。《夏小正》「農及雪澤」，《考工記》「水有時以凝，有時以澤」，《管子·形勢篇》「莫知其爲之，莫知其澤之」，竝與「釋」同。《孝武紀》亦作「澤」。後人改「澤」爲「釋」，則與《音義》相左矣。下文「澤兵」作「釋兵」，亦是後人所改。

平準書

後紬恥辱

「故人人自愛而重犯法，先行義而後紬恥辱焉」。念孫案：「紬」上本無「後」字，後人以意加之耳。《漢書·食貨志》作「先行誼而黜媿辱」，師古曰：「以行誼爲先，以媿辱相黜也。」「黜」與「紬」同，「紬」上加一「後」字，則文不成義矣。

賈滅朝鮮

「彭吳賈滅朝鮮，置滄海之郡」。索隱曰：「彭吳，人姓名。滅朝鮮，彭吳始開其道而滅之也。」《史記攷異》曰：「案：《漢書·武帝紀》『元朔元年秋，東夷薉君南閭等口二十八萬人降，爲蒼海郡』，『三年春，罷蒼海郡』，至元封三年滅朝鮮，相距二十年，不得并爲一事。且滅朝鮮者爲荀彘、楊僕，亦無『彭吳賈』其人也。《漢書·食貨志》但云『彭吳穿穢貊、朝鮮，置滄海郡』，較之《史記》爲確。予又疑『滅』字當爲『濊』字之譌，『濊』與『薉』、『穢』同。

『賈』讀爲『商賈』之『賈』，謂彭吴與濊、朝鮮貿易，因得通道置郡也。小司馬謂『彭吴始開其道而滅之』，非是。」念孫案：錢以「滅」爲「濊」之譌，是也。「賈」仍當依《漢書》作「穿」，顔師古曰「本皆荒梗，始開通之，故言穿」，是也。上言「唐蒙、司馬相如開路西南夷，鑿山通道」，此亦言彭吴通道東夷，置滄海郡，非謂與濊、朝鮮貿易也。隸書「穿」字，或作「窅」，形與「賈」相近，因誤爲「賈」。漢《張氏穿中記》「本造此穿者」，「穿」字作「窅」，是其證也。

通適

「故吏皆通適令伐棘上林，作昆明池」。念孫案：「皆通適」三字文不成義，「通」即「適」字之誤而衍者也。《索隱》本無「通」字，《食貨志》亦無。

吾有羊上林中

「吾有羊上林中，欲令子牧之」。念孫案：「羊」下脱去「在」字，當依《漢書·卜式傳》補。《藝文類聚》《太平御覽》「獸部」引《史記》竝有「在」字。

楊可

「天子既下緡錢令而尊卜式，百姓終莫分財佐縣官，於是楊可告緡錢縱矣」。念孫案：「楊可」二字後人依下文加之也。《食貨志》作「於是告緡錢縱矣」，顔師古曰「縱，放也。放令相告言也」，無「楊可」二字。《索隱》於此處無注，至下文「楊可告緡徧天下」，始云「楊，姓。可，名也」。則此處本無「楊可」二字明矣。

郡國

「郡國多姦鑄錢」。念孫案：「郡國」下脱「民」字。《索隱》本出「人多姦鑄錢」五字，「人」即「民」字也。《食貨志》作「郡國鑄錢，民多姦鑄」。是《史記》《漢書》皆有「民」字。

市列肆

「今弘羊令吏坐市列肆，販物求利」。念孫案：「市列」下本無「肆」字，此涉《索隱》内「市肆」而誤衍也。「市列」即「肆」也。故襄三十年《左傳》注曰：「羊肆，市列也。」無庸更加「肆」字。《索隱》本作「坐市列」，注曰：「謂吏坐市肆行列之中。」此是加「肆」字以申明其義，非正文內本有「肆」字也。《食貨志》亦作「坐市列」，顏師古曰：「市列，謂列肆。」是《史記》《漢書》皆無「肆」字也。《鹽鐵論·救匱篇》：「內無事乎市列，外無事乎山澤。」《漢書·西域傳》罽賓國有「市列」。

史記弟三

吳太伯世家

憾

「見舞《象箾》《南籥》者，曰：『美哉，猶有憾。』」念孫案：「憾」本作「感」，後人依今本《左傳》改之耳。古無「憾」字，借「感」爲之。《説文》無「憾」字。昭十一年《左傳》「唯蔡於感」，釋文：「感，户暗反。」即今「憾」字也。宣十二年「二憾往矣」，成二年「大國朝夕釋憾於敝邑之地」，《唐石經》竝作「感」。宣二年「以其私憾」，襄十六年「以齊人之朝夕釋憾於敝邑之地」，《釋文》竝作「感」。《逸周書・大戒篇》曰：「内姓無感，外姓無謫。」《韓策》曰：「感忿睚眦之意。」《鹽鐵論・備胡篇》曰：「士卒失職，而老母妻子感恨。」《漢書・張安世傳》曰：「何感而上書歸衛將軍富平侯印？」《杜鄴傳》曰：「内無感恨之隙。」字竝與「憾」同。又見下。《索隱》本出「有感」二字，注曰：「『感』讀爲『憾』，字省耳。胡暗反。」今既改正文爲「憾」，又改注文曰：「『憾』，或作『感』，字省耳。亦讀爲『憾』，又音胡暗反。」其失甚矣。襄二十九年《左傳》「美哉，猶有憾」，《釋文》

正作「感」。

爾而

「爾而忘句踐殺女父乎」。念孫案：此當作「而忘句踐殺女父乎」，「而」即「爾」也。定十四年《左傳》作「而忘越王之殺而父乎」，是其證。今作「爾而」者，後人依《五子胥傳》旁記「爾」字，因誤入正文也。董份謂上「爾」字呼之，下「而」字連下，則從爲之辭耳。

齊太公世家

崔杼歸

「崔氏婦自殺，崔杼歸，亦自殺」。念孫案：「歸」上本有「毋」字。「毋」與「無」同。凡《史記》「有無」字多作「毋」。《索隱》本出「崔杼毋歸」四字，注曰：「毋，音無。」襄二十七年《左傳》「至則無歸矣，乃縊」，《吕氏春秋·慎行篇》「崔杼歸，無歸，因而自絞也」，皆其證。宋本「毋」作「無」，而删去《索隱》「毋，音無」之注，今本又脱「無」字。

魯周公世家

一飯三吐哺起以待士

「然我一沐三捉髮，一飯三吐哺，起以待士」。念孫案：此文當有二本，一本作「一飯三起」，一本作「一飯三吐哺」，而後人誤合之也。《太平御覽·人事部》「沐類」「賢類」「禮賢類」「待士類」引此竝作「一飯三起以待士」，而無「吐哺」二字，此一本作「三起」之證也。《後漢書·陳元傳》注引作「一飯三吐哺以待士」，而無「起」字，此一本作「三吐哺」之證也。考諸書所記，言「三起」者則不言「吐哺」，言「吐哺」者則不言「三起」。今既言「吐哺」而又言「起」，則詞意重沓。且一本作「三起」者，本以「一飯三起」爲句，而「以待士」三字則總承上二句言之。今作「一飯三吐哺，起以待士」，則當斷「一飯三吐哺」爲句，而以「起」字下屬爲句。「起以待士」，斯爲不詞矣。

所知

「不干所問，不犯所知」。念孫案：「知」當爲「咨」，聲之誤也。「所問」、「所咨」，皆承上文而言。《周語》正作「所咨」。

哀姜

「文公有二妃，長妃齊女哀姜」。念孫案：《索隱》本「哀姜」上有「爲」字，於義爲長。

衢

「遇孟武伯於衢」。念孫案：「衢」本作「街」，此後人依《左傳》改之也。《索隱》本作「街」，注曰：「有本作『衛』者，非也。《左傳》：『於孟氏之衢。』」案：「街」、「衛」字形相近，故「街」誤爲「衛」。《索隱》引《左傳》「孟氏之衢」者，以明其當作「街」，不當作「衛」，非正文本作「衢」也。若正文本作「衢」，不得誤爲「衛」矣。又案：《爾雅》：「四達謂之衢。」《説文》：「街，四通道也。」則「街」即是「衢」。史公述《春秋傳》，多以詁訓之字相代，後人改「街」爲「衢」，失史公之意矣。

燕召公世家

恫恐

「國大亂，百姓恫恐」。《燕策》作「恫怨」。下文「衆人恫恐」，《燕策》姚本作「恫怨」，鮑本元作「恫恐」，改爲「恫怨」。案：作「恫恐」者是也。作「恫怨」者，後人不曉「恫恐」之義，因據《大雅·思齊篇》改之耳。索隱曰：「恫，痛也。恐，懼也。」念孫案：小司馬分「恫恐」爲二義，非也。「恫」亦「恐」也，與「神罔時恫」之「恫」異義。《蘇秦傳》「秦恐韓魏之議其後也，是故恫疑虚喝，驕矜而不敢進」，小司馬以「恫」爲「恐懼」，是也。「疑」亦「恐」也。或言「恫恐」，或言「恫疑」，其義一也。說見後「洞疑」下。

北迫　内措

「燕北迫蠻貉，内措齊晉」。念孫案：「北」當爲「外」，字之誤也。隸書「外」字或作「外」，見漢《司隷校尉魯峻碑》。形與「北」相近，因誤爲「北」。「外迫」、「内措」相對爲文。「蠻貉」，故言「外」；「齊晉」，爲中國諸侯，故言「内」。若云「北迫」，則與下句不對矣。又索隱曰：「措，交雜也。又作『錯』。劉氏云：『争陌反』。」各本「争陌反」譌作「争錯也」。今據《索隱》單行本訂正。案：劉音是也。措者，迫也。字本作「笮」，《説文》：「笮，迫也。」《小雅・雨無正》箋曰：「甚急笮且危。」或作「筰」，《周官・典同》「侈聲筰」，鄭注曰：「聲迫筰。」又作「迮」，《文選・歎逝賦》注引《聲類》曰：「迮，迫也。」《釋名》曰：「笮，迮也，編竹相連迫迮也。」《史記》《漢書》通作「措」。《漢書・梁孝王傳》：「李太后與争門，措指。」《史記》同。晉灼曰：「『措，置』字，借以爲『笮』耳。」師古曰：「謂爲門扇所笮。」《王莽傳》：「迫措青徐盜賊。」師古曰：「『措』讀與『笮』同。」皆其證也。「外迫蠻貉，内措齊晉」，「措」亦「迫」也。小司馬讀爲「交錯」之「錯」，失之。《風俗通義・皇霸篇》曰：「燕外迫蠻貊，内笮齊晉。」即用《史記》之文。

曹叔世家

如公孫彊不脩厥政叔鐸之祀忽諸

「余尋曹共公之不用釐[一]負羈，乃乘軒者三百人，知唯德之不建。及振鐸之夢，豈不欲引

[一] 釐，《史記》作「僖」。

曹之祀者哉？如公孫彊不脩厥政，叔鐸之祀忽諸。」正義解末二句曰：「至如公孫彊不脩霸道之政，而伯陽之子立，叔鐸猶尚饗祭祀，豈合忽絶之哉？」念孫案：張説甚謬。「如」讀爲「而」。言叔鐸非不欲引曹之祀，而無若公孫彊之不脩國政以致絶祀何也。文五年《左傳》：「臧文仲聞六與蓼滅，曰：『皋陶庭堅，不祀忽諸。德之不建，民之無援，哀哉。』」此云「知唯德之不建」，又云「叔鐸之祀忽諸」，皆用臧文仲語。

宋微子世家

爲死

「今誠得治國，國治身死，不恨。爲死，終不得治，不如去」。念孫案：「爲」猶「如」也。言如身死而國終不治，不如去也。古者或謂「如」曰「爲」。説見《韓策》「縱韓爲不能聽我」下。

爲桮

「彼爲象箸，必爲玉桮，爲桮，則必思遠方珍怪之物而御之矣」。念孫案：「爲桮」亦當作「爲玉桮」。此承上文言之，不當省「玉」字。《羣書治要》引此正作「爲玉桮」。

晉世家

唐叔虞

「唐叔虞者，周武王子而成王弟」。念孫案：「唐」上本有「晉」字，後人以「晉」、「唐」不當竝稱，故删去「晉」字也。今案：昭元年《左傳》「遷實沈于大夏」，「唐人是因，以服事夏、商，其季世曰唐叔虞」，杜注曰：「唐人之季世，其君曰叔虞。」下文「當武王邑姜方震大叔，夢帝謂己『余命而子曰虞』」，注曰：「取唐君之名。」是唐人之季世與周武王子封於唐者，皆謂之「唐叔虞」。而武王子封於唐者，寔爲晉之始祖，故言「晉唐叔虞」以别之。《索隱》本出「晉唐叔虞」四字，注曰：「晉初封於唐，故稱『晉唐叔虞』。」則有「晉」字明矣。

文在其手

「及生子，文在其手曰『虞』」。念孫案：「文」上脱「有」字，當依《左傳》及《鄭世家》補。《初學記》《太平御覽·天部》引《晉世家》皆有「有」字。

有

「尤而效之，罪有甚焉」。念孫案：「有」讀爲「又」。僖二十四年《左傳》作「又」。又《楚世家》：「處既形便，勢有地利。」「有」亦讀爲「又」，「又」與「既」文義相承。又《樂毅傳》：「恐傷先王之明，有害足下之義。」「有」亦讀爲「又」。《燕策》作「傷先王之明，而又害於足下之義」。《廉頗藺相如傳》：「君有勢，我則從君；君無勢，則去。此固其理也，有何怨乎？」「有何怨」之「有」，亦讀爲「又」。《淮陰侯傳》：「項王不居關中而都彭城，有背義帝之約，而以親愛王，諸侯不平。」「有」亦讀爲「又」。《漢書》作「又」。《吴王濞傳》：「大王誠幸而許之一言，則吴王率楚王略函谷關，守滎陽敖倉之粟，距漢兵。治次舍，須大王。大王有幸而臨之，則天下可并。」「有」亦讀爲「又」。凡經傳「又」字多作「有」，説見《釋詞》。

此受次賞

「夫導我以仁義，防我以德惠，此受上賞。輔我以行，卒以成立，此受次賞。矢石之難，汗馬之勞，此復受次賞。若以力事我，而無補吾缺者，此受次賞」。念孫案：上既云「此復受次賞」，則此亦當然。若無「復」字，則文義不明。《太平御覽·治道部》引此正作「此復受次賞」。

楚世家

坼剖

「陸終生子六人，坼剖而産焉」。念孫案：「剖」本作「副」。《大雅・生民篇》「不坼不副」，釋文：「副，孚逼反。」正義曰「坼、副，皆裂也」，引《曲禮》「爲天子削瓜者副之」，是也。後人誤讀「副」爲去聲，遂不得其解，又見《集解》有「簡狄胸剖生契」之語，因改「副」爲「剖」耳。《説文》：「副，判也。籒文作疈。」《太平御覽・人事部》引《史記》作「坼疈而生」，是其明證矣。

越章王

「少子執疵爲越章王」。念孫案：《大戴禮・帝繫篇》「越章」作「戚章」。《索隱》引《世本》作「就章」。「戚」字古聲與「蹵」相近，說見《唐韻正》。而「蹵」從就聲，「蹵然」或爲「蹙然」，「蹵芻」或爲「蹙芻」，見《曲禮》及《漢書・賈誼傳》。則作「戚」者是也。「戚」譌爲「戉」，即今「斧鉞」字。

故又譌爲「越」，猶「甯戚」之譌爲「甯越」矣。見《淮南·道應篇》。

使棄疾殺之

「於是靈王使棄疾殺之」。念孫案：此當作「使疾殺之」。疾，速也。昭四年《左傳》作「王使速殺之」，是其證也。今本「疾」上有「棄」字者，因下文「公子棄疾」而誤。

卑梁

「初吴之邊邑卑梁與楚邊邑鍾離小童争桑」。念孫案：《太平御覽·州郡部》引此，「卑梁」下有「女」字，是也。《吴世家》曰「楚邊邑卑梁氏之處女與吴邊邑之女争桑」，《伍子胥傳》亦曰「兩女子争桑」，《吕氏春秋·察微篇》亦曰「楚邊邑卑梁處女」。

僞謂楚王

「楚威王令齊必逐田嬰，田嬰恐。張丑僞謂楚王曰」。念孫案：「僞」讀曰「爲人謀而不忠」之「爲」，言張丑爲田嬰謂楚王也。古「作爲」之「爲」通作「僞」，故「爲人謀」之「爲」亦通作「僞」。説見《秦策》「蘇代僞爲齊王曰」下。「僞爲」即「爲謂」。

摶其士卒

「盼子復摶其士卒以與王遇，必不便於王矣」。索隱曰：「摶，音『膞』，亦有作『附』讀。」念孫案：「膞」、「附」二音皆非也。「摶」當爲「摶」，字之誤也。「摶」與「專」同。《田完世家》「韓馮摶三國之兵」，集解：「徐廣曰：『摶，音專。專猶并合制領之謂也。』」《吴王濞傳》「燕王摶胡衆入蕭關」，索隱曰：「摶，音『專』。專謂專統領胡兵。」此言「摶其士卒以與王遇」，意亦同也。《齊策》作「整其士卒」，「整」與「摶」意亦相近。作「摶」則非其指矣。

二十年

「二十年，齊湣王欲爲從長」。念孫案：《索隱》本出「二十六年」四字，注曰：「案：下文始言二十四年，又更有二十六年，則此云二十六年，衍字也，當是二十年事。」據此則正文本作「二十六年」，而小司馬以爲當作「二十年」。今本依小司馬改爲「二十年」，則與注内「此云二十六年」之語不合，故又於注首加八字云「俗本或作二十六年」，然後接以「案：下文」云云，甚矣其謬也。

鄒

「鄒、費、郯、邳者，羅鸗也」。念孫案：「鄒」本作「騶」。古多以「騶」爲「鄒」字。《封禪書》：「祠騶嶧山。」《吴世家》：「爲騶伐魯。」《陳杞世家》：「滕、薛、騶，夏、殷、周之閒封也。」《田完世家》「騶忌」、「騶衍」。《孟子傳》：「齊有三騶子。」《韓長孺傳》：「嘗受韓子雜家説於騶田生所。」《漢書·地理志》：「魯國騶，故邾國。」《王吉傳》：「能爲《騶氏春秋》。」又漢有《騶氏二鏡銘》。《造孔廟禮器碑陰》有「騶韋仲卿」。《蕩陰令張遷碑陰》有「騶叔義」。《索隱》本出「騶、費」二字，注曰：「鄒、祕二音。」今本改「騶」爲「鄒」，則小司馬無庸作音矣。下文「塞鄒魯之心」，《孟子傳》「孟軻，鄒人也」，《索隱》本竝作「騶」。《班馬字類》及毛晃《增脩禮部韻略》引《孟子傳》竝作「騶」，宋本同。

必萬之於虎

「若使澤中之麋蒙虎之皮，人之攻之，必萬之於虎」。念孫案：「必萬之於虎」，《索隱》本作「必萬於虎矣」，於義爲長。

越王句踐世家

怨伐

「允常之時，與吳王闔廬戰而相怨伐」。念孫案：「怨伐」二字，義不相屬，諸書亦無以「怨伐」連文者，「伐」字蓋因下文而誤衍也。《文選·鵩鳥賦》注引此無「伐」字。

鎮

「鎮撫國家」。念孫案：「鎮」本作「填」。古多以「填」爲「鎮撫」字。《小雅·采菽篇》「殿天子之邦」，毛傳：「殿，鎮也。」釋文：「鎮，本作填。」《史記·高祖紀》「鎮國家，撫百姓」，《漢書》作「填」。《孝文紀》「填撫諸侯」，《天官書》「填星歲填一宿」，《齊悼惠王世家贊》「大封同姓，以填萬民之心」，《蕭相國世家》「填撫諭告，使給軍食」，《平津侯傳》「宜佐明主，填撫國家」，《太史公自序》「蕭何填撫山西」，字竝與「鎮」同。《索隱》本出「填撫」二字，注曰：「『鎮』音。」今改「填」爲「鎮」，而删去其音，妄矣。

導諛

「吳已殺子胥，導諛者衆」。念孫案：「導諛」即「諂諛」也。或作「道諛」，《莊子·天地篇》

「道諛之人」是也。又曰「謂己道人」，「謂己諛人」。「道人」即「諂人」也。《漁父篇》曰：「希意道言謂之諂。」是「道」與「諂」同義。故《荀子・不苟篇》「非諂諛也」，《賈子・先醒篇》「君好諂諛而惡至言」，《韓詩外傳》竝作「道諛」。「諂」與「導」聲之轉。「諂諛」之爲「導諛」，「臽及」之爲「導及」，《禮書》「臽及士大夫」，《索隱》本作「啗及」，《大戴禮・禮三本篇》作「導及」，《荀子・禮論篇》作「道及」。案：「臽」字當讀爲「覃及鬼方」之「覃」。《集解》本「臽」譌作「函」，辯見《禮書》。「禫服」之爲「導服」，《士虞禮記》「中月而禫」，鄭注「古文禫或爲導。」《喪大記》「禫而内無哭者」，注：「禫，或作道。」《說文》「圅」、「棪」二字竝讀若「三年導服」之「導」。《玉篇》「圅」，他念、他感二切；「棪」，餘冉切。「禫」之或爲「導」，「圅」、「棪」之讀若「導」，其理一也。皆聲轉而字異也。

請成越

「乃使人厚禮以請成越」。念孫案：《文選・答蘇武書》注引此作「請成於越」，今脫「於」字。

不貴　不見

「吾不貴其用智之如目，見豪毛而不見其睫也」。念孫案：此文本作「吾患其用智之如目，見豪毛而不自見其睫也」。祇因「患」譌作「貴」，後人不得其解，遂於「貴」上加「不」字耳。《太平御覽》引此已誤。《大戴禮·曾子立事篇》：「既知之，患其不能行也；既能行之，患其不能以讓也。」今本作「貴其能以讓也」。此亦是「患」譌作「貴」，後人因删去「不」字也。或增「不」字，或删「不」字，皆由不知「貴」爲「患」之譌耳。「不自見其睫」，今本脱「自」字。《太平御覽·人事部七》引此有「自」字。下文曰「今王知晉之失計而不自知越之過」，則有「自」字明矣。《韓子·喻老篇》：「杜子諫楚莊王曰：臣患王之智如目也，今本「患」上有「愚」字，即「患」字之誤而衍者，又脱「王」字。能見百步之外而不能自見其睫。」語意正與此同。

職

「殺人而死，職也」。念孫案：《爾雅》：「職，常也。」言殺人而死，固其常也。《五子胥傳》曰：「事成爲卿，不成而亨，固其職也。」《季布傳》曰：「季布爲項籍用，職耳。」定元年《左傳》曰：「爲宋役，亦其職也。」上文曰：「故我常從宋。」義竝與此同。

鄭世家

是率諸侯

「齊彊，而厲公居櫟，即不往，是率諸侯伐我，内厲公」。念孫案：「是」當爲「且」，字之誤也。即，若也。古謂「若」爲「即」，説見《匈奴傳》。言我若不往，則齊且率諸侯伐我而納厲公也。

甫瑕

「使人誘劫鄭大夫甫瑕」。念孫案：「瑕」本作「假」。《索隱》本出「甫假」二字，注曰：「《左傳》作『傅瑕』。此本多假借，亦依字讀。」是《史記》本作「假」，不得以《左傳》改之也。「瑕」、「假」聲相近，故字亦相通。《淮南・精神篇》「審乎無瑕」，《莊子・德充符篇》「瑕」作「假」。《檀弓》「公肩假」，《漢書・古今人表》作「公肩瑕」。是其證。

娠大叔

「當武王邑姜方娠大叔」。念孫案：上文「成王封叔虞于唐」，《索隱》引此「娠大叔」作「動大叔」。是《史記》舊本本作「動」，而今作「娠」者，後人不解「動」字之義，又以《左傳》作「震」，「震」與「娠」通，故改爲「娠」也。今案：娠、震，皆動也。《爾雅》「娠、震，動也」，郭注曰：「娠猶震也。」《説文》：「娠，女妊身動也。」《春秋傳》曰：『后緍方娠。』哀元年」《漢書・高祖紀》「已而有娠」，應劭曰：「娠，動，懷任之意。」《左傳》曰：『邑姜方娠。』昭元年」今《左傳》作「震」。《大雅・生民篇》「載震載夙」，毛傳曰：「震，動也。」正義曰：「動謂懷任而身動也。」是娠、震皆動也，《周本紀》曰「身動如孕者」是也。凡史公述《尚書》《春秋傳》，多以詁訓之字相代，此言「方動大叔」，亦是以「動」代「震」也。至小司馬述本書之文，例不以詁訓之字相代，若本書作「娠」，小司馬無緣改爲「動」也。後人不知古訓而輒改爲「娠」，失史公之意矣。

趙世家

五世而生趙夙

「自叔帶以下，趙宗益興，五世而生趙夙」。念孫案：「生」當爲「至」。言自叔帶以至趙夙，凡五世也。上文云「自造父已下，六世至奄父」，即其證。「至」與「生」草書相似，又涉上文

「奄父生叔帶」而誤。《太平御覽・封建部三》引此正作「至」。

諸大夫朝

「諸大夫朝，徒聞唯唯，不聞周舍之鄂鄂」。念孫案：《文選・辯亡論》注引此「朝」上有「在」字，於義爲長。

城不浸

「引汾水灌其城，城不浸者三版」。念孫案：「浸」當爲「没」，字之誤也。《文選・辯亡論》注、《太平御覽・治道部》引此竝作「没」。《魏世家》作「湛」，與「沈」同。「湛」亦「没」也。《秦策》及《韓子・難篇》竝作「沈」。《説苑・權謀篇》作「没」。《趙策》作「沈」，又作「没」。

異日

「異日，王飲酒樂，數言所夢，想見其狀」。念孫案：「異日」之文與上「他日」相複，「異日」本作「旦日」，字之誤也。「旦日」謂夢見美女之明日也。《漢書・高祖紀》注：「旦日，明日也。」夜夢美女鼓琴而歌，故明日數言所夢而想見其狀，不待異日也。舊本《北堂書鈔・樂部二》引此正作「旦日」。陳禹謨依俗本改爲「異日」。《太平御覽·樂部八》同。

序往古之勳

「用力少而功多，可以毋盡百姓之勞，而序往古之勳」。正義曰：「厚，重也。」念孫案：張所見本作「厚往古之勳」，故訓「厚」爲「重」。今案：「厚」與「序」文義皆有未安。當依《趙策》作「享往古之勳」，字之誤也。漢《荊州刺史度尚碑》「厚」字作「𠩺」，《三公山碑》作「𠩺」，竝與「享」相似。享，受也。見僖二十三年《左傳》注、《晉語》注。言不勞百姓而坐受往古之功也。

禮也　不必古

「故禮也不必一道，而便國不必古」。念孫案：此當依《趙策》作「理世不必一道，今本《趙策》「理」字亦譌作「禮」，姚本云：「一作理。」而便國不必法古」。理世，治世也。不必法古，即承上文「何古之法」而言。《商君傳》亦云「治世不一道，便國不法古」。今本「理世」譌作「禮也」，隸書「世」、「也」相似，《太史公自序》「强弱之原云以世」，徐廣曰：「一作『云已也』。」「古」上又脱「法」字，則文不成義。

奇行

「且服奇者志淫，則是鄒魯無奇行也；俗辟者民易，則是吴越無秀士也」。《索隱》解上二句曰：「鄒魯好長纓，是奇服也。服非其志，皆淫僻也。而有孔門顔、冉之屬，豈是無奇行哉？」念孫案：「服奇」「奇行」兩「奇」字，皆讀爲「奇衺」之「奇」。《周官·宫正》「奇衺之民」，鄭注：「奇衺，譎觚非常。」《閽人》「奇服怪民」，注：「奇服，衣非常。」此言服正者志未必正，服奇者志未必淫。若謂服奇者志必淫，則是鄒魯之士儒冠儒服，必無奇衺之行也。中國未必無莠民，蠻夷未必無俊民。若謂俗辟者民必易，則是吴越風俗邪辟，必無秀異之士也。小司馬誤以「奇行」爲「善行」，故所説皆非。

鴟之塞

「攻取丹丘、華陽、鴟之塞」。正義曰：「徐廣曰：『鴟，一作鴻。』鴻上故關今名鴻〔一〕城，在定州唐縣東北六十里，本晉鴻上關城也。又有鴻上水，源出唐縣北葛洪山，接北岳恒山，與

〔一〕鴻，《史記》作「汝」。

鴻上塞皆在定州。」念孫案：如《正義》則「鴟之」二字乃是「鴻上」之譌。「鴻」與「鴟」草書相近，「之」本作「㞢」，與「上」字亦相近，故「鴻」譌作「鴟」，劉晝《新論·通塞篇》「快若輕鴻之汎長風」，今本「鴻」譌作「鴟」。「上」譌作「之」耳。《水經·滱水注》曰：「滱水又東流歷鴻山，世謂是處爲『鴻頭』，疑即《晉書地道記》所謂『鴻上關』者也。關尉治北平，而畫塞於望都，東北去北平不遠，兼縣土所極也。滱水於是左納鴻上水，水出西北近谿，東南流注於滱水也。」以上《水經注》。「鴻上關」即「鴻上塞」，故水亦有「鴻上」之名，今保定府唐縣西北七十里有「鴻城社」，即《正義》所云「鴻上故關，今名鴻城」者也。

主父開之

「公子章之敗，往走主父，主父開之」。索隱曰：「開謂開門而納之。俗本亦作『聞』字者，非也。譙周及孔衍皆作『閉之』，閉謂藏之也。」《正義》本作「閉之」，云：「謂容其入宮閉藏也。」念孫案：此「閉」誤爲「開」，「開」又誤爲「聞」也。不言「開門納之」，而但言「開之」，則文義不明，當從《正義》本作「閉之」爲是。《列女傳·孽嬖傳》亦作「閉之」。

上佼

「齊之事王，宜爲上佼，而今乃抵罪」。索隱曰：「佼，猶行也。」念孫案：小司馬説非也。「佼」與「交」同。《説文》：「佼，交也。」《管子·形勢篇》：「烏集之佼，雖善不親。」《形勢解篇》曰：「與人佼多詐僞，無情實，偷取一切，謂之烏集之佼。」《七臣七主篇》曰：「好佼友而行私請。」又《明法篇》「民務交而不求用」，《明法解篇》「交」作「佼」。上交，上等之交也。言齊之事王如此，當爲王之上交，而今反觸罪也。《趙策》作「宜爲上交」，又曰「秦與韓爲上交」「秦與梁爲上交」，皆其證。

入之秦

「入之秦，不聽主令」。念孫案：「入之秦」當作「主入之秦」，謂韓王入上黨於秦而馮亭不聽也。脱去「主」字，則文義不明。《趙策》作「主内之秦，不順主命」，是其證。

趙氏

「趙氏壯者皆死長平」。念孫案：「氏」當爲「民」，字之誤也。《燕世家》及《燕策》皆作「民」。

魏世家

無忌

「無忌謂魏王曰」。楊倞注《荀子·彊國篇》引此，「無忌」作「朱忌」。念孫案：作「朱忌」者是也。作「無忌」者，後人以意改之耳。《史記》他篇中或稱「信陵君」，或稱「魏公子無忌」，或稱「魏將無忌」，其但稱「無忌」者，則承上文而言。今「無忌」之名，不見於上文，上文「范痤上書信陵君」，但稱「信陵君」，不稱「無忌」。而忽云「無忌謂魏王曰」，則文義不明。假如平原君名勝，「勝」字未見於上文，而忽云「勝謂趙王曰」，其可乎？且下文稱「信陵君無忌矯奪晉鄙兵」，而此但稱「無忌」，則是詳於後而略於前，於理尤不可通。《魏策》作「朱己謂魏王曰」，「己」、「忌」古同聲，《鄭風·大叔于田》箋：「『忌』讀如『彼己之子』之『己』。」則《史記》之本作「朱忌」甚明。楊倞引作「朱忌」，則唐時本尚未誤。鮑彪注《魏策》云「朱己，《史》作『無忌』」，《大事記》謂「信陵之言，深切綜練」，皆爲俗本所惑。

交彊秦魏之兵

「今韓氏以一女子奉一弱主，内有大亂，外交彊秦、魏之兵，王以爲不亡乎」。念孫案：「交」當爲「支」，字之誤也。隸書「交」字或作「攴」，形與「支」相近。言韓不能支秦、魏之兵也。《魏策》作「外安能支强秦、魏之兵」，是其證。

與彊秦鄰之禍　天時

「王速受楚、趙之約，趙挾韓之質以存韓，而求故地，韓必效之。此士民不勞而故地得，其功多於與秦共伐韓，而又與彊秦鄰之禍也。夫存韓安魏而利天下，此亦王之天時已」。念孫案：「與彊秦鄰之禍」當從《魏策》作「無與彊秦鄰之禍」。此言魏與秦伐韓，以求故地，韓亡則魏與秦鄰而受其禍，今魏存韓而求故地，則故地不勞而得，且韓存則魏無與秦鄰之禍，故曰「其功多於與秦共伐韓，而又無與彊秦鄰之禍也」。「天時」當從《魏策》作「大時」，言存韓安魏而利天下，王之時莫大於此也。《秦策》曰「今攻齊，此君之大時也」，是其證。

韓世家

不如出兵以到之　公待秦而到　施三川而歸

「楚圍雍氏，韓求救於秦。秦未爲發，使公孫昧入韓。公仲曰：『子以秦爲且救韓乎？』對曰：『秦王之言曰「請道南鄭、藍田，出兵於楚以待公」，殆不合矣。』公仲曰：『子以爲果乎？』對曰：『秦王必祖張儀之故智。楚威王攻梁也，張儀謂秦王曰：「與楚攻魏，魏折而入於楚，韓固其與國也，是秦孤也。今本「秦孤」誤作「孤秦」，茲據宋本、游本及《韓策》改。下文曰「是齊孤也」，《楚世家》曰「是楚孤也」，文義竝與此同。不如出兵以到之，魏楚大戰，秦取西河之外以歸。」今其狀陽言與韓，其實陰善楚。公待秦而到，必輕與楚戰。楚陰得秦之不用也，必易與公相支也。公戰而勝楚，遂與公乘楚，施三川而歸。公戰不勝楚，楚塞三川守之，下「楚」字疑衍，此謂秦塞三川而守之，非謂楚也。《韓策》無下「楚」字。公不能救也。』」《索隱》解「不如出兵以到之」曰：「到，欺也，猶俗云『張到』。然《戰國策》作『勁』，勁，强也。」念孫案：小司馬訓「到」爲「欺」，而引俗語「張到」爲證，甚屬無稽，且與下文「公待秦而到」之語不合。其引《韓策》作「勁」，而訓爲「强」，是也。出兵以勁之者，陽爲助魏，而實以虛聲勁之也。魏恃秦而勁，必與楚戰，楚、魏相搏，秦因取西河之外以歸，故《韓策》曰：「魏氏勁，威王怒，楚與魏大戰，秦取西河之外以歸也。」《秦策》記此事曰：「楚攻魏。張儀謂秦王曰：『不如與魏以勁之。』」則作「勁」者是也。高注曰：「勁，彊也。」《東周策》曰：「秦知趙之難與齊戰也，將恐齊、趙之合也，必陰勁之。」《楚策》曰：「三國惡楚之强也，恐秦之變而聽楚也，必深攻楚以勁秦。」《韓策》曰：「故王不如令韓中立以攻齊，王言救魏以勁之。」竝與此「勁」字同義。下文「公待秦而到」，亦當依《韓策》作「公恃秦而勁」，謂韓恃秦而勁，必與楚戰，《楚策》曰：「趙恃楚而勁，必與魏戰。」勝則秦與韓乘楚，施三川而歸，不勝則秦塞三川而守之，韓不能救也。凡隸書從「力」之字，或譌從「刀」，故「功」譌作「切」，漢《衛尉衡方碑》：「剋亮天切。」「勴」譌作「劚」，「劫」譌作「刦」。從「巠」之字，或書作「坙」，因譌而爲「至」，故「痙」譌作「痓」，《大荒南經》「大荒之中有山，名曰去痙」，郭音「風痙」之「痙」，今本譌作「痓」。凡醫書内「痙」字多如此作。「輕」譌作「輊」。《楚辭・九辯》「前輕輬之鏘鏘兮」，今本「輕」譌作「輊」。「力」與「刀」，「坙」與「至」，形竝相似，故「勁」譌作「到」。《西周策》「楚、宋不利秦之聽三國也，彼且攻王之聚以勁秦」，鮑彪本「勁」譌作「到」，正與此同也。說見《西周策》「到秦」下。又正義解「施三川而歸」曰：「施猶設也。三川，周天子都也。言韓戰勝楚，則秦與韓駕御於楚，即於天子之都，張設救韓之功，行霸王之迹，加威諸侯，乃歸咸陽也。」念孫案：張說甚謬。「施」讀爲「移」。移，易也。言與韓乘楚，而因易三川以歸也。《韓策》作「易三川而歸」，是其明證矣。《田完世家》

曰：「請與韓地，而王以施三川。」《蔡澤傳》曰：「利施三川，以實宜陽。」《秦策》同。張訓「施」爲「展」，亦非。義竝與此同。「施」與「移」古同聲而通用。《管子・國蓄篇》「今君鑄錢立幣，民庶之通施也」，《輕重甲篇》「施」作「移」。《荀子・儒效篇》「充虛之相施易也」，《漢書・衛綰傳》「劒，人之所施易」，「施」字竝讀爲「移」。「施」又音「以豉反」，亦與「移」通。《大傳》「絶族無移服」，《喪服傳》「移」作「施」，釋文竝以豉反。《莊子・人間世篇》「哀樂不易施乎前」，崔譔云：「施，移也。音以豉反。」

田敬仲完世家

粟予民

「其收賦税於民，以小斗受之。其粟予民，以大斗」。念孫案：「粟予民，以大斗」，文不成義。「粟」當爲「稟」，音彼錦、力錦二反。「稟予」，猶「給予」也。謂以小斗收之而以大斗給之也。《説文》：「稟，賜穀也。」《廣雅》曰：「稟，予也。」《漢書・文帝紀》：「吏稟當受鬻者。」顔師古曰：「稟，給也。」《中庸》「既廩稱事」，《釋文》「廩」作「稟」。彼錦反，一本「又力錦反」。《管子・五行篇》「大常察乎地利，故使爲廩者」，尹知章曰：「廩，給也。」「廩」與「稟」古同聲而通用。今本「稟」作「粟」者，「稟」、「粟」隸書相似，漢《楚相孫叔敖碑》「葬枯稟乏」，「稟」作「稟」。《郃陽令曹全碑》「以家錢糴米粟」，「粟」作「粟」。二形相似。又涉下文「請粟」而誤耳。《太平御覽·器物部》引《史記》作「廩」，是其證。

毀言　譽言

「自子之居即墨也，毀言日至」，又下文：「自子之守阿，譽言日聞。」念孫案：兩「言」字皆後人所加。毀、譽皆言也，無庸更加「言」字。舊本《北堂書鈔·封爵部下》《刑法部下》、陳禹謨本竝依俗本加「言」字。《藝文類聚·治政部上》、《太平御覽·封建部一》《職官部六十四》《治道部四》《刑部十一》引此皆無兩「言」字，《通典·職官十五》同。唯《通鑑·周紀一》作「毀言日至」「譽言日至」，則所見《史記》本已有兩「言」字矣。

春温

「夫大弦濁以春温者，君也」。念孫案：「濁以春温」，文不成義。《索隱》本出「大弦濁以温者，君也」八字，注云：「案：《春秋後語》『温』字作『春』。春氣温，義亦相通也。」據此則小司馬本無「春」字，今本作「春温」者，一本作「温」，一本作「春」，而後人誤合之耳。《太平御覽·人事部》引此作「春」，從別本也。陳祥道《禮書》引作「春温」，則所見本已誤。

醳之愉

「攫之深、醳之愉者，政令也」。集解：「徐廣曰：『一作舒。』」索隱曰：「醳，音『釋』，《史記》「釋」字多作「醳」。與下文『舍』字竝同。愉，音『舒』。」念孫案：徐云一作「舒」者，謂「醳」一作「舒」，非謂「愉」一作「舒」也。「醳之愉」下文作「舍之愉」，而「舍」字古讀若「舒」，《說文》：「舒，從予，舍聲。」《小雅·何人斯篇》「亦不遑舍」，與「車」「盱」爲韻。《左氏春秋·哀六年》「齊陳乞弒其君荼」，《釋文》音「舒」，《公羊》「荼」作「舍」。《史記·律書》：「舍者，日月所舍。舍者，舒氣也。」《聘禮記》「發氣焉盈容」，鄭注：「發氣，舍氣也。」「舍氣」即「舒氣」。「醳」通作「舍」，故又通作「舒」。若「愉」字，古音在侯部，「舒」字古音在魚部，兩字絕不相通，故書傳中「愉」字無通作「舒」者，而字書、韻書「愉」字亦無「舒」音。《索隱》之「愉音舒」當作「愉音俞」。《淮南·本經篇》注曰：「愉，和也。」「攫之深、醳之愉」，喻政令之寬猛相濟。今作「音舒」者，即因《集解》內「舒」字而誤。

孔子世家

三人行

「三人行，必得我師」。念孫案：「三人行」本作「我三人行」。今本無「我」字者，後人依俗本《論語》刪之也。何晏《注》、皇侃《義疏》、《經典釋文》《唐石經》、邢昺《疏》皆有「我」字。説見《石經考文提要》。《集解》引何注言「我三人行」，則《史記》原文亦有「我」字，當補入。

景行行止

「《詩》有之：高山仰止，景行行止」。念孫案：宋本「行止」作「行之」，王應麟《詩攷》引此亦作「行之」。今本仍作「行止」者，後人依《詩》文改之也。案：《小雅·車舝》釋文曰：「『仰止』，本或作『仰之』。」又《表記》引《詩》「高山仰止，景行行止」，釋文曰：「『仰止』，本或作『仰之』。『行止』，《詩》作『行之』。」是陸本《毛詩》上句作「止」，下句作「之」也。《詩正義》曰「仰之」、「行之」，則上下句皆作「之」，未可輒據今本《毛詩》以改《史記》也。《三王世家》載武帝《制》曰：「高山仰之，景行嚮之，朕甚慕焉。」雖「嚮」與「行」異文，而上下句亦皆作「之」。

陳涉世家

次近所旁

「又閒令吴廣之次近所旁叢祠中」。《索隱》本無「近」字。念孫案：「近」即「所」字之誤而衍者也。「次所」，謂戍卒止次之所也。其旁有叢祠，故曰「次所旁叢祠」，加一「近」字，則文不成義矣。《漢書》亦無「近」字。

伍徐

「銍人伍徐」。徐廣音義曰：「徐，一作逢。」《漢書·陳勝傳》作「五逢」。引之曰：「徐」與「逢」聲不相近，「徐」當爲「逄」，字之誤也。《説文》：「逄，讀若蠭。」「逄」與「逢」聲相近，故字相通。趙氏雲崧《廿二史劄記》謂《漢書》改「徐」爲「逢」，非也。

外戚世家

寒卧岸下

「爲其主入山作炭，寒卧岸下百餘人」。念孫案：「寒」當從《漢書》作「暮」，字之誤也。《太平御覽·火部》引《史記》亦作「暮」。

奇兩女

「臧兒卜筮之，曰兩女皆當貴，因欲奇兩女」。索隱曰：「奇者，異之也。《漢書》作『倚』。倚者，依也。」念孫案：「奇」即「倚」字也。《説卦傳》「參天兩地而倚數」，釋文：「倚，蜀才作奇。」《周官·大祝》「奇𢷤」，杜子春云：「或云『奇』讀曰『倚』。」是「倚」與「奇」通也。顔師古曰「冀其貴而依倚之得尊寵」，是也。小司馬訓「奇」爲「異」，失之。

身貌

「視其身貌形狀」。念孫案：古書無以「身貌」二字連文者，「身」當爲「體」，俗書作「軆」，因脱其右半耳。《藝文類聚·人部》、《初學記·中宮部》、《太平御覽·皇親部》《人事部》引此竝作「體貌」。宋玉《登徒子好色賦》曰:「體貌閑麗。」《漢書·五行志》曰:「體貌不恭。」

蕭相國世家

乃令蕭何

「於是乃令蕭何賜帶劒履上殿,入朝不趨」。念孫案:「蕭何」下脱去「第一」二字,當依《漢書》《漢紀》補。上文是羣臣以爲曹參位次當居第一,而高祖及鄂千秋皆以爲蕭何當第一。此處若不言「蕭何第一」,則上文全無收束矣。「蕭何第一」爲一事,「賜帶劒履」云云,又爲一事。《太平御覽·治道部》引《史記》正作「乃令蕭何第一」。

曹相國世家

東阿

「北救東阿」。念孫案:「阿」上本無「東」字,此後人依《漢書》加之也。東阿故城在今陽穀縣東北，本戰國時阿邑，《田完世家》所謂「齊威王烹阿大夫」者也。漢始置東阿縣，故《史記》中或謂之「阿」，或謂之「東阿」。《索隱》本出「北救阿」三字，注云「阿即東阿也」。《正義》曰：「今濟州東阿也。」則正文内無「東」字甚明，今本既加「東」字，又删去注内「阿即東阿也」五字，其失甚矣。《絳侯世家》「擊秦軍阿下」，亦不稱「東阿」。

如齊故俗諸儒以百數

「參盡召長老諸生，問所以安集百姓，如齊故俗諸儒以百數，言人人殊」。念孫案：「如齊故俗諸儒以百數」，本作「如齊故諸儒以百數」。「齊故諸儒」四字連讀，「如」與「而」同，言參問所以安集百姓，而齊之故儒以百數，言人人殊也。《漢書》作「而齊故諸儒以百數」，是其明證矣。今本《史記》「故」下有「俗」字者，後人不知「如」與「而」同，而以「如齊故」三字連讀，遂於「故」下加「俗」字，謂參之治齊，欲如其故俗，不事更張也。不知參問政於諸儒，而諸儒言人人殊，未知所定，及蓋公教以清静無爲，然後用黄老之術，而齊國大治。若參之治齊，本欲行所無事，則不待蓋公教之矣。皆由不知「如」之讀爲「而」，故文義失而句讀亦舛也。

顜若畫一

「蕭何爲法，顜若畫一」。集解：「徐廣曰：『顜音古項反，一音較。』古岳反」《索隱》本「顜」作「覯」，注曰：「《漢書》作『講』。文穎云『講，一作較』。案：訓『直』，又訓『明』，言法明直若畫一也。覯音講，亦作『講』。小顏云：『講，和也。』」單行本如是，今本《史記》「覯」譌作「顜」，故注文亦有改竄。念孫案：《集韻・上聲三》：「講、顜，古項切。明也，和也，直也。《史記》『顜若畫一』，或作『覯』，通作『講』。」又《入聲四》：「覺、顜，訖岳切。明也，和也。《史記》『顜若畫一』，或作『覯』，通作『較』。」《集韻》兩引《史記》，竝云「或作『覯』」，與小司馬本同。而《說文》《玉篇》《廣韻》皆無「顜」字，則「顜」即「覯」之譌也。《集解》同。凡從見之字，隸書或譌從頁。《周官・大宗伯》「殷覜曰視」，今俗本譌作「頫」。故「覯」譌作「顜」。「覯」從冓聲而讀若「港」，猶「講」從冓聲而讀若「港」也。「覯」從冓聲而讀若「角」，猶「斠」從冓聲而讀若「角」也。見《說文》。或謂「顜」爲「斠」之譌，非也。《說文》「斠，平斗斛也」，即《月令》「角斗甬」之「角」，與此義不同。且「斠」字從斗，「斗」與「頁」形不相近。若本是「斠」字，無緣譌爲「顜」也。《漢書》一本作「較」，「較」與「覯」聲亦相近。

留侯世家

直墮其履汜下

今本及《漢書·張良傳》「汜」字皆作「圯」，乃後人所改，劉攽、宋祁已辯其誤。

「良嘗閒從容步游下邳汜上，有一老父，衣褐，至良所，直墮其履汜下，顧謂良曰：『孺子，下取履！』」索隱曰：「崔浩云『直猶故也』，亦恐不然。直言正也，謂至良所正墮履。」念孫案：老父墮其履於橋下，而使良取之，欲以觀其能忍與否耳。如小司馬説，則是墮履出於無意，失其指矣。但崔浩訓「直」爲「故」，望文生義，於古亦無據。案：「直」之言「特」也。謂特墮其履於橋下，而使良取之也。《韓詩外傳》：「客謂匱生曰：『臣里母相善婦，見疑盜肉。其姑去之。恨而告於里母，里母曰：「安行，今令姑呼女。」即束緼請火去婦之家，曰：「吾犬争肉相殺，請火治之。」姑乃直使人追去婦還之。』」此「直」字與「直墮其履」之「直」同義，亦謂特使人追還之也。《史記·梁孝王世家》「平王襄直使人開府取罍樽賜任王后」，亦謂特使人取罍樽賜之也。「直」與「特」古同聲而通用。《祭義》曰：「參直養者也，安能爲孝乎？」文十一年《穀梁傳》曰：「不言帥師而言敗，何也？直敗一人之辭也。」《孟子·梁惠王篇》曰：「直不百步耳，是亦走也。」《莊子·德充符篇》曰：「某也直後而未往耳。」《齊策》曰：「衍非有怨於儀，直所以爲國者不同耳。」義竝與「特」同。《呂氏春秋・忠廉篇》「特王子慶忌爲之賜而不殺耳」，高誘注曰：「特，猶直也。」《鄘風・柏舟篇》「實維我特」，《韓詩》「特」作「直」。《史記・叔孫通傳》「吾直戲耳」，《漢書》「直」作「特」。

具以酈生語告於子房曰何如

「張良從外來謁。漢王方食，曰：『子房前！客有爲我計橈楚權者。』具以酈生語告於子房，曰：『何如？』」念孫案：此當從宋本作「具以酈生語告句，曰句『於子房何如句』」。「於子房何如」者，猶言子房以爲何如也。《齊策》：「王斗曰：『斗趨見王，爲好勢；王趨見斗，爲好士。於王何如？』」言王以爲當何如也。《趙策》：「趙王謂虞卿曰：『今者平原君爲魏請從，寡人不聽。其於子何如？』」言子以爲何如也。《史記・叔孫通傳》：「二世召博士諸儒生問曰：『楚戍卒攻蘄入陳，於公如何？』」《漢書》作「於公何如」。《吴王濞傳》：「上問袁盎曰：『今吴楚反，於公何如？』」皆謂公以爲何如也，語意正與此同。《漢書・張良傳》作「具以酈生計告良，曰『於子房如何』」，《新序・善謀篇》作「具以食其言告之，曰『其於子房意如何』」，皆其明證矣。後人不解「於子房何如」之語，遂移「於子房」三字於「告」字之下，而讀「具以酈生語告於子房」爲一句。不知稱「子房」者，乃高祖之語，若史公記事之詞，則當稱「張良」，不當稱「子房」也。弗思甚矣。

釋箕子之拘

「武王入殷，表商容之閭，釋箕子之拘，封比干之墓」。念孫案：「釋箕子之拘」，本作「式箕子之門」。今本「式」作「釋」、「門」作「拘」者，後人據《禮記》《逸周書》《荀子》及東晉《古文尚書》改之也。不知他書作「釋箕子之囚」，此獨作「式箕子之門」。《吕氏春秋·慎大篇》曰：「武王封比干之墓，靖箕子之宫，高注：「清淨其宫以異之。」表商容之閭，士過者趨，車過者下。」《淮南·道應篇》曰：「武王封比干之墓，表商容之閭，柴箕子之門。」高注：「柴，護之。」二書説武王禮箕子之事，與此文相近也。下文曰：「今陛下能封聖人之墓，表賢者之閭，式智者之門乎？」「封聖人之墓」，即封比干之墓；「表賢者之閭」，即表商容之閭；「式智者之門」，即式箕子之門。若作「釋箕子之拘」，則與下文不合矣。徐廣《音義》曰：「釋，一作式。拘，一作因。」案：「拘，一作因」，當爲「拘，一作門」。蓋徐氏所見有二本，一作「釋箕子之拘」，一作「式箕子之門」也。今本則又改「門」爲「囚」矣。而「釋，一作式」，「式」字尚未改，則古本猶可考見也。《漢書·張良傳》《新序·善謀篇》竝作「式箕子之門」。師古曰：「式，亦表也。一説至其門而撫車式，所以敬之。」

并葬黄石冢

「留侯死，并葬黄石冢」。念孫案：「并葬黄石」下不當有「冢」字，此涉下文「上冢」而誤衍也。《漢書》作「并葬黄石」，《藝文類聚·地部》、《太平御覽·時序部·臘類》及《地部》引《史記》亦作「并葬黄石」，《初學記·歲時部》引作「并黄石葬」，《御覽·時序部·伏類》引作「并黄石葬之」，皆無「冢」字。

陳丞相世家

長美色

「平爲人長美色」。念孫案：當從《漢書》作「長大美色」，下文人謂陳平何食而肥，「肥」與「大」同義，若無「大」字，則與下文義不相屬。《太平御覽·飲食部》引《史記》正作「長大美色」。

攻下殷王

「漢王攻下殷王」。念孫案：「殷」下「王」字涉上文「殷王」而誤衍也。「攻下殷」者，謂攻下殷國。《項羽紀》：「立司馬卬爲殷王，王河内，都朝歌。」「殷」下不當有「王」字，下文「項王怒，將誅定殷者將吏」，亦但言「殷」，不言「殷王」也。《太平御覽・珍寶部》引此無「王」字，《漢書》亦無。

監護軍長者

「諸將盡讙，曰：『大王一日得楚之亡卒，未知其高下，而即與同載，反使監護軍長者！』」念孫案：「長者」諸將自謂，猶言使之監護我等也。「監護」下不當有「軍」字，此因上文「典護軍」而衍，《漢書》《漢紀》皆無「軍」字。

顧大王用之

「誠臣計畫有可采者，顧大王用之」。念孫案：「顧」當依《漢書》作「願」，草書之誤也。

絳侯世家

吏事

「文帝既見絳侯獄辭，乃謝曰：『吏事方驗而出之。』」念孫案：此當作「吏方驗而出之」，不當有「事」字。蓋古文「事」字作「㕝」，與「吏」相似，故「吏」誤爲「事」。今本作「吏事」者，一本作「吏」，一本作「事」，而後人誤合之耳。《漢書·周勃傳》無「事」字。

恨

「自竇長君在時，竟不得侯，死，吾甚恨之」。念孫案：恨，悔也。《商君傳》曰：「寡人恨不用公叔痤之言也。」《范雎傳》曰：「使臣卒然填溝壑，君雖恨於臣，無可奈何。」《鼂錯傳》曰：「公言善，吾亦恨之。」《李將軍傳》曰：「將軍自念，豈嘗有所恨乎？」《漢書》同。師古曰：「恨，悔也。」義竝與此同。

三王世家

極臨　西湊

「極臨北海，西湊月氏」。念孫案：極，遠也。言遠臨北海也。《楚辭·九歌》「望涔陽兮極浦」，王注曰：「極，遠也。」《廣雅》同。「湊」當爲「溱」，故《正義》音「臻」而訓爲「至」。《漢書·王褒傳》「萬祥畢溱」，《谷永傳》「暴風三溱」，《王莽傳》「聖瑞畢溱」，師古竝云「溱」與「臻」同。作「湊」者，字之誤耳。《班馬字類·十九臻韻》有「湊」字，引《史記》「西湊月氏」，音「臻」，則所見本已誤。

俷

「毋俷德」。集解：「徐廣曰：『俷，一作菲。』」念孫案：「俷德」本作「菲德」，徐廣《音義》本作「菲，一作俷」，今本「菲」作「俷」、「俷」作「菲」者，皆後人依下文褚先生語改之也。《索隱》本出「無菲德」三字，注曰：「蘇林云：『菲，廢也。』本亦作俷，俷，敗也。』孔文祥云：『菲，薄也。』《漢書》作『棐』。」今改正文作「俷」，則與《索隱》本「亦作俷」之語不合，且正文本作

「菲」，故孔文祥訓爲「薄」，若作「俷」，則當訓爲「敗」，訓爲「背」，不得訓爲「薄」矣。又下文褚先生曰「誡燕王以無俷德」，索隱曰：「案：上策云『作菲德』，下云『勿使王背德也』，則俷當音扶味反。」據此則下文自作「俷」，此文自作「菲」，不得據彼以改此明矣。

史記弟四

伯夷列傳

可謂善人者非邪

「若伯夷、叔齊，可謂善人者非邪」。《索隱》本作「可謂善人者邪，抑非也」，注曰：「若夷、齊之行如此，可謂善人者邪，又非善人者邪？」念孫案：《淮南王傳》曰：「公以爲吴興兵是邪，非也？」《貨殖傳》曰：「豈所謂素封者邪，非也？」語意竝與此同。疑《索隱》本是原文，而今本爲後人所改也。《老子》曰：「是以侯王自謂孤寡不穀，此其以賤爲本邪，非乎？」語意亦相似。

跖

「盜跖日殺不辜」。《索隱》本「跖」作「蹠」，注曰：「『蹠』及注作『跖』，竝音之石反。」據此，則正文本作「蹠」，《集解》内當有「蹠，一作跖」之語，故云「『蹠』及注作『跖』，竝音之石反」也。今本正文作「跖」，又脱去《集解》，則與《索隱》不合，乃或改其文曰：「『蹠』與『跖』同，竝音之石反。」斯爲謬矣。《正義》述正文亦作「蹠」字。

老子韓非列傳

姓李氏名耳字伯陽謚曰聃

「姓李氏，名耳，字伯陽，謚曰聃」。念孫案：史公原文本作「名耳，字聃，姓李氏」，今本「姓李氏」在「名耳」之上，「字聃」作「字伯陽，謚曰聃」，此後人取神僊家書改竄之耳。案：《索隱》本出「名耳，字聃，姓李氏」七字，注云：「案：許慎云『聃，耳曼也』。故名耳，字聃。有本字伯陽，非正也。老子號伯陽父，此傳不稱也。」據此則唐時本已有作「字伯陽」者，而小司馬引《説文》以正之，取古人名字相配之義，而不從俗本，其識卓矣。又案：《經典釋文·序録》曰：「老子者，姓李，名耳，字伯陽，《史記》云字聃。」《文選·征西官屬送於陟陽候詩》注引《史記》曰：「老子字聃。」《遊天台山賦》注及《後漢書·桓帝紀》注竝引《史記》曰：「老子名耳，字聃，姓李氏。」則陸及二李所見本竝與小司馬本同，而今本云云，爲後人所改竄明矣。又案：《文選·反招隱詩》注引《史記》曰「老子名耳，字聃」，又引《列僊傳》曰「李耳字伯陽」。然則「字伯陽」乃《列僊傳》文，非《史記》文也。若史公以老子爲周之伯陽父，則不當列於管仲之後矣。

始秦與周合而離離五百歲而復合合七十歲而霸王者出焉

「始秦與周合而離，離五百歲而復合，合七十歲而霸王者出焉」。念孫案：此當從宋本作「始秦與周合，合五百歲而離，離七十歲而霸王者出焉」，今本「離」「合」與宋本相反，此後人依《周》《秦》本紀改之也。《索隱》本出「始秦與周合，合五百歲而離」十一字，今本脱一「合」字，據宋本《史記》補。注曰：「案：周、秦二《本紀》竝云『始周與秦國合而别，别五百載又合，合七十歲而霸王者出』，與此傳離合正反。」蓋周、秦二《本紀》皆言「離五百歲而復合」，此言「合五百歲而離」，故云「離」、「合」正反。若此文與周、秦《本紀》同，則何相反之有？

離辭

「然善屬書離辭，指事類情」。正義曰：「離辭，猶分析其辭句也。」念孫案：「離辭」，陳辭也。昭元年《左傳》「楚公子圍設服離衛」，杜注曰：「離，陳也。」是其證。枚乘《七發》云「比物屬事，離辭連類」，亦與此同。

迺自以爲也故說者與知焉

「彼顯有所出事，迺自以爲也故句說者與知焉，則身危」。念孫案：此當以「迺自以爲也故」爲句，「說者與知焉」爲句。爲，成也。《晉語》「黍不爲黍，稷不爲稷」，韋注：「爲，成也。」《淮南・本經篇》「五穀不爲」，高注：「不爲，不成也。」《孟子・萬章篇》「莫之爲而爲者，天也」，言莫之爲而成也。《韓策》「烏不爲烏，鵲不爲鵲」，言不成烏，不成鵲也。「也」讀爲「他」。他故，他事也。《周官・占人》「以八卦占筮之八故」，鄭注：「八故，謂八事。」襄二十六年《左傳》「問晉故焉」，昭三十年《公羊傳》「習乎邾婁之故」，何、杜注竝曰：「故，事也。」謂人主顯有所出事，而實自以成其他事，此唯恐人之知其謀也，而說者與知之，則身必危。《韓子・說難篇》作「彼顯有所出事，而乃以成他故。說者不徒知所出而已矣，又知其所以爲，如此者身危」，是其明證矣。「他」字古或通作「也」。《墨子・備城門篇》「城上皆毋得有室，若也可依匿者，盡除去之」，「也」與「他」同。《賈子・脩政語篇》「是以明主之於言也，必自也聽之，必自也擇之，必自也聚之，必自也藏之，必自也行之」，《說苑・君道篇》「自也」皆作「自他」。「他」字本作「佗」。「他」之通作「也」，猶「佗」之通作「它」耳。《索隱》《正義》皆讀「迺自以爲也」絕句，失之。

大忠

「大忠無所拂悟，辭言無所擊排」，今本「悟」、「辭」二字互誤，《鍾山札記》已辯之。迺後申其辯知焉」。《韓子·説難篇》「大忠」作「大意」。念孫案：作「意」者是也。「意」與「言」正相對，必二者皆當於君心，然後可以申其辯智也。小司馬以大忠爲匡君，不知《説難》一篇皆謂進言者之宜順不宜逆，意在得君，不在匡君也。蓋《史記》「意」字本作「意」。《説文》「意，滿也」，《方言》作「臆」。漢《巴郡太守樊敏碑》作「億」。又《説文》「十萬曰意」，今作「億」。説文「憶，安也」，今亦作「億」。是從意之字，多與從意者相通。傳寫者脱其上半，因譌而爲「忠」矣。

孫子吴起列傳

坐爲計謀

「於是乃以田忌爲將，而孫子爲師，居輜車中，坐爲計謀」。念孫案：《文選·報任少卿書》注引此「坐」作「主」，於義爲長。

此子三者皆出吾下

「此子三者皆出吾下，而位加吾上，何也」。念孫案：「子」字本在「三者」下，今誤在「三者」之上，則文不成義。《後漢書・朱浮傳》注引此作「此三者子皆出吾下」，《通鑑・周紀一》同，《吕氏春秋・執一篇》作「三者子皆不吾若也」。

自喜名

「吴起爲人節廉而自喜名也」。念孫案：「名」字後人所加。「自喜」，猶自好也。《孟嘗君傳贊》「好客自喜」，《田叔傳》「爲人刻廉自喜」，《鄭當時傳》「以任俠自喜」，皆其證。加一「名」字，則非其指矣。《太平御覽・皇親部》引此無「名」字。

五子胥列傳

縣吴東門之上

「抉吾眼縣吴東門之上，以觀越寇之入滅吴也」。念孫案：「縣吴東門之上」，「縣」本作

「著」。張略反此後人依《吴語》改之也。《華嚴經音義》上引《廣雅》曰：「置，著也。」是「著」與「置」同義。《吴世家》曰「抉吾眼置之吴東門」，《越世家》曰「取吾眼置吴東門」，此曰「抉吾眼著吴東門之上」，其義一也。《説苑・正諫篇》曰「抉吾眼著之吴東門」，語即本於《史記》。《吕氏春秋・知化篇》亦曰「抉其目著之東門」。後人據《吴語》改「著」爲「縣」，不知《吴語》自作「縣」，《史記》《吕覽》《説苑》自作「著」也。《匡謬正俗》八引《史記》作「抉吾目著於東門」，《藝文類聚・人部》《初學記》《太平御覽・人事部》引《史記》竝作「抉吾眼著吴東門之上」，此皆其明證矣。

乃劫之

「乃劫之王如高府」。念孫案：「劫」下本無「之」字。哀十六年《左傳》曰「白公以王如高府」，《楚世家》曰「因劫惠王，置之高府」，此曰「乃劫王如高府」，其義一也。「劫」下不當有「之」字。

仲尼弟子列傳

其地狹以泄

「其城薄以卑，其地狹以泄」。索隱曰：「《越絶書》『泄』字作『淺』。」《内傳・陳成恒篇》。念孫案：「泄」字於義無取，下文「地廣以深」，「深」與「淺」正相對，則作「淺」者是也。《吴越春秋・夫差内傳》亦作「淺」。蓋「泄」或作「洩」，形與「淺」相近，「淺」誤爲「洩」，又誤爲「泄」耳。又案：地可言廣狹，不可言深淺。「地」當爲「池」，字之誤也。上言「城」，故下言「池」。池有廣狹深淺，故此言「狹以淺」，下言「廣以深」也。《越絶書》《吴越春秋》竝作「池」字。

排藜藿

「原憲亡在草澤中，子貢相衛，而結駟連騎，排藜藿，入窮閻，過謝原憲」。念孫案：「藜藿」當爲「藜藋徒弔反」，字之誤也。「藋」即今所謂灰藋也。《爾雅》「拜，蔐藋」，郭注曰：「蔐藋似藜。」《莊子・徐無鬼篇》曰：「藜藋柱乎鼪鼬之逕。」案：藜、藋皆生於不治之地，其高過人，必排之而後得進，故言「排」。《越世家》曰：「莊生家負郭，披藜藋到門。」彼言「披藜藋」，此言「排藜藋」，其義一也。若「藿」爲豆葉，豆之高不及三尺，斯不可以言排矣。《月令》曰「藜莠蓬蒿竝興」，《管子·小匡篇》曰「蓬蒿藜藋竝興」，昭十六年《左傳》曰「斬其蓬蒿藜藋」，「藜藋」與「蓬蒿」皆是穢草，故云「排藜藋，入窮閻」，若「藿」則非其類矣。《魏書·李騫傳》騫贈盧元明、魏收詩曰「稍旅原思藋，坐夢尹懃荊」，則騫所見《史記》本正作「藜藋」也。凡書傳言「藜藿」者，皆謂採以供食，故《大戴禮·曾子制言篇》曰「聚橡栗藜藿而食之」，《墨子·魯問篇》曰「短褐之衣，藜藿之羹」，《韓子·五蠹篇》曰「糲粢之食，藜藿之羹」，此皆與言「藜藋」者異義，不可比而同之也。「藋」「藿」字形相似，故「藜藋」多譌爲「藜藿」。《晏子春秋·外篇》曰「晏子東畊海濱，堂下生藜藿，門外生荊棘」，《韓子·外儲說左篇》曰「孟獻伯相魯，堂下生藿藜，門外長荊棘」，《淮南·脩務篇》曰「藜藿之生，蠉蠉然，日加數寸，不可以爲櫨棟」，《晏子》《韓子》與「荊棘」竝舉，《淮南》言「不可爲櫨棟」，則「藿」字明是「藋」字之譌，詳見《淮南》。而校書者皆莫之或正。蓋世人多聞「藜藿」，寡聞「藜藋」，所以沿誤而不知也。

冉季字子産

「冉季字子産」。引之曰：此本作「冉季産」。「字子」二字，則後人據《家語》增之也。單行《索隱》本出「冉季産」三字，注云：「《家語》冉季字子産。」正義曰：「《家語》云冉季字子産。」是《家語》以「産」爲字，不與《史記》同，《史記》原文無「字子」二字明矣。《唐書·禮樂志》作「冉季産」，本於《史記》也。「冉季産」者，「冉」，其氏；「季」，其字；「産」，其名也。《左氏春秋·僖十六年》「公子季友卒」，正義曰：「季是其字，友是其名。」猶如「仲遂」、「叔肹」之類，皆名、字雙舉，是其例也。《家語》改爲「冉季字子産」，大誤。古人無以「伯」、「仲」、「叔」、「季」爲名者，惟杜預注《左傳》，謂祭仲足名仲，字仲足，他人無此謬也。

邽巽

「邽巽字子斂」。《索隱》本「邽」作「邦」，云：「《家語》『巽』作『選』，字子斂。文翁圖作『國選』，蓋亦由避諱改之。劉氏作『邽巽』，『邽』音『圭』，所見各異也。」引之曰：作「邦」者是也。古本若非「邦」字，何以避諱作「國」？《廣韻》：「邦，國也。又姓，出《何氏姓苑》。」而「邽」字下不云是姓，然則古無「邽」姓，不得作「邽」明矣。至唐初始誤爲「邽」，故劉伯莊音

「圭」，而《通典·禮十三》《唐書·禮樂志》及宋《倉頡碑陰》并仍其誤。《索隱》謂《家語》「巽」作「選」，而不云「邦」作「邽」，則《家語》亦作「邦」可知，今本《家語》作「邽」者，後人以誤本《史記》改之也。

商君列傳

諸庶孽公子

「商君者，衞之諸庶孽公子也」。念孫案：「公」字後人所加。《玉藻》：「公子曰臣孽。」是「公子」即爲「孽子」，既言「諸庶孽子」，則無庸更言「公子」。《呂不韋傳》曰「子楚，秦諸庶孽孫」，亦不言「諸庶孽公孫」也。《文選·西征賦》、《長笛賦》注引此皆無「公」字。

鞅欲變法

「孝公既用衞鞅，鞅欲變法，恐天下議己，衞鞅曰：『疑行無名，疑事無功。』」念孫案：「鞅欲變法」，「鞅」字因上文而衍。此言孝公欲從鞅之言而變法，恐天下議己，非謂鞅恐天下議己也。孝公恐天下議己，故鞅有「疑事無功」之諫，若謂鞅恐天下議己，則與下文相反矣。

《商子·更法篇》：「孝公曰：『今吾欲變法以治，更禮以教百姓，恐天下之議我也。』公孫鞅曰：『疑行無成，疑事無功。君亟定變法之慮，殆無顧天下之議之也。』」是其明證矣。《新序·善謀篇》同。

收司

「令民爲什伍而相收司連坐」。引之曰：「收」當爲「牧」，字之誤也。俗書「收」字作「牧」，與「牧」相似。《晏子·雜篇》「蠶桑豢牧之處不足」，《吕氏春秋·論人篇》「不可牧也」，《淮南·原道篇》「中能得之，則外能牧之」，今本「牧」字竝誤作「收」。《方言》曰：「監、牧，察也。」鄭注《周官·禁殺戮》曰：「司，猶察也。」凡相監察謂之牧司。《周官·禁暴氏》曰：「凡奚隸聚而出入者，則司牧之，戮其犯禁者。」《酷吏傳》曰：「置伯格長以牧司姦盜賊。」《漢書》譌作「收司」，顏師古以爲收捕司察姦人，非也。辯見下。皆其證也。《索隱》本作「牧司」，注云：「牧司謂相糾發也。一家有罪則九家連舉發。」然則必先司察而後舉發，舉發而後收捕，不得先言「收」而後言「司」矣。《索隱》之「牧司」謂相糾發，後人亦依正文改爲「收司」，而不知「收」非糾發之謂也。

小都

「而集小都鄉邑，聚爲縣」。念孫案：都大而縣小，不得言「集都爲縣」，「都」即「鄉」字之誤而衍者也。《秦本紀》曰「并諸小鄉聚，集爲大縣」，《六國表》曰「初聚小邑，爲三十一縣」，皆無「都」字。

蘇秦列傳

君而不任事

「奉陽君妬，句君而不任事」。念孫案：「君而」當爲「而君」，言奉陽君既妬賢而君又不任事也。《趙策》作「奉陽君妒，大王不得任事」，是其證。

取淇卷

「據衛取淇卷，則齊必入朝秦」。念孫案：「卷」上本無「淇」字，此後人據《趙策》加之也。《索隱》本出「據衛取卷」四字，注曰：「《地理志》卷縣屬河南。《戰國策》云『據衛取淇』。」

《正義》曰：「卷城在鄭州原武縣西北七里。言秦守衛得卷，則齊必來朝秦。」據此則正文内有「卷」無「淇」。故《索隱》《正義》皆釋「卷」字而不釋「淇」字，且《正義》但言「守衛得卷」，則無「淇」字明矣。又案：《索隱》言「《戰國策》云『據衛取淇』」者，謂《史記》作「取卷」而《戰國策》作「取淇」也。後人據《戰國策》加入「淇」字，則與《索隱》不合，乃或於引《戰國策》之下加「無卷字」三字，以申明之。單行本無此三字。其意謂《史記》作「取淇卷」而《戰國策》無「卷」字也。不知《史記》作「取卷」，與《戰國策》作「取淇」者不同，故《索隱》曰「《戰國策》云『據衛取淇』」，若《史記》作「取淇卷」，則但云「《戰國策》無『卷』字」足矣，何必更言「取淇」乎？此不思之甚也。

湯武之士不過三千　卒不過三萬

「湯武之士不過三千，車不過三百乘，卒不過三萬」。《趙策》作「湯武之卒不過三千人，《後漢書·鄧禹傳》注引《趙策》「卒」作「士」。車不過三百乘」，無「卒不過三萬」句。念孫案：「卒」即「士」也。既云「士不過三千」，不當又云「卒不過三萬」。蓋《史記》本作「湯武之士不過百里，即所謂「湯以七十里，文王以百里」。車不過三百乘，卒不過三千即所謂「革車三百兩，虎賁三千人」。」，與《趙策》小異。《文選·枚乘〈諫吴王書〉》「湯武之土不過百里」，李善注引《史記》蘇秦説趙王曰「湯武之士不過百里」，是其證。後人據《趙策》改「士不過百里」爲「士不過三千」，又改下文之「三千」爲「三萬」，斯爲謬矣。「卒不過三千」，言其少也。若作「三萬」，則非其指矣。下文蘇秦説魏王亦云「武王卒三千人」。

見破於人 見臣於人

「今西面而事之，見臣於秦。夫破人之與見破於人也，臣人之與見臣於人也，豈可同日而論哉」。念孫案：下兩「見」字皆涉上「見」字而衍。《索隱》本出「臣人之與臣於人」七字，注曰：「『臣人』謂己爲彼臣也，『臣於人』謂使彼臣己也。」案：《索隱》誤解，當從《正義》。《正義》曰：「『破人』謂破敵也，『破於人』謂被敵破。『臣人』謂己得人爲臣，『臣於人』謂己事他人。」則無兩「見」字明矣。《趙策》亦無兩「見」字。

距來

「天下之彊弓勁弩皆從韓出，谿子、少府時力、距來者，皆射六百步之外」。索隱曰：「距來者，謂弩勢勁利，足以距於來敵也。」單行本如是，今本《史記》此數語誤入《集解》内。《荀子》注引此不誤。念孫案：小司馬緣文生義，非也。「距來」當爲「距黍」。「黍」、「來」隸書相近，故「黍」譌爲

「來」。《韓策》作「距來」，亦後人依《史記》改之。《藝文類聚·軍器部》《初學記·武部》《太平御覽·兵部》竝引《廣雅》曰：「繁弱、鉅黍，弓也。」《荀子·性惡篇》曰：「繁弱、鉅黍，古之良弓也。」楊倞注「黍，當爲來」，即惑於小司馬之說。「時力」、「距黍」皆疊韻字，故《荀子》《廣雅》竝作「鉅黍」。《文選·閑居賦》「谿子、巨黍，異絭同機」，李善注引《史記》作「巨黍」，「距」、「鉅」、「巨」古竝通用。

不從

「故爲大王計，莫如從親以孤秦。大王不從，秦必起兩軍，一軍出武關，一軍下黔中」。念孫案：「大王不從」下脱「親」字，當依《楚策》補。從，即容反。

投從約書

「乃投從約書於秦」。索隱曰：「『投』當爲『設』，今本竝作『投』。言『設』者，謂宣布其從約六國之事，以告於秦。若作『投』，甚爲易解。」念孫案：《索隱》既云「『投』當爲『設』」，則不當又云「作『投』甚爲易解」。蓋正文「投」字本作「設」，《索隱》之「『投』當爲『設』」，今本竝作『投』」本作「『設』當爲『投』」，今本竝作『設』」。此是各本皆作「設」，而小司馬以爲當作

「投」，故曰「作『投』甚爲易解」也。後人既改正文「設」字爲「投」，又改《索隱》以就之，而其義遂不可通矣。

愈充腹

「臣聞飢人所以飢而不食烏喙者，爲其愈充腹而與餓死同患也」。索隱曰：「劉氏以『愈』猶『暫』，非也。案：謂飢人食烏頭則愈益充腹，少時毒發而斃，亦與飢死同患也。」念孫案：小司馬以「愈充腹」爲「愈益充腹」，亦非也。《燕策》作「偷充腹」，則「愈」即「偷」字也。鄭注《表記》曰：「偷，苟且也。」言飢人食烏頭雖苟且充腹，而與餓者同歸於死也。《齊世家》「桓公欲無與魯地而殺曹沫，管仲曰『夫劫許之，而倍信殺之，愈一小快耳，而棄信於諸侯』」，「愈一小快」，即「偷一小快」也。《淮南王傳》「王亦偷欲休」，《漢書》「偷」作「愈」。《韓子·難一》「偷取多獸」，《淮南·人閒篇》「偷」作「愈」。是「偷」與「愈」通也。「偷薄」字，《説文》本作「愉」，從心俞聲。《唐風·山有樞篇》「他人是愉」，鄭箋「愉」讀爲「偷」。《周官·大司徒》「則民不愉」，桓七年《公羊傳》注「則民不愉」，《坊記》注「不愉於死亡」，釋文竝音「偷」。《大戴禮·文王官人篇》「欲色嘔然以愉」，《逸周書》「偷」作「愉」。《荀子·王霸篇》「百姓貴之如帝，親之如父母，爲之出死斷亡而不愉」，漢《繁陽令楊君碑》「不愉禄求趨」，竝與「偷」同。其「心」字或在旁，或在下，轉寫小異耳。《鹽鐵論·非鞅篇》「猶食毒肉，愉飽而罹其咎也」，彼言「愉飽」，此言「愈充腹」，其義一也。「愉」「愈」「偷」字異而義同。

抱柱

「信如尾生，與女子期於梁下。女子不來，水至不去，抱柱而死」。念孫案：「柱」上本有「梁」字。《文選·獄中上梁王書》注、《太平御覽·人事部》引此竝作「抱梁柱而死」，《燕策》及《莊子·盜跖篇》同。

北夷

「夫以宋加之淮北，彊萬乘之國也。而齊并之，是益一齊也。北夷方七百里，加之以魯、衞，彊萬乘之國也。而齊并之，是益二齊也」。索隱曰：「北夷謂山戎、北狄附齊者。」念孫案：此文言「北夷方七百里，加之以魯、衞」，是「北夷」之地去魯、衞不遠，小司馬以山戎、北狄當之，誤矣。「北夷」當爲「九夷」，字之誤也。《燕策》作「北夷」，亦後人依《史記》改之。《秦策》云「楚苞九夷，方千里」，《魏策》云「楚破南陽九夷」，李斯《上始皇書》云「包九夷，制鄢郢」，是「九夷」之地南與楚接，此言齊并淮北，淮北即楚地也。齊并宋與淮北，則地與九夷接，故又言齊并九夷也。《秦策》言楚包九夷，方千里，此言「九夷方七百里」，七百里即在千里之中，故言楚包九夷也。《淮南・齊俗篇》云「越王句踐霸天下，泗上十二諸侯皆率九夷以朝」，是「九夷」之地東與十二諸侯接，而魯爲十二諸侯之一，故此言齊并九夷與魯、衞也。上文言齊舉宋而包十二諸侯，《田完世家》言「齊南割楚之淮北，泗上諸侯鄒、魯之君皆稱臣」，此言齊并宋與淮北，又言并九夷與魯、衞，以上諸文彼此可以互證。是今本之「北夷」乃「九夷」之誤，而不得以山戎、北狄當之也。

此苦言

「王何不使辯士以此苦言説秦」。念孫案：「苦」當爲「若」，字之誤也。「此若言」，猶云「此言」。《燕策》作「若此言」。上文云「王何不使辯士以此言説秦」，下文云「秦王聞若説」，「若」亦「此」也，「説」亦「言」也。連言「此若」者，古人自有複語耳。《管子・山國軌篇》曰：「此若言何謂也？」《地數篇》曰：「此若言可得聞乎？」《輕重丁篇》曰：「此若言曷謂也？」《墨子・尚賢篇》曰：「此若言之謂也。」《禮記・曾子問篇》曰：「子游之徒有庶子祭者，以此若義也。」鄭讀「以此」爲一句，「若義也」爲一句，非是。辯見《經義述聞》。《荀子・儒效篇》曰：「此若義信乎人矣。」今本「若」譌作「君」，辯見《荀子》。皆竝用「此若」二字。

塞鄳阸

「殘均陵，塞鄳阸」。念孫案：「塞」本作「安」，此後人依《燕策》改之也。《索隱》本作「安黽阸」，「安」即「閼」字也，「閼」亦「塞」也。《説文》：「閼，遮壅也。」《列子·楊朱篇》「謂之閼聰」，張湛曰：「閼，塞也。」《爾雅》「大歲在甲曰閼逢」，李巡曰：「萬物鋒芒欲出，擁遏未通曰閼逢。」見《一切經音義》十七。釋文：「閼，烏割反，又於虔反。」「於虔反」之音，與「安」相近。「閼鄳阸」之爲「安鄳阸」，猶「閼逢」之爲「焉逢」，見《史記·曆書》。「單閼」之爲「亶安」，徐廣《曆書》音義曰：「單閼，一作亶安。」「董閼于」之爲「董安于」，定十三年《左傳》「董安于」，《韓子·十過篇》作「董閼于」。「以遏徂旅」之爲「以按徂旅」也。後人依《燕策》改「安」爲「塞」，不知「安」與「閼」同字，「閼」與「塞」同義，無煩改爲「塞」也。

趙得講於魏

「兵困於林中，林中，魏地。徐廣曰：「河南苑陵有林鄉。」重燕、趙，以膠東委於燕，以濟西委於趙。趙得講於魏，至公子延，因犀首屬行而攻趙」。念孫案：「趙得講於魏」，當從《燕策》作「已得講於魏」，言秦兵困於魏之林中，恐燕、趙來擊，則以膠東委於燕，以濟西委於趙，已得講於魏，則又移兵而攻趙也。下文曰「兵傷於譙石，遇敗於陽馬，而重魏，則以葉、蔡委於魏。已得講於趙，則劫魏不爲割」，是其證。今作「趙得講於魏」者，涉上下諸「趙」字而誤。此謂「秦得講於魏」，非謂「趙得講於魏」也。《索隱》曰：「講，和也，解也。秦與魏和也。」則小司馬本不誤。

張儀列傳

數讓之

「因而數讓之」。索隱曰：「謂數設詞而讓之，讓亦責也，數音朔。」念孫案：小司馬讀「數」爲「頻數」之「數」，非也。秦初不見儀，至是始一見，即責以數語而謝去之，未嘗數數責之也。「數」讀如「數之以王命」之「數」，高注《秦策》曰：「數，讓也。」《廣雅》曰：「數，讓責也。」「數讓」連文，猶「誅讓」連文，古人自有複語耳。

王業

「今三川周室，天下之朝市也。而王不争焉，顧争於戎翟，去王業遠矣」。念孫案：「去王」下本無「業」字，此涉上文「王業」而誤衍也。「王」讀「王天下」之「王」。此言秦不争於三川周室，而争於戎翟，則不能王天下，故曰「去王遠矣」。下文司馬錯曰「三資者備而王隨之矣」，正對此句而言，則「王」下不當有「業」字。《索隱》本出「去王遠矣」四字，注曰：「王音于放反。」則無「業」字明矣。《秦策》有「業」字，亦後人依誤本《史記》加之。故姚宏校本曰：曾、錢、劉無「業」字。《新序・善謀篇》亦無「業」字。

論其故

「臣請論其故」。念孫案：「論」本作「謞」，此後人以意改之也。《索隱》本作「謞」，注曰：「謞者，告也。」今本既改正文作「論」，又改注文曰「論者，告也」。案訓「謞」爲「告」，本於《爾雅》。若「論」字，則古無訓爲「告」者，後人之改謬矣。《秦策》及《新序》竝作「謞」。

折韓

「秦折韓而攻梁，韓怯於秦，秦韓爲一，梁之亡可立而須也」。念孫案：「折」讀爲「制」，言韓爲秦所制，不得不與之共攻梁也。「制」、「折」古字通，《呂刑》「制以刑」，《墨子・尚同篇》作「折則刑」。《論語・顏淵篇》「片言可以折獄者」，魯讀「折」爲「制」。《魏策》作「秦挾韓而攻魏」，「挾」與「制」義亦相近。

雖無出甲

「雖無出甲。席卷常山之險，必折天下之脊」。念孫案：「雖」讀曰「唯」，「唯」與「雖」古字通。《大雅·抑篇》「女雖湛樂從，弗念厥紹」，言女唯湛樂之從也。《管子·君臣篇》「故民迂則流之，民流通則迂之。決之則行，塞之則止。雖有明君能決之，又能塞之」，言唯有明君能如此也。《楚辭·離騷》「余雖脩姱以鞿羈兮」，言余唯有此脩姱之行，以致爲人所係纍也。《莊子·庚桑楚篇》「唯蟲能蟲，唯蟲能天」，釋文：「一本唯作雖」。此承上文言秦兵之彊如是，是唯無出甲，出甲，則席卷常山而折天下之脊也。不更言「出甲」者，蒙上而省也。《留侯世家》曰：「楚唯無彊。六國立者復橈而從之。」集解引《漢書音義》曰：「唯當使楚無彊，彊則六國弱而從之。」《莊子·人閒世篇》曰：「若唯無詔。王公必將乘人而鬭其捷。」郭象注：「汝唯有寂然不言耳，言則王公必乘人而角其捷辯，以距諫飾非也。」語意竝與此同。

待弱國之救

「夫待弱國之救，忘彊秦之禍，此臣所以爲大王患也」。念孫案：「待」當爲「恃」，今作「待」者，涉上文「待諸侯之救」而誤也。上言秦之攻楚急，而諸侯之救楚緩，故曰「楚待諸侯之救，在半歲之外」。此言弱國不可恃，而彊秦不可忽，若改「恃」爲「待」，則非其指矣。《楚策》正作「恃弱國之救」。《楚策》上文「待諸侯之救」，「待」作「恃」，亦涉下文「恃弱國之救」而誤，當依《史記》改。

兩虎相搏

「此所謂兩虎相搏者也」。引之曰：「搏」本作「據」，徐廣音「戟」，正是「據」字之音。後人不知「據」字之義，而改「據」爲「搏」，則與徐音不合，乃又於「音『戟』」上加「或」字，謬甚。辯見《楚策》。

飯菽

「民之食，大抵飯菽藿羹」。念孫案：「飯菽」當爲「菽飯」，「菽飯」、「藿羹」相對爲文。《韓策》作「豆飯」，「豆」亦「菽」也。姚宏校《韓策》引《春秋後語》亦作「菽飯」。

督過之　過楚　不過

「大王之威行於山東，敝邑愁居懾處，不敢動摇，唯大王有意督過之也」。索隱曰：「督者，正其事而責之。督過，是深責其過也。」念孫案：督、過皆責也。《晏子春秋·雜篇》曰：「古之賢君，臣有受厚賜而不顧其國族，則過之；臨事守職不勝其任，則過之。」《楚辭·九章》曰：「信讒諛之溷濁兮，盛氣志而過之。」《吕氏春秋·適威篇》曰：「煩爲教而過不識，數爲令而非不從。」高誘注曰：「過，責也。」《廣雅》同。是督、過皆責也。若以「過」爲「過失」之「過」，則當言「督過」，不當言「督過之」矣。《甘茂傳》：「蘇代謂向壽曰：『公奚不以秦爲韓求潁川於楚，此韓之寄地也。公求而得之，是令行於楚，而以其地德韓也。公求而不得，是韓、楚之怨不解，而交走秦也。秦、楚爭彊而公徐過楚以收韓，此利於秦。』」案：「過楚」，謂責楚也。《正義》謂「説楚之過失以收韓」，亦失之。《張釋之傳》曰：「釋之見謝景帝，不過也。」「不過」亦謂不責之也。

趙服

「約四國爲一，以攻趙，趙服，必四分其地」。念孫案：「服」字義不可通，「趙服」當爲「趙破」，字之誤也。《趙策》作「破趙而四分其地」，是其證。

入儀之梁

「乃具革車三十乘，入儀之梁」。念孫案：「入儀之梁」本作「入之梁」，下文曰「故具革車三十乘而入之梁也」，是其證。「入」下有「儀」字，則文不成義。此因上下文「儀」字而誤衍也。《齊策》作「乃具革車三十乘内之梁」，「内」即「入」也。

喜

「乃使其舍人馮喜之楚」。索隱曰：「此與《戰國策》同，見《齊策》。舊本作『憙』，誤也。」念孫案：《殷本紀》「九侯女不憙淫」，《高祖本紀》「秦人憙」，《封禪書》「而天子心獨喜其事祕」，《漢書·郊祀志》作「憙」，又《賈誼傳》「遇之有禮，故羣臣自憙」，桓六年《穀梁傳》「陳侯憙獵」，《墨子·魯問篇》「國家憙音湛湎」，《荀子·堯問篇》「楚莊王以憂而君以憙」，漢有《聞憙長韓仁銘》，又《太尉劉寬碑陰》「河東郡聞憙」，《泰山都尉孔宙碑》「逢祈字伯憙」，《郃陽令曹全碑陰》「故市掾王尊文憙」。是「喜」字古通作「憙」，不得以《戰國策》改《史記》也。又案：《古今人表》之「司馬喜」，《中山策》作「憙」，《趙策》曰「無憙志而有憂色」，是《戰國策》「喜」字亦通作「憙」也。

不得待異日

「陳軫過梁，欲見犀首，犀首謝弗見。軫曰：『吾爲事來，公不見軫，軫將行，不得待。』《索隱》曰：「軫語犀首，言我故來，欲有教汝之事，何不相見。」異日犀首見之。」念孫案：《索隱》本「軫語犀首」

云云，本在上文「吾爲事來」之下，其「不得待異日」五字作一句讀，軫言「不得待異日」，故犀首即出見之也。今本列《索隱》於「不得待」之下，而以「不得待」爲句，「異日」爲句，大謬。

秦得燒掇焚抒君之國

「中國無事，秦得燒掇焚抒。今本此下載《索隱》曰：「掇音都活反，謂焚燒而侵掠也。焚抒音煩烏，謂煩蹂而牽掣也。《戰國策》云『秦且燒焫獲君之國』，是説其事也。」君之國此三字上屬爲句。有事，《索隱》曰：「謂山東諸國共伐秦。」秦將輕使重幣事君之國」。念孫案：「中國無事」與「有事」相對爲文，「秦得燒掇焚抒君之國」與「秦將輕使重幣事君之國」相對爲文。《索隱》「掇音都活反」云云本在「君之國」下，下注云「謂山東諸國共伐秦」，乃專釋「有事」二字。今本以「掇音都活反」云云列入「燒掇焚抒」之下，「君之國」之上，而以「秦得燒掇焚抒」爲句，「君之國有事」爲句，其失甚矣。單行本亦誤。下文「此公孫衍所謂邪」，索隱曰：「謂上文犀首云『有事，秦將輕使重幣事君之國』，故云『衍之所謂』。」今本「有事」上有「君之國」三字，亦後人所加。單行本同。

樗里甘茂列傳

議之

「樗里子、公孫奭二人者，挾韓而議之，王必聽之」。念孫案：「議」下本無「之」字，此涉下「聽之」而誤衍也。《羣書治要》引此作「挾韓而議」，無「之」字，《秦策》及《新序·雜事篇》竝同。

白起王翦列傳

邢丘

「秦嘗攻韓，圍邢丘，困上黨，上黨之民皆反爲趙」。集解：「徐廣曰：『平皋有邢丘。』」正義曰：「邢丘，今懷州武德縣東南二十里平皋縣城是也。」念孫案：邢丘，魏地，非韓地，徐、張之説非也。此本作「攻韓，圍邢」，「邢」下「丘」字衍文耳。《秦策》作「秦嘗攻韓邢，此脱「圍」字。困於上黨」，衍「於」字。是其證。「邢」即「陘」之借字也。上文曰「昭王四十三年，白起攻韓陘城，拔五城」，正義曰：「陘庭故城在曲沃縣西北二十里。」案：今曲沃縣西北十里汾水旁有陘庭城，即桓三年《左傳》所謂「曲沃武公伐翼，次于陘庭，逐翼侯于汾隰」者也。《秦策》曰「秦攻韓，圍陘」，《韓策》曰「秦攻陘，韓使人馳南陽之地」，《范睢傳》曰「昭王四十三年，秦攻韓汾陘，拔之」，《韓世家》曰「桓惠王五年，秦拔我陘城汾旁。十年，秦擊我於太行，我上黨郡守以上黨降趙」，即此所謂「攻韓，圍邢，困上黨，上黨之民皆反爲趙」者也。又案：宣六年《左傳》「赤狄伐晉，圍邢丘」，杜注曰：「邢丘，今河内平皋縣平皋故城，在今温縣東。」《秦本紀》「昭襄王四十一年，攻魏，取邢丘、懷」，徐、張彼注竝與此注同。《范睢傳》曰「使五大夫綰伐魏，拔懷。後二歲，拔邢丘」，《秦策》曰「舉兵而攻邢丘，邢丘拔而魏請附」，是邢丘爲魏地，非韓地，不得言「攻韓，圍邢丘」也。

孟子荀卿列傳

不果所言

「梁惠王不果所言，則見以爲迂遠而闊於事情」。念孫案：果，信也。以爲迂遠而闊於事情，是不信所言也。《廣雅》曰：「果，信也。」《中庸》「果能此道矣」，謂信能此道也。《孟子・離婁篇》「果有以異於人乎」，謂信有以異於人也。凡書傳言「果然」者，皆謂信然也。

自騶衍與齊之稷下先生如淳于髡慎到環淵接子田駢騶奭之徒

念孫案：此本作「自如騶衍與齊之稷下先生淳于髡、慎到、環淵、接子、田駢、騶奭之徒」。「自如」者，統下之詞，稷下先生即指淳于髡諸人而言。下文曰「自如淳于髡以下」，又曰「自如孟子至于吁子」，《匈奴傳》曰「自如左右賢以下至當户」，皆以「自如」二字連文。《田完世家》曰「自如騶衍、淳于髡、田駢、接子、慎到、環淵之徒」，此尤其明證也。後人不曉「自如」二字之義，而移「如」字於淳于髡諸人之上，則文不成義矣。

爲

「豈寡人不足爲言邪」。念孫案：不足爲言，不足與言也。《李斯傳》「斯其猶人哉，安足爲謀」，亦謂安足與謀也。「與」、「爲」一聲之轉，故謂「與」曰「爲」。《管子・戒篇》曰「自妾之身之不爲人持接也」，尹知章注：「爲猶與也。」《孟子・公孫丑篇》曰「不得不可以爲悦，無財不可以爲悦。得之爲有財，古之人皆用之」，言得之與有財也。《齊策》曰「犀首以梁爲齊戰於承匡而不勝」，言以梁與齊戰也。《韓策》曰「嚴仲子辟人，因爲聶政語」，言與聶政語也。《韓詩外傳》曰「寡人獨爲仲父言而國人知之，何也」，言獨與仲父言也。

孟嘗君列傳

一與文等

「食客數千人，無貴賤，一與文等」。念孫案：「文」當爲「之」，字之誤也。上文曰「文果代立於薛，是爲孟嘗君」，自此以下，則皆稱「孟嘗君」而不稱「文」，此句獨稱「文」，則與上下文不合，故知「文」爲「之」，字之誤也。「之」字指食客言，非指孟嘗君言。《太平御覽·人事部·待士類》引此正作「一與之等」。《賓客類》引作「一與文等」，此後人依《史記》改之。

偶人

「見木偶人與土偶人相與語」。念孫案：「偶」，《索隱》本作「禺」，注曰：「音『偶』，又音『寓』，謂以土木爲之偶，類於人也。」是舊本作「禺」，有「偶」、「寓」二音，後人改「禺」爲「偶」，又改注文曰「偶音遇」，斯爲謬矣。《封禪書》「木禺龍欒車一駟」，索隱曰：「禺，一音『寓』，寄也，寄龍形於木。一音『偶』，亦謂偶其形於木也。」《後漢書·劉表傳論》曰「其猶木禺之於人也」，是「偶人」之「偶」，古通作「禺」。《管子·海王篇》「禺策之商日二百萬」，尹知章曰：「禺，讀爲偶。」《漢書·匈奴傳》「此温偶駼王所居地也」，班固《燕然山銘》「斬温禺以釁鼓」，「温禺」即「温偶」。

如有

「如有不得還，君得無爲土偶人所笑乎」。念孫案：如有，如或也。下文曰：「如有齊覺悟，復用孟嘗君，則雌雄之所在，未可知也。」《袁盎傳》曰：「如有遇霧露行道死，陛下竟有殺弟之名，奈何？」皆謂「如或」也。「或」與「有」古同聲而通用，説見《釋詞》。

意疑孟嘗君

「人或毁孟嘗君於齊湣王曰：『孟嘗君將爲亂。』及田甲劫湣王，湣王意疑孟嘗君」。念孫案：「意」下本無「疑」字，「意孟嘗君」者，「意」即「疑」也，疑其使田甲劫王也。《文選·長楊賦》注引《廣雅》曰：「意，疑也。」《吕氏春秋·去尤篇》曰「人有亡鈇者，意其鄰之子」，《梁孝王世家》曰「梁王陰使人刺殺袁盎及他議臣十餘人，於是天子意梁王」，《漢書·文三王傳》同，顔師古曰：「意，疑也。」《張儀傳》曰「嘗從楚相飲，已而楚相亡璧，門下意張儀」，《直不疑傳》曰「其同舍有告歸，誤持同舍郎金，已去而金主覺，妄意不疑」，皆其證也。後人不知「意」之訓爲

「疑」，故又加「疑」字耳。《太平御覽·人事部》引此無「疑」字。

爲雄雄者

「此雄雌之國也，勢不兩立。爲雄雄者得天下矣」。顧子明曰：「『爲雄』下衍一『雄』字，『爲雄』二字屬下讀。」

朝趨市

「君獨不見夫朝趨市者乎？明旦，側肩争門而入。日暮之後，過市朝者掉臂而不顧」。引之曰：「朝趨市」當作「趨市朝」，朝音潮，下文「過市朝」者即承此文言之，若讀朝暮之朝，則與下「明旦」相複矣。《索隱》出「朝趣市」三字，云「趣音娶」，後又出「過市朝」三字，云「朝音潮」。謂市之行位有如朝列，因言市朝耳」，則所見本已譌爲「朝趣市」矣。李善注《文選·藉田賦》引此亦譌。李注引「朝趨市」而不引「明旦」二字，蓋亦以「明旦」與「朝」相複，故節之，而不知「朝趨市」乃「趨市朝」之譌也。

平原君虞卿列傳

罷癃之病

「躄者至平原君門，請曰：『臣不幸有罷癃之病。』」索隱曰：「罷癃，背疾，言腰曲而背隆高也。」念孫案：「躄」非背疾，則「罷癃之病」非謂腰曲而背隆高也。「罷癃」即指躄而言。《說文》：「癃，罷病也。」《廣雅》：「躃，癃也。」是躄爲「罷癃之病」也。故《淮南・地形篇》「林氣多癃」，《天官書》正義引作「林氣多躄」，「癃」、「𤸇」、「躄」、「躃」字異而義同。

發

「十九人相與目笑之而未發也」。《索隱》本「發」作「廢」，注曰：「鄭氏云：『皆目視而輕笑之，未能即廢棄之。』」念孫案：「廢」即「發」之借字，《召南・騶虞篇》「壹發五豝」，《小雅・賓之初筵篇》「獻爾發功」，徐邈竝讀如「廢」。「廢」、「發」古同聲，故字亦相通。《墨子・非命中篇》「發而爲刑政」，《上篇》「發」作「廢」。《列子・仲尼篇》「發無知，何能情？發不能，何能爲」，釋文：「發，一本作廢。」《莊子・列御寇篇》「先生既來，曾不發藥乎」，釋文：「發，司馬本作廢。」《齊策》「王何不廢將而擊之」，「廢將」即「發將」。謂目笑之而未發於口也。

鄭氏不達，故誤解爲廢棄，然以此知正文之本作「廢」也。若作「發」，則不得有此誤解矣。後人改「廢」爲「發」，遂失其舊，乃或加「發一作廢」四字，以牽合已改之正文，則其謬益甚矣。

衍文十六

「今郝曰『秦善韓、魏而攻趙者，必以爲韓、魏不救趙也而王之軍必孤有以自「以爲韓、魏」至此，凡十六字，皆衍文。說見下。王之事秦不如韓、魏也』，是使王歲以六城事秦也」。念孫案：上文趙郝曰「今秦善韓、魏而攻王，王之所以事秦，必不如韓、魏也」，故虞卿復舉其詞而駁之曰「是使王歲以六城事秦也」，然則此文當以「必王之事秦不如韓、魏也」爲一句，而「必」字之下，「王之事秦」之上，不當有「以爲韓、魏」云云十六字明矣。此不知何處錯簡，與上下文皆不相屬，《趙策》及《新序・善謀篇》竝無此十六字。

予秦地何如毋予孰吉

「趙王與樓緩計之曰：『予秦地何如毋予，孰吉？』」念孫案：此本作「予秦地如毋予，句孰吉句」。如者，與也。《論語・先進篇》「方六七十，如五六十，宗廟之事，如會同」，「如」字竝與「與」同義。言予秦地與不予，二者孰吉也。《新序》作「予秦地與無予，孰吉」，是其明證矣。今本「如」上有「何」字者，後人據《趙策》加之也。《趙策》作「與秦城，句何如不與句」今本「不與」下又有「何如」二字，亦後人不曉文義而妄加之，辯見《趙策》。「何」與「孰」同義，《趙策》言「何如」，則不言「孰吉」。此言「孰吉」，則不言「何如」，後人又加「何」字，斯爲謬矣。後人不知「如」之訓爲「與」，故妄加「何」字。

彊怒

「天下將因秦之彊怒，乘趙之弊，瓜分之」。念孫案：此「怒」字非喜怒之怒。《廣雅》曰：「怒，健也。」健亦彊也。《後漢書・第五倫傳》「鮮車怒馬」，李賢注：「怒馬，謂馬之肥壯，其氣憤盈也。」義與此「怒」字同。「彊怒」連文，又與下句「弊」字對文。《趙策》作「因秦之怒，乘趙之敝」，「怒」與「敝」對文，亦非喜怒之怒。是「怒」即「彊」也。上文曰「吾且因彊而乘弱」，是其證。

危哉　危反

「危哉，樓子之所以爲秦者」。念孫案：此「危」字非安危之危，「危」讀爲「詭」，詭詐也。言其爲秦之計甚詐也。樓緩使趙王割地爲和，以疑天下而慰秦心，實則示天下以弱而益秦之彊，名以爲趙而實以爲秦，故曰「詭哉，樓子之所以爲秦者」。又《李斯傳》「今高有淫佚之志，危反之行」，「危」亦讀爲「詭」，「詭」亦「反」也，言其行之反常也。曹大家注《幽通賦》曰：「詭，反也。」《呂氏春秋・淫辭篇》曰「言行相詭，不祥莫大焉」，《賈子・傅職篇》曰「天子燕業反其學，建本、潭本「反」譌作「及」，今從《續漢書・百官志》所引本。或作「燕辟廢其學」，後人以《學記》改之也。左右之習詭其師」，《淮南・齊俗篇》曰「禮樂相詭，服制相反」，是「詭」與「反」同義。古字或以「危」爲「詭」。《漢書・天文志》「司詭星」，《史記・天官書》作「危」。《淮南・說林篇》「尺寸雖齊，必有詭」，《文子・上德篇》作「危」。

魏公子列傳

閒語

「侯生乃屏人閒語」。索隱曰：「閒音閑，閒語謂静語也。」念孫案：「閒」讀「閒廁」之「閒」。閒，私也。《項羽紀》「沛公道芷陽閒行」，謂私行也。「漢王閒往從之」，謂私往也。「王可以閒出」，謂私出也。《韓子・外儲說右篇》「秦惠王愛公孫衍，與之閒有所言」，謂私有所言也。《後漢書・鄧禹傳》「因留宿閒語」，李賢注曰：「閒，私也。」

范雎蔡澤列傳

辯口

「齊襄王聞雎辯口」。念孫案:「辯口」本作「辯有口」,謂辯給有口才也。《太平御覽·居處部》引此作「辯有口才」,「才」字後人所加。《人事部·辯類》作「辯有口」。《陸賈傳》曰「名爲有口辯士」,《朱建傳》曰「爲人辯有口」,《武安傳》曰「蚡辯有口」,皆其證。

湖關

「王稽辭魏去,過載范雎入秦,至湖關」。念孫案:「湖」下「關」字後人妄加之也。《索隱》本出「至湖」二字,而釋之曰:「案:《地理志》京兆有湖縣,本名胡,武帝更名湖,即今湖城縣也。」《正義》說與《索隱》同,皆但言湖縣,而不言湖關。《地理志》「京兆尹湖,有周天子祠二所」,亦不言有湖關。《水經·河水注》「河水東逕湖縣故城北,昔范叔入關,此謂函谷關。遇穰侯於此」,亦但言遇穰侯於湖縣,而不言湖關。又《文選·解嘲》注引《史記》曰「竊載范雎入秦,至湖」,則無「關」字明矣。

砥砨

「周有砥砨」。念孫案：「砨」本作「戹」，此因「砥」字而誤加「石」旁耳。《説文》《玉篇》《廣韻》皆無「砨」字，唯《集韻》有之，注云：「玉名。范雎曰『周有砥砨』。」則北宋時《史記》本已譌作「砨」。《秦策》正作「砥戹」。

亡其　亡意亦

「意者臣愚而不概於王心邪，亡其言臣者賤而不可用乎」。索隱曰：「亡，猶輕蔑也。」念孫案：小司馬以「亡」爲「輕蔑」，義不可通。「亡」讀如「無」，或言「亡」，或言「亡其」，皆轉語詞也。「亡」或作「無」。《漢書·貨殖傳》「寧爵無刁」，孟康曰：「奴自相謂：寧欲免去作民有爵邪，無將止爲刁氏作奴乎？無，發聲助也。」《莊子·外物篇》曰「抑固窶邪，亡其略弗及邪」，《吕氏春秋·審爲篇》曰「君將攫之乎，亡其不與」，《愛類篇》曰「必得宋乃攻之乎，亡其不得宋且不義猶攻之乎」，《韓策》曰「聽子之謁而廢子之道乎，又亡其行子之術而廢子之謁乎」，是凡言「亡其」者，皆轉語詞也。《越語》曰「道固然乎，妄其欺不穀邪」，《趙策》曰「不識三國之憎秦而愛懷邪，妄其憎懷而愛秦邪」，「妄」亦讀如「無」。《魯仲連傳》「亡意亦捐燕弃世，東游於齊乎」，《索隱》斷「亡意」爲一句，注云：「言若必無還燕意，則捐燕而東游於齊。」案：小司馬以「亡意」爲「無還燕意」，亦非也。「亡意亦」者，意亦也。「意亦」者，抑亦也。「抑」、「意」古字通。《論語・學而篇》「求之與，抑與之與」，《漢石經》「抑」作「意」。《墨子・明鬼篇》「豈女爲之與，意鮑爲之與」，《莊子・盜跖篇》「知不足邪，意知而力不能行邪」，「意」竝與「抑」同。《大戴禮・武王踐阼篇》「黄帝、顓頊之道存乎，意亦忽不可得見與」，《荀子・脩身篇》「不識步道者將以窮無窮，逐無極與，意亦有所止之與」，《秦策》「誠病乎，意亦思乎」，「意亦」竝與「抑亦」同。或言「意」，或言「意亦」，或言「意亡」，《墨子・非攻篇》：「爲其上中天之利，而中中鬼之利，而下中人之利，故譽之與，意亡非爲其上中天之利，而中中鬼之利，而下中人之利，故譽之與？」《非命篇》：「不識昔也三代之聖善人與，意亡昔三代之暴不肖人與？」或言「無意」，《賈子・瑰瑋篇》：「陛下無意少聽其數乎？」或言「亡意亦」，皆轉語詞也。《齊策》作「意者亦捐燕棄世，東游於齊乎」，「意者」亦轉語詞也。「意者」猶言「抑者」。《漢書・敘傳》：「其抑者從横之事復起於今乎？」

繆爲

「范雎繆爲曰：『秦安得王？秦獨有太后、穰侯耳。』」念孫案：「爲」猶「謂」也。言范雎以此言繆謂宦者也。「繆」與「謬」同。「謂」、「爲」一聲之轉，故「謂」或曰「爲」。說見《秦策》「蘇代僞爲齊王曰」下。

田文

「臣居山東時，聞齊之有田文，不聞其有王」。《秦策》「田文」作「田單」。鮑彪曰：「《史》之『田文』，非也。文去齊至是已十餘年，不得近舍單、遠論文也。」吴師道曰：「姚氏云：『《後語》亦作「文」。』愚謂舉齊事言，不必一時。」念孫案：「田文」當依《秦策》作「田單」，《後語》作「文」者，校書者依誤本《史記》改之耳，吴曲爲之説，非也。張載注《魏都賦》引《史記》正作「田單」。

萬世之後

「臣竊爲王恐，句萬世之後，有秦國者，非王子孫也。」念孫案：《秦策》作「臣竊爲王恐，恐萬世之後，有國者非王子孫也」。此脱一「恐」字，則與下文義不相屬。

爲友　結友

「貴而爲友者，爲賤也。富而爲交者，爲貧也」。念孫案：上句「友」字亦當作「交」。隸書「交」字或作「友」，形與「友」相似，又因下文「勝之友」而誤。《索隱》本作「貴而爲交」，注曰：「言富貴而結交情深者，爲有貧賤之時，不可忘之也。」則上句亦作「交」明矣。又《廉頗藺相如傳》「臣嘗從大王與燕王會境上，燕王私握臣手曰『願結友』」，「友」亦「交」之誤。《文選・恨賦》注、《太平御覽・治道部》引此竝作「願結交」。

持國秉政

「吾聞先生相李兑曰『百日之内持國秉政』，有之乎」。念孫案：「政」字後人所加。《索隱》本出「持國秉」三字，而釋之曰：「案：《左傳》云『國子寔執齊秉』，見哀十七年《傳》，今本「秉」作「柄」。服虔曰：『秉，權柄也。』」據此則「秉」下本無「政」字。「持國秉」，即持國柄也。《絳侯世家》「許負相條侯曰『君後三歲而侯，侯八歲爲將相，持國秉』」，是其明證矣。《説文》：「柄，或作棅。」書傳通作「秉」。《齊語》「治國家不失其柄」，《管子・小匡篇》作「秉」。《史記・天官書》「二十八舍主十二州，斗秉兼之」，《周官・鼓人》注「鐃如鈴，無舌有秉」，竝讀與「柄」同。後人不知「秉」爲「柄」之借字，故妄加「政」字。《太平御覽・方術部》引此作「持國秉政」，亦後人依《史記》加之。《人事部》引此正作「持國柄」。

曷鼻

「先生曷鼻巨肩魋顔蹙齃膝攣」。念孫案：「曷」讀爲「遏」。《商頌・長發篇》「則莫我敢曷」，《荀子・議兵篇》引此「曷」作「遏」。「遏鼻」者，偃鼻也。「偃鼻」者，仰鼻也。《廣雅》：「偃，仰也。」故徐廣曰：「曷，一作仰。」《列女傳・辯通傳》曰鍾離春「極醜無雙，白〔一〕頭深目」、「卬鼻結喉」，是也。「偃」、「遏」一聲之轉，「偃鼻」之爲「遏鼻」，猶「偃豬」之爲「遏豬」，「千金堰」之爲「千金遏」也。襄二十五年《左傳》：「規偃豬。」鄭注《周官・稻人》曰：「偃豬，畜流水之陂也。」《禹貢》「滎波既豬」，某氏傳曰：「滎澤波水已成遏豬。」「遏豬」即「偃豬」也。《文選・沈約〈三月三日詩〉》「東出千金堰」，李善注：「堰，一作堨。」《水經・穀水注》引《河南十二縣境簿》曰「河南縣城東十五里有千金堨」，即千金堰也。「堰」音「偃」，又於建反。「堨」音「遏」。小司馬不解「曷鼻」之義，而以爲鼻如蝎蟲，其失甚矣。

不

「豈不辯智之期與」。念孫案：豈不，豈非也。上文曰「豈非士之願與」。又《游俠傳》「不可謂不

〔一〕白，原作「曰」，據《國學基本叢書》本改。

賢者矣」，不賢者，非賢者也。「非」、「不」一聲之轉，故謂「非」爲「不」。說見《釋詞》。

不知止　不知足

「吾聞欲而不知止，失其所以欲；有而不知足，失其所以有」。念孫案：「止」、「足」二字互誤，「足」與「欲」爲韻，「止」與「有」爲韻，「有」古讀若「以」。見《詩》及《楚辭》。

樂毅列傳

嚪秦

「令趙嚪秦以伐齊之利」。「嚪」與「啗」同。念孫案：《索隱》本「嚪」下有「説」字，是也。《集解》引徐廣曰：「嚪，進説之意。」則正文内有「説」字明矣。説秦伐齊，其大指在嚪之以利，故曰「嚪，進説之意」。《高祖紀曰》「使酈生、陸賈往説秦將，啗以利義」，與此同也。

以身得察

「臣竊觀先王之舉也，見有高世主之心，故假節於魏，以身得察於燕」。念孫案：「察」讀爲

「交際」之「際」。際，接也。見《爾雅》及《左傳·昭四年》注、《孟子·萬章篇》注。言假魏節使於燕，而以身得接見先王也。「際」與「察」古同聲而通用。《淮南·原道篇》「施四海，際天地」，《文子·道原篇》作「施於四海，察於天地」。

最勝

「夫齊，霸國之餘業，而最勝之遺事也」。念孫案：「最」當爲「冣」，字之誤也。「冣」與「驟」同。冣，古聚字。《周官·獸醫》注「趨聚之節」，釋文：「聚，本亦作驟。」「驟」、「聚」、「冣」三字古聲竝相近，故「驟」亦通作「冣」。「驟勝」者，數勝也。齊嘗破燕、滅宋、取楚之淮北，故曰「驟勝之遺事也」。《燕策》正作「驟勝」。

顧反

「具符節，南使臣於趙，顧反，句命起兵擊齊」。念孫案：「顧反」者，還反也。《文選·沈約〈鍾山詩〉》注引《蒼頡篇》曰：「顧，旋也。」《穆天子傳》「吾顧見女」，郭璞曰：「顧，還也。」故「還反」謂之「顧反」。《屈原傳》曰「使於齊，顧反，諫懷王」，《吕氏春秋·觀表篇》曰「郈成子爲魯聘於晉，過衞，右宰穀臣止而觴之，顧反，過而不辭」，《韓子·外儲説左篇》曰「曾子之妻之市，其子隨之而泣，其母曰『女還，顧反，爲女殺彘』」，《趙策》曰「公子魏牟過趙，趙王迎之，顧反，至坐前」，《淮南·人閒篇》曰「陽虎赴圍而走，顧反，取其出之者，以戈推之」，皆謂「還反」也。

不化

「子胥不蚤見主之不同量，是以至於入江而不化」。索隱曰：「言子胥懷恨，故雖投江而神不化，猶爲波濤之臣也。」念孫案：小司馬誤解「化」字。化者，變也。至於入江而不化，猶言至死不變耳。《燕策》作「故入江而不改」，「改」亦「變」也。上文曰「吴王不寤先論之可以立功，故沈子胥而不悔」，「不悔」與「不化」意亦相近。

廉頗藺相如列傳

廣成傳舍

「舍相如廣成傳舍」。念孫案：「傳」下本無「舍」字，此涉《索隱》「傳舍」而誤衍也。《索隱》本出「廣成傳」三字而釋之曰：「廣成是傳舍之名。」若正文本作「廣成傳舍」，則《索隱》爲贅語矣。《太平御覽·居處部》引此有「舍」字，則所見本已誤。左思《魏都賦》「廣成之傳無以疇」，張載注引此作「舍相如廣成傳」，與小司馬本同，足正今本之誤。

請奉盆缻

「請奉盆缻秦王，以相娛樂」。念孫案：「奉」當爲「奏」，字之誤也。奏，進也，言請進盆缻於秦王前也。上文秦王曰「寡人竊聞趙王好音，請奏瑟」，故相如亦曰「趙王竊聞秦王善爲秦聲，請奏盆缻秦王，以相娛樂」，「請奏盆缻」正與「請奏瑟」相對，今本「奏」作「奉」，則非其指矣。《文選·西征賦》注、《太平御覽·器物部》引此竝作「奏」，上文又云「相如奉璧奏秦王」。

大功

「我爲趙將，有攻城野戰之大功」。念孫案：「大」字後人所加，「攻城野戰之功」，對下文「徒以口舌爲勞」言之，而其大自見，無庸更加「大」字。《文選·西征賦》注、《後漢書·寇恂傳》注、《太平御覽·兵部》《人事部》《疾病部》引此竝無「大」字，《羣書治要》及《通鑑·周紀四》同。

廉頗　畏匿之

「今君與廉頗同列，廉君宣惡言，而君畏匿之」。念孫案：「廉頗」當爲「廉君」。下文作「廉君」，即其證。今作「廉頗」者，涉上文而誤。《文選·盧諶〈覽古詩〉》注、《曹攄〈感舊詩〉》注引此竝作「廉君」，《羣書治要》同。「畏匿之」，《覽古詩》注引作「畏匿」，《感舊詩》注引作「畏之匿」。案：作「畏之匿」者是也。今本「之」字在「匿」字下，則文不成義。

秦破趙殺將扈輒

「秦破趙，殺將扈輒於武遂城」。念孫案：「趙」字本在「殺」字下，「秦破殺趙將扈輒於武遂城」作一句讀。上文云「大破殺匈奴十餘萬騎」，下文云「大破殺趙蔥」，皆以「破殺」連文，《史記》中若是者多矣。今本「趙」字在「殺」字上，則當以「秦破趙」爲句。案：「破」謂破其軍，非謂破其國，不得言「秦破趙」明矣。《索隱》本正作「破殺趙將扈輒」。

魯仲連鄒陽列傳

過而爲政於天下

「彼即肆然而爲帝，過而爲政於天下，則連有蹈東海而死耳，吾不忍爲之民也」。《索隱》解「過而爲政於天下」云：「謂以過惡而爲政也。」《正義》讀至「過」字絶句，解云：「言秦得肆志爲帝，恐有烹醢納筦，偏行天子之禮。過，失也。」徐孚遠曰：「此解非也。言秦未能并滅六國，若尊之太過，使得稱帝，則爲政於天下矣。」念孫案：司馬與張固失之，而徐亦未爲得也。「過而爲政於天下」，指秦言之，非謂尊之太過也。案：高誘注《吕氏春秋·知士篇》曰：「過猶甚也。」言秦若肆然而爲帝，甚而遂爲政於天下，則吾有死而已，不忍爲之民也。「過」與「大」義亦相通。《秦策》曰「弊邑之王所甚説者，無大大王，唯儀之所甚願爲臣者，亦無大大王」，言無過大王也。《魏策》曰「吾所賢者無過堯舜，吾所大者無大天地」，「大」亦「過」也。《韓策》曰「夫羞社稷而爲天下笑，無過此者矣」，《蘇秦傳》「過」作「大」。然則「過而爲政於天下」，猶言「大而爲政於天下」耳。《吕氏春秋》注訓「過」爲「甚」，「甚」與「大」義亦相通，故趙岐注《孟子·梁惠王篇》曰「甚，大也」。

來吾君

「子安取禮而來吾君」。念孫案：「來」下脱「待」字，當依《趙策》補。

辭讓使者三　解紛亂

「魯連辭讓使者三，終不肯受」。念孫案：「辭讓」下不當有「使」字，蓋衍文也。《趙策》作「辭讓者三」，《藝文類聚·人部》、《太平御覽·封建部》《人事部》引此竝作「辭謝者三」，《文選·左思〈詠史詩〉》注、《江淹〈上建平王書〉》注引此竝作「辭謝」，皆無「使」字。又案：諸書引《史記》作「辭謝」，而今本作「辭讓」，疑後人依《趙策》改之也。又下文「爲人排患釋難解紛亂」，文與《趙策》同，而《類聚·人部》《御覽·人事部》《文選·詠史詩》注、《北山移文》注、《後漢書·桓榮傳論》注、《荀彧傳》注引《史記》皆無「亂」字。

反外

「食人炊骨，士無反外之心」。念孫案：「外」當爲「北」。「北」，古「背」字。《説文》：「北，乖也。從二人相背。」韋昭注《吴語》曰：「北，古之背字。」《管子·君臣篇》「爲人君者倍道弃法而好行私，謂之亂。爲人臣者變故易常而巧官以諂上，謂之騰。亂至則虐，騰至則北」，「北」即此所謂「反北」也。言雖至食人炊骨而士卒終無反背之心也。《齊策》作「士無反北之心」，是其證。隸書「外」字或作「夘」，見漢《司隸校尉魯峻碑》。形與「北」相近，故「北」誤爲「外」。《漢書·劉向傳》「孝文皇帝居霸陵，北臨廁」，《張釋之傳》「北」誤作「外」。《方言》「燕之北鄙」，今本「北」誤作「外」。是其證。

而能

「捐子之之心，而能不説於田常之賢」。《漢書》作「而不説田常之賢」，《文選》同。《新序·雜事篇》作「能不説於田常之賢」。念孫案：「能」與「而」同。《漢書》作「而」，《新序》作「能」，其實一字也。下文「獨化於陶鈞之上，而不牽於卑亂之語」，《新序》「而」作「能」，是其證也。《史記》作「而能」者，一本作「而」，一本作「能」，而後人誤合之耳。「能」字古讀若「而」，故與「而」通。説見《經義述聞》「能不我知」下。

包堯舜之術

「雖包堯舜之術，挾伊管之辯」。念孫案：「包」本作「蒙」，此後人以意改之也。《索隱》本作「蒙」，注曰：「蒙被堯舜之道。」則舊本作「蒙」明矣。《新序》《漢書》《文選》竝作「蒙」。

史記弟五

屈原賈生列傳

濯淖

「濯淖汙泥之中」。索隱曰：「『濯』音『濁』，『汙』音烏故反，『泥』音奴計反。」念孫案：上言「洗濯」，下言「淖」，則文不相屬。「濯」字當讀直教反。濯、淖，叠韻字。「濯」、「淖」、「汙」、「泥」四字同義。《説文》曰：「潘，淅米汁也。」又曰：「周謂潘曰泔。」又曰：「滫，久泔也。」《廣雅》曰：「濯，滫也。」曹憲音直皃反。《士喪禮》「渜濯棄于坎」，鄭注曰：「沐浴餘潘水。」釋文：「濯，直孝反。」《喪大記》「濡濯棄于坎」，皇侃疏曰：「濯謂不淨之汁也。」《廣雅》曰：「淖，濁也。」是「濯」、「淖」皆汙濁之名。

不獲

「不獲世之滋垢，皭然泥而不滓者也」。念孫案：獲者，辱也。言不爲滋垢所辱也。鄭注《士昏禮》曰「以白造緇曰辱」，是也。下句「泥而不滓」即承「不獲」言之。《廣雅》曰：「獲，辱也。」又曰：「濩，辱污也。」「濩」亦「獲」也，古聲、義同耳。

懲違

「懲違改忿兮，抑心而自彊」。念孫案：「違」非違逆之違。懲，止也。違，恨也。言止其恨，改其忿，抑其心而自彊勉也。《廣雅》曰「怨、愇、很，恨也」，「愇」與「違」同。《無逸》曰「民否則厥心違怨，否則厥口詛祝」，「違」亦「怨」也，「詛」亦「祝」也。《正義》以「違」爲違命，失之。辯見《經義述聞》。《邶風·谷風篇》「中心有違」，《韓詩》曰「違，很也」，「很」亦「恨」也。班固《幽通賦》「違世業之可懷」，曹大家曰「違，恨也」。《楚辭》「違」譌作「連」，王注以「連」爲留連，失之。

含憂

「含憂虞哀兮」。索隱曰：「《楚詞》作『舒憂娛哀』。」念孫案：「含」當爲「舍」，字之誤也。隷書「含」或作「舍」，又作「舍」，〔一〕皆與「舍」字相似。「舍」即「舒」字也。《説文》：「舒，從予，舍聲。」《小雅·何人斯篇》「亦不遑舍」，與「車」「盱」爲韻。《史記·律書》「舍者，日月所舍。舍者，舒氣也。」《左氏春秋·哀六年》「齊陳乞弑其君荼」，釋文：「荼，音舒。」《公羊》「荼」作「舍」。《聘禮記》「發氣怡焉」，鄭注曰：「發氣，舍息也。」「舍息」即舒息，是「舒」與「舍」古同聲而通用。王注《楚詞》曰：「言己自知不遇，聊作詞賦以舒展憂思，樂己悲愁。」是「舒憂」、「娛哀」義本相承，若云「含憂」，則與「娛哀」異義矣。

有命

「人生有命兮，各有所錯兮」。念孫案：「有命」當從宋本作「稟命」，此涉下句「有」字而誤也。《楚辭》作「民生稟命」，王注曰：「言萬民稟受王命而生。」

〔一〕舍，原作「舍」，據《國學基本叢書》本改。

曾傷爰哀永嘆喟兮世溷不吾知心不可謂兮

「浩浩沅、湘兮，分流汩[一]兮。脩路幽拂兮，道遠忽兮。曾唫恒悲兮，永歎慨兮。世既莫吾知兮，人心不可謂兮。懷情抱質兮，獨無匹兮。伯樂既歿兮，驥將焉程兮？人生有命兮，各有所錯兮。定心廣志兮，餘何畏懼兮。曾傷爰哀，永嘆喟兮。世溷不吾知，心不可謂兮。知死不可讓兮，願勿愛兮。明以告君子兮，吾將以爲類兮」。引之曰：「曾傷爰哀」四句，乃後人據《楚辭》增入，非《史記》原文也。「曾唫恒悲」四句，即「曾傷爰哀」四句之異文，特《史記》在「道遠忽兮」之下，《楚辭》在「余何畏懼兮」之下耳。後人據《楚辭》增入，而不知已見於上文也。「浩浩沅、湘兮」以下，每句有「兮」字，而「增傷爰哀」「世溷不吾知」二句下，獨無「兮」字，與《楚辭》相合，其增入之跡尤屬顯然。「永嘆喟兮」，集解引王逸注曰：「喟，息也。」則後四句之增，蓋在裴駰以前矣。又案：此四句似當從《史記》列於「道遠忽兮」之下。今循其文義讀之，「世既莫吾知兮，人心不可謂兮。懷情抱質兮，獨無匹兮」，皆言世莫能知也。「定心廣志兮，餘何畏懼兮。知死不可讓兮，願勿愛兮」，皆言己不畏死

[一] 汩，原作「汨」，據《史記》《楚辭》改。

也。其敘次秩然不紊，蓋子長所見屈原賦如此，較叔師本爲長。

自投

「於是懷石，遂自投汨羅以死」。《索隱》本「自投」作「自沈」。念孫案：下文云「自屈原沈汨羅後」，又云「側聞屈原兮自沈汨羅」，又云「觀屈原所自沈淵」，則作「自沈」者是也。東方朔《七諫》亦云「懷沙礫以自沈」。

而寶康瓠

「斡棄周鼎兮而寶康瓠」。《索隱》本無「而」字。念孫案：下句云「騰駕罷牛兮驂蹇驢」，則無「而」字者是也。《漢書》《文選》「兮」字竝在「寶康瓠」下，亦無「而」字。

請對以臆

「服乃歎息，舉首奮翼，口不能言，請對以臆」。念孫案：《索隱》本「臆」作「意」，注曰：「協音臆。」正義曰：「協韻，音憶。」據此則正文本作「請對以意」，謂口不能言而以意對也。今本作「臆」者，後人以「意」與「息」「翼」韻不相協而改之也。不知「意」字古讀若「億」，正與

「息」「翼」相協。《明夷·象傳》「獲心意也」，與「食」、「則」、「得」、「息」、「國」、「則」爲韻。《管子·戒篇》「身在草茅之中而無懾意」，與「惑」「色」爲韻。《楚詞·天問》「何所意焉」，與「極」爲韻。《吕氏春秋·重言篇》「將以定志意也」，與「翼」、「則」爲韻。秦《之罘刻石文》「承順聖意」，與「德」、「服」、「極」、「則」、「式」爲韻。《論語·先進篇》「億則屢中」，《漢書·貨殖傳》「億」作「意」。皆其證也。此賦以「意」與「息」「翼」爲韻，故《索隱》《正義》竝以「意」爲協韻。下文「好惡積意」，與「息」爲韻，《正義》亦云「協韻，音憶」。若「臆」字，則本讀入聲，何煩協韻乎？又案：《文選》作「請對以臆」，亦是後人所改。據李善注云「請以意中之事對」，則本作「意」明矣，而今本并李注亦改作「臆」。惟《漢書》作「請對以意」，顔師古曰：「意字合韻，宜音億。」《索隱》《正義》皆本於此，今據以訂正。

其生若浮兮其死若休

「其生若浮兮，其死若休」。念孫案：《漢書》《文選》竝作「其生兮若浮，其死兮若休」。《索隱》本出「其死兮若休」五字，則上句亦當與《漢書》《文選》同。今案：「其生兮若浮，其死兮若休。澹乎若深淵之静，氾乎若不繫之舟」，四句文同一例。且「浮」、「休」、「舟」三字皆於句末爲韻，則《索隱》本是也。今本作「其生若浮兮，其死若休」，蓋蒙上文句法而誤。

養空而游

「養空而游」。念孫案：「游」當爲「浮」，字之誤也。《索隱》本作「浮」，注曰：「言體道之人，但養空性，而心若浮舟也。」《漢書》《文選》竝作「浮」，服虔曰「道家養空，虛若浮舟也」，皆其證。上文「其生兮若浮」，義亦同也。

呂不韋列傳

且自大君之門

「且自大君之門，而乃大吾門」。念孫案：「且」當爲「盍」，字之誤也。盍，何不也。言何不自大君之門，而乃大吾門也。若作「且」，則與「而乃」二字義不相屬矣。《太平御覽·居處部》引此作「盍自大君之門，顧乃大吾門」，高誘《呂氏春秋注序》作「何不大君之門，乃大吾之門邪」，皆其證。

所養母

「莊襄王所養母華陽后」。念孫案：「養」字後人所加。莊襄王乃夏姬所生，而華陽后爲夫人時，立以爲適嗣，故曰「莊襄王所母華陽后」，對下文「真母夏姬」而言也。《索隱》本出「所母華陽后」五字，注曰：「劉氏本作『所生母』，『生』，衍字也。今檢諸本竝無『生』字。」據此則「養」字亦後人所加明矣。後人不解「所母」二字之義，故妄加「養」字。

刺客列傳

范中行氏

「故嘗事范、中行氏」。念孫案：「范、中行氏」本作「范氏及中行氏」。今本無「氏及」二字者，後人依《趙策》删之也。不知古人屬文或繁或省，不得據彼以删此。下文言「范、中行氏」者，前詳而後略耳，亦不得據後以删前。《索隱》本出「事范氏及中行氏」七字，解云：「范氏謂范昭子吉射也。中行氏，中行文子荀寅也。」則有「氏及」二字明矣。《羣書治要》引此亦作「范氏及中行氏」。

釋

「卒釋去之」。念孫案：「釋」本作「醳」，古多以「醳」爲「釋」字。《管蔡世家》「鄭降楚，楚復醳之」，《魏世家》「與其以秦醳衛，不如以魏醳衛」，《孔子世家》「陽虎因囚桓子，與盟而醳之」，《張儀傳》「掠笞數百，不服，醳之」，《燕策》「王欲醳臣」，漢《石門頌》「醳艱即安」，《析里橋郙閣頌》「醳散關之嶃漯」，《北海相景君銘》「農夫醳耒」，竝以「醳」爲「釋」。《索隱》本作「醳」，注曰：「音釋。」又《田儋傳》「乃釋齊」，《索隱》本亦作「醳」，注曰：「古釋字。」今本皆改「醳」爲「釋」，而删去其注，後人之妄也。

衆終莫能就　請益其

「臣欲使人刺之，衆終莫能就」。念孫案：「衆」與「終」一字也。《鄘風・載馳篇》「衆穉且狂」，「衆」即「終」字，猶言「終温且惠」「終窶且貧」也。說見《經義述聞》。《史記・五帝紀》「怙終賊刑」，徐廣曰：「終，一作衆。」《周頌・振鷺篇》「以永終譽」，《後漢書・崔駰傳》「終」作「衆」。是古字多借「衆」爲「終」也。今本作「衆終莫能就」者，一本作「衆」，一本作「終」，而後人誤合之耳。或讀「臣欲使人刺之衆」爲句，非也。「欲使人刺之」與「衆」字意不相屬。《韓策》作「臣使人刺之，終莫能就」，是其明證矣。又下文「請益其車騎壯士，可爲足下輔翼者」，《韓策》「益其」作「益具」，於義爲長。

生得失

「今殺人之相，相又國君之親，此其勢不可以多人。多人，不能無生得失，生得失則語泄」。《索隱》本出「不能無生得」五字，解云：「《戰國策》作『無生情』，言所將人多，或生異情，故語泄。此云『生得』，言將多人往殺俠累，後又被生擒而事泄，亦兩通也。」念孫案：如《索隱》說，則《史記》本作「不能無生得」，《齊語》：「若不生得以戮於羣臣，猶未得請也。」昭二十三年《公羊傳》：「君死于位曰滅，生得曰獲。」《項羽紀》：「楚下滎陽城，生得周苛。」《淮陰侯傳》：「有能生得廣武君者，購千金。」今本「得」下有「失」字，乃後人以意加之也。又《索隱》引《韓策》作「無生情」，而今本亦作「無生得失」，則又後人據《史記》改之也。

皮面

「因自皮面決眼，自屠出腸」。索隱曰：「皮面謂刀割其面皮，欲令人不識。」念孫案：如小司馬說，則當云「割面皮」，不當云「皮面」矣。今案《廣雅》曰：「皮，離也。」又曰：「皮，剥也。」然則「皮面」者，謂以刀自剥其面也。王褒《僮約》曰「落桑皮椶」，「皮」之爲言猶「披」

也。《續列女傳》曰「聶政自披其面」，是「皮」與「披」同義。

購縣之

「韓取聶政屍暴於市，購問莫知誰子。於是韓購縣之，有能言殺相俠累者予千金」。念孫案：「購縣之」當爲「縣購之」，謂縣金以購之也。下文曰「王縣購其名姓千金」，《韓策》曰「縣購之千金」，皆其證。

目攝之

「荊軻嘗游過榆次，與蓋聶論劍，蓋聶怒而目之。荊軻出，人或言復召荊卿。蓋聶曰：『曩者吾與論劍，有不稱者，吾目之；試往，是宜去，不敢留。』使使往之主人，荊卿則已駕而去榆次矣。使者還報，蓋聶曰：『固去也，吾曩者目攝之。』」索隱曰：「攝，猶整也。謂不稱己意，因怒視以攝整之也。」正義曰：「攝猶視也。」念孫案：《索隱》解「攝」爲「整」，不合語意。《正義》解「攝」爲「視」，古無此訓，皆非也。「攝」讀爲「懾」，鄭注《樂記》曰：「懾猶恐懼也。」言曩者吾怒目以懼之，彼固不敢不去也。恐謂之「懼」，使人恐亦謂之「懼」，昭十二年《左傳》「楚子圍徐以懼吳」是也。恐謂之「懾」，使人恐亦謂之「懾」，《呂氏春秋・論威篇》「威所以懾之」是也。襄十一年《左傳》「武震以攝威之」，釋文曰：「攝，如字，又之涉反。」是「懾」與「攝」通。《衛將軍驃騎傳》「懾慴者弗取」，《漢書》作「攝讋」。《樂記》「柔氣不懾」，《説苑・脩文篇》作「攝」。《韓詩外傳》曰：「上攝萬乘，下不敢敖乎匹夫。」

揕其匈

「臣左手把其袖而右手揕其匈」。集解：「徐廣曰：『揕，一作抗。』」索隱曰：「揕謂以劒刺其胷也。抗，拒也。其義非。」念孫案：「抗」與「揕」聲不相近，「揕」字無緣通作「抗」。「抗」當爲「抌」，俗書從「冘」之字作「冗」，從「亢」之字作「宂」，二形相似，故「抌」譌爲「抗」。《説文》：「抌，深擊也。」《廣雅》曰：「抌，刺也。」《集韻》「抌」「揕」竝陟甚切，「揕」之爲「抌」，猶「湛」之爲「沈」也。《燕策》作「右手揕抗其胷」，「抗」亦「抌」字之譌，且亦是一本作「揕」，一本作「抗」，而後人誤合之耳。姚宏校本云「一無『抗』字」，是其證矣。《列子・黄帝篇》「攩㧙挨抌」，釋文云：「抌，方言，擊背也。一本作抗，違拒也。」亦未知「抗」即「抌」之譌耳。

腐心

「此臣之日夜切齒腐心也」。引之曰：「腐」讀爲「拊」。《爾雅》曰：「辟，拊心也。」郭注：「謂椎胷也。」《燕策》正作「拊心」。《索隱》訓「腐」爲「爛」，非是。

李斯列傳

郡小吏

「年少時爲郡小吏」。念孫案：《索隱》本「郡」作「鄉」，注曰：「劉氏云掌鄉文書。」據此則劉與小司馬本皆作「鄉」，鄉謂上蔡之鄉也。今本「鄉」誤爲「郡」，又於注内加「郡，一作鄉」四字，斯爲謬矣。《太平御覽·獸部》引此作「郡」，則所見本已誤。《藝文類聚·獸部》引此正作「鄉」。

胥人者去其幾也

「胥人者，去其幾也。成大功者，在因瑕釁而遂忍之」。《索隱》解上二句曰：「胥人猶胥吏小人也。去猶失也。幾者，動之微。言小人不識動微之會，故每失時也。」正義曰：「胥，相也。幾謂察也。言關東六國與秦相敵者，君臣機密，竝有瑕釁，可成大功而遂忍之。」念孫案：《索隱》誤解「胥」字，《正義》則大誤矣。胥者，須也。見《孟子·萬章篇》趙注、《漢書·敘傳》應劭注。須，待也。「去」當爲「失」，字之誤也。言人有釁可乘，不急乘其釁而待之，是自失其幾也。故下文曰「成大功者，在因瑕釁而遂忍之」，又曰「今怠而不急就，諸侯復彊，雖有黄帝之賢，不能并也」，「怠而不急就」即此所謂「胥」也。

竈上騷除

「夫以秦之彊，大王之賢，由竈上騷除，「由」與「猶」同，「騷」與「埽」同。足以滅諸侯，成帝業」。《太平御覽·人事部》引此「竈」字上有「老嫗」二字。念孫案：《索隱》曰：「言秦欲并天下，若炊婦埽除竈上之不浄，不足爲難。」據此則正文内有「老嫗」二字明矣。

阿縞

「阿縞之衣，錦繡之飾」。徐廣曰：「齊之東阿縣，繒帛所出。」念孫案：徐以上文云「江南金錫，西蜀丹青」，故以阿縞爲東阿所出之縞也。今案：「阿縞之衣」與「錦繡之飾」相對爲文，則「阿」爲細繒之名，非謂東阿也。「阿」字或作「⿰糹阿」，《廣雅》曰：「⿰糹阿、縞，練也。」《楚辭·招魂》「蒻阿拂壁」，「蒻」與「弱」同，阿，細繒也。言以弱阿拂牀之四壁也。王注以蒻爲蒻席，阿爲曲隅，皆失之。辯見《楚辭》。《淮南·脩務篇》「衣阿錫，曳齊紈」，高注曰：「阿，細縠。錫，細布。」

《列子・周穆王篇》張湛注同。《漢書・禮樂志》「曳阿錫，佩珠玉」，如淳曰：「阿，細繒。錫，細布。」《司馬相如傳》「被阿錫，揄紵縞」，張揖注與如淳同。

快耳目

「夫擊甕叩缻，彈箏搏髀，而歌呼嗚嗚快耳目者，真秦之聲也」。念孫案：聲能快耳，不能快目，「目」字後人所加。《文選》無「目」字。舊本《北堂書鈔・樂部六》出「彈箏快耳」四字，引《史記》「彈箏搏髀，而歌嗚嗚快耳者」，亦無「目」字。陳禹謨依俗本增「目」字。《藝文類聚・樂部四》《太平御覽・樂部十四》所引竝無「目」字。

秋霜降　水搖動

「故秋霜降者草華落，水搖動者萬物作」。念孫案：《索隱》本出「水搖者萬物作」六字，注曰：「水搖者，謂冰泮而水動也。」據此則正文內本無「動」字，蓋因注文而誤衍也。此二句原文當本作「霜降者草華落，水搖者萬物作」，今本作「水搖動」，則多一字，後人不達，又於上句內加「秋」字，以對下句耳。不知「霜降」、「水搖」相對爲文，若「秋霜降」與「水搖動」，則參差不協，且下句不言「春」，而上句獨言「秋」，亦爲不類矣。又案：《索隱》訓「搖」爲

「動」，則正文内本無「動」字，後人不知「動」爲衍文，又改注文之「水動」爲「摇動」，以牽合正文。甚矣，其謬也。

足以爲寒心

「禍及子孫，足以爲寒心」。念孫案：此本作「足爲寒心」，「足」下有「以」字，則文不成義。《文選·報任少卿書》注引此正作「足爲寒心」。《燕策》曰「夫以秦王之暴而積怨於燕，足爲寒心」，又其一證矣。

直馳道

「又作阿房之宫，治直馳道」。念孫案：「直馳道」當作「直道、馳道」。《秦始皇紀》「二十七年，治馳道」，集解：「應劭曰：『馳道，天子道也，若今之中道然。』」《六國表》曰「始皇三十五年，爲直道，道九原，通甘泉」，《蒙恬傳贊》曰「蒙恬爲秦壍山堙谷，通直道」，是「直道」與「馳道」不同。今本「直」下脱「道」字，則文義不明。《羣書治要》引此正作「治直道、馳道」。

蒙恬列傳

敦於事

「帝以高之敦於事也，赦之」。念孫案：敦於事，勉於事也。《爾雅》曰：「敦，勉也。」《曲禮》曰：「敦善行而不怠。」《大戴禮·五帝德篇》曰：「長而敦敏。」秦《會稽刻石文》曰：「和安敦勉。」

張耳陳餘列傳

嫁庸奴亡其夫去

「外黃富人女甚美，嫁庸奴，亡其夫，去抵父客」。《集解》於「亡其夫」下注曰：「一云『其夫亡』也。」念孫案：一本是也。「嫁」字後人所加，「亡」字本在「其夫」下，「庸奴其夫」爲句，「亡去」爲句，「抵父客」爲句。《漢書》作「外黃富人女甚美，庸奴其夫，師古曰：「言不恃賴其夫，視之若庸奴。」亡，邸父客如淳曰：「父時故賓客也。」」，是其證也。因「亡」字誤在「其夫」之上，遂與「庸奴」二字義不相屬，後人不得其解，輒於「庸奴」上加「嫁」字，而讀「嫁庸奴」爲句，《廿二史劄記》謂所嫁者乃庸奴，故逃之，非也。既爲富人女，而又甚美，則無嫁庸奴之理。「亡其夫」爲句，其謬甚矣。徐廣讀「其夫亡」爲句，亦非。

竊聞公之將死

「竊聞公之將死，故弔」。念孫案：「聞」字當從《漢書·蒯通傳》作「閔」。閔，憂也。

淮陰侯列傳

特劫於威彊耳

「項王所過無不殘滅者，天下多怨，百姓不親附，特劫於威彊耳」。念孫案：「彊」讀勉彊之彊，「彊」下當有「服」字，「劫於威」三字連讀，「彊服」二字連讀，言百姓非心服項王，特劫於威而彊服耳。下文云「今楚彊以威王此三人，秦民莫愛也」，語意正與此同，今本脱去「服」字，則當以「威彊」連讀，而讀「彊」爲彊弱之彊，非其指矣。《漢書》及《新序·善謀篇》「彊」下皆有「服」字，顔師古曰「彊音其兩反」，是其證。

何所不

「今大王誠能反其道，任天下武勇，何所不誅？以天下城邑封功臣，何所不服？以義兵從思東歸之士，何所不散」。念孫案：三「所」字皆後人所加。《索隱》本出「何不誅」三字，注曰：「劉氏云：言何所不誅也。」又出「何不散」三字，注曰：「劉氏云：用東歸之兵，擊東方之敵，無不散敗也。」則正文内無三「所」字明矣。《漢紀》有三「所」字，亦後人據誤本《史記》加之。《漢書》《新序》竝無三「所」字。《鹽鐵論·結和篇》「夫以天下之力勤，何不摧？以天下之士民，何不服」，句法與此同。

欲反漢

「漢之敗卻彭城，塞王欣、翟王翳亡漢降楚，齊、趙欲反漢與楚和」。念孫案：「欲反漢」當依宋本、游本作「亦反漢」，「亦」者承上之詞，此時諸侯皆反漢而與楚，非但欲反也。《漢書》正作「齊、趙、魏亦皆反與楚和」。

倍則戰之

「吾聞兵法：十則圍之，倍則戰之」。念孫案：宋本「戰」下無「之」字，是也。「十則圍之」者，言我兵十倍於彼，則圍之也。「倍則戰」者，言我兵倍於彼，則與之戰也。「戰」下不當有「之」字，此涉上句而誤衍耳。《太平御覽・兵部一》引《史記》無「之」字，《漢書》及《通典・兵十三》竝同。《孫子・謀攻篇》「十則圍之，五則攻之，倍則分之，敵則能戰」，能，乃也。古謂「乃」爲「能」，説見《漢書》「能或滅之」下。言兵數相敵，乃與之戰也。今本「戰」下有「之」字，亦涉上文而衍，《御覽》引《孫子》亦無「之」字。

能

「今韓信兵號數萬，其實不過數千，能千里而襲我，亦以罷極」。念孫案：此「能」字非才能之能，「能」猶「乃」也。言信兵不過數千，乃千里而襲我，亦已疲極也。又《自序》述《佞幸傳》曰「非獨色愛，能亦各有所長」，「能」亦「乃」也。言非獨以色見愛，乃亦各有所長也。「乃」與「能」古聲相近，故義亦相通。説見《釋詞》。

須臾

「足下所以得須臾至今者，以項王尚存也」。念孫案：此「須臾」與《中庸》「道不可須臾離」異義。須臾，猶從容，延年之意也。言足下所以得從容至今不死者，以項王尚存也。《漢書・賈山傳》「願少須臾毋死，思見德化之成也」，「少須臾」即「少從容」，亦延年之意也。故《武五子傳》「奉天期兮不得須臾」，張晏曰：「不得復延年也。」「從容」、「須臾」，語之轉耳。

懷諸侯之德

「案齊之故，有膠泗之地，懷諸侯之德」。念孫案：此當從游本作「懷諸侯以德」，今本「以」作「之」者，涉上兩「之」字而誤。《漢書》正作「懷諸侯以德」。

東殺龍且

「南摧楚人之兵二十萬，東殺龍且，西鄉以報」。念孫案：「東殺龍且」本作「遂殺龍且」。後人改「遂」爲「東」者，欲與上「南」下「西」相對耳。不知摧楚兵、殺龍且本是一事，若云「南摧楚兵」、「東殺龍〔一〕且」，則分爲二事矣。《漢書》《漢紀》竝作「遂斬龍且」。

知者決之斷也

「故知者，決之斷也。疑者，事之害也」。念孫案：「知者，決之斷」當作「決者，知之斷」。下句「疑者，事之害」，正與此相反也。有智而不能決，適足以害事，故下文又申之曰「智誠知之，決弗敢行者，百事之禍也」。

韓王信盧綰列傳

後復破之

「至晉陽與漢兵戰，漢大破之。追至于離石，後復破之」。念孫案：此言漢兵破匈奴於晉陽，復追破之於離石，「復」上不當有「後」字，「後」即「復」之誤也。篆書「復」字作「𢔊」，「後」字作「𢓜」，隸書「復」字作「𣳾」，「後」字作「浚」，形竝相似，故「復」誤作「後」。《穆天子傳》「比及三年，將復而野」，《管子·任

〔一〕殺龍，原作「龍殺」，據《國學基本叢書》本改。

法篇》「令出而復反之」，《荀子・成相篇》「恨復遂過不肯悔」，《趙策》「復合與踦重者，皆非趙之利也」，今本「復」字竝誤作「後」。《史記・齊悼惠王世家》「已而復聞齊初與三國有謀」，《絳侯世家》「復擊破綰軍沮陽」，《漢書》「復」字竝誤作「後」。今作「後復破之」者，一本作「復」，一本作「後」，而後人誤合之耳。《漢書・韓王信傳》無「後」字。

代上谷

「聞冒頓居代上谷，高皇帝居晉陽，使人視冒頓，還報曰『可擊』，上遂至平城」。念孫案：「聞冒頓居代上谷」衍「上」字，《漢書》作「居代谷」是也。《管子・輕重戊篇》曰「代王將其士卒，葆於代谷之上」，《鹽鐵論・伐功篇》曰「趙武靈王踰句注，過代谷」，《漢書・梅福傳》曰「孝文皇帝起於代谷」，《水經・濕水注》曰「代谷者，恒山在其南，北塞在其北。谷中之地，上谷在東，代郡在西」。《主父偃傳》曰「高皇帝聞匈奴聚於代谷之外，而欲擊之。御史成進諫，不聽，遂北至於代谷，果有平城之圍」，是代谷與平城相近，若上谷，則去平城遠矣。又案：漢之沮陽爲上谷郡治，即唐之嬀州也。今本云「冒頓居代上谷」，而《正義》於「上谷」下注云「今嬀州」，則張氏所見本已誤衍「上」字。

黥之

「上自擊東垣，東垣不下，卒罵上。東垣降，卒罵者斬之，不罵者黥之」。念孫案：「黥」當從

《高祖紀》作「原」，原之，謂宥之也。今作「黥」者，「原」誤爲「京」，隸書「原」或作「原」，「京」或作「京」，二形相似，故「原」誤爲「京」。《檀弓》「是全要領以從先大夫於九京也」，鄭注：「京，蓋字之誤，當爲原。」後人又加「黑」旁耳。若不罵者亦黥之，則人皆不免於罪矣。

田儋列傳

非直手足戚也

「蝮螫手則斬手，螫足則斬足，何者？爲害於身也。今田假、田角、田閒於楚、趙，非直手足戚也，何故不殺」。《漢書》作「非手足戚，何故不殺」，《漢紀》作「豈有手足之戚，何故不殺」。念孫案：此則「非直手足戚也」，「直」字當爲「有」字之譌。「直」字俗作「直」，形與「有」相近。

無不　莫能圖

「無不善畫者，莫能圖，何哉」。念孫案：「無不」當爲「不無」，「莫能圖」當爲「莫圖」，此言田橫之高節與其客之慕義從死，天下非無善畫者，何故不爲之作圖，故曰「不無善畫者，莫圖，何哉」。今本「不無」作「無不」，「莫圖」作「莫能圖」，則非其指矣。《索隱》本出「不無善畫者，莫圖，何哉」九字，今本「不無」作「無不」，乃後人依誤本改之。注曰「言天下非無善畫之人，而不知圖畫田横，及其黨慕義死節之事，何故哉」，是其證。

樊酈滕灌列傳

肩蔽

「亞父謀欲殺沛公，令項莊拔劍舞坐中，欲擊沛公，項伯常肩蔽之」。念孫案：「肩」當爲「屏」，字之誤也。《漢書》作「屏蔽」，謂以身屏蔽之，非謂以肩蔽之也。《項羽紀》曰「項莊拔劍起舞，項伯亦拔劍起舞，常以身翼蔽沛公」，彼言「翼蔽」，猶此言「屏蔽」矣。

張丞相列傳

即

「是後戚姬子如意爲趙王，年十歲，高祖憂即萬歲之後不全也」。念孫案：「即」猶「或」也。言高祖憂萬歲之後，趙王或不全也。「即」與「或」古同義。《越語》「大夫種曰：『有帶甲五千人，將以致死，無乃即傷君王之所愛乎』」，言或傷君王之所愛也。《爾雅·釋地》曰「西方有比肩獸焉，與邛邛岠虚比，爲邛邛岠虚齧甘草，即有難，邛邛岠虚負而走」，言或有難也。「即」訓爲「或」，又訓爲「若」，互見《匈奴》《酷吏》二傳。

有堅忍質直

「御史大夫周昌，其人有堅忍質直」。念孫案：「堅忍質直」上不當有「有」字，蓋衍文也。《太平御覽·職官部》引此無「有」字，《漢書·周昌傳》作「其人堅忍伉直」，亦無「有」字。

子類

「封爲北平侯。孝景前五年，蒼卒，子康代侯。八年卒，子類代侯」。集解：「徐廣曰：『類，一作顲，音聵。』」《索隱》單行本注曰：「案《漢書》云『傳子至孫毅，有罪國除』，今此云『康代侯，八年卒，子顲代侯』，則『顲』即『毅』也。」以上《索隱》注。今《漢書·張蒼傳》作「類」，又《史記·高祖功臣侯者表》作「預」，《漢表》作「類」。念孫案：此字本作「顡」，或作「顲」，竝讀如聾聵之聵。今本《史記》《漢書》作「類」，即「顡」之譌也。《易林·家人之咸》「視聽聳顡」，今本「顡」譌作「類」。《說文》：「顡，癡顛不聽明也。從頁豙聲。」「豙」音「毅」。《玉篇》音「毅」，又音「聵」。

《集韻》「頯」、「⿰萠頁」竝與「聵」同音。「⿰萠頁」字注曰「漢有北平侯⿰萠頁」，即此所謂「子⿰萠頁代侯」者。故徐廣曰「頯，一作⿰萠頁，音聵」也。若作「類」，則不與「⿰萠頁」「聵」同音矣。隸書「類」字或作「類」，見漢《外黄令高彪碑》。形與「頯」相似，故「頯」譌作「類」。《功臣表》作「預」，《索隱》引《漢書》作「毅」，皆「頯」之譌也。

他官

「錯所穿非真廟垣，乃外堧垣，故他官居其中」。念孫案：「他官」二字義無所取，當從《漢書》作「宂官」，顔師古曰「宂謂散輩，如今之散官」是也。《周官・稾人》「掌共外内朝宂食者之食」，注：「宂食者，謂留治文書，若今尚書之屬諸上直者。」釋曰：「宂，散也。外内朝上直諸吏，謂之宂吏，亦曰散吏，以上直不歸家宿，稾人供之，因名宂食者。」案：宂食者上直外内朝，與此言「宂官居其中」同義。「宂」與「它」字形相近，當是「宂」誤爲「它」，後人又改爲「他」耳。

酈生陸賈列傳

三皇

「繼五帝三皇之業」。念孫案：「三皇」當從《漢書》《漢紀》《説苑·奉使篇》作「三王」。漢承周秦之後，故云「繼五帝三王之業」，若作「三皇」，則非其指矣。《太平御覽·奉使部》引《史記》亦作「三王」。

劉敬叔孫通列傳

臚句傳

「大行設九賓臚句傳」。念孫案：「臚」下本無「句」字，此後人依《漢書》加之也。《索隱》本出「九賓臚傳」四字，注曰：「《漢書》云『設九賓臚句傳』。蘇林云『上傳語告下云臚，下傳語告上云句』。」則《漢書》有「句」字而《史記》無「句」字明矣。《集解》引《漢書音義》曰「傳從上下爲臚」，但釋「臚」字而不釋「句」字，又其一證也。又案：《索隱》引韋昭云「九賓，則周禮九儀也，謂公、侯、伯、子、男、孤、卿、大夫、士，漢依此以爲臚傳也」，又《漢書・百官表》「大鴻臚」應劭曰：「郊廟行禮，讚九賓，鴻聲臚傳之也。」應劭、韋昭皆但言「臚傳」而不言「臚句傳」，與《史記》同，是言「臚」即可以該「句」也。後人於《史記》加入「句」字，則與注内《漢書》云「臚句傳」之語不合，乃或删去此語，以牽合已誤之正文，其失甚矣。

莫能習

「先帝園陵寢廟，群臣莫能習」。念孫案：「莫能習」當從《漢書》作「莫習」。莫習者，謂群臣未習此禮，非謂莫能習也。「能」字後人所加，《北堂書鈔・設官部》《藝文類聚・職官部》引《史記》竝無「能」字。

季布欒布列傳

黃金百斤

「楚人諺曰：得黃金百斤，不如得季布一諾」。念孫案：「百」與「諾」爲韻，百，古讀若博。《莊子・秋水篇》「聞道百」，與「若」爲韻。《漢書・鄒陽傳》「鷙鳥絫百」，與「鶚」爲韻。蔡邕《獨斷》「蜡祝辭歲取千百」，與

「宅」、「壑」、「作」爲韻。「斤」字後人所加也。《漢書·食貨志》「馬至匹百金」，薛瓚曰：「秦以一溢爲一金，漢以一斤爲一金。」見《平準書》集解。此言「黄金百」，即是百斤，無煩加「斤」字也。《漢書·季布傳》無「斤」字。

項王所以遂不能西徙以彭王居梁地

「方上之困於彭城，敗滎陽、成皋閒，項王所以遂不能西徙，以彭王居梁地，與漢合從苦楚也」。「徙」，宋本作「徒」。念孫案：此當從《漢書》作「項王所以不能遂西，句徒以彭王居梁地，與漢合從苦楚也」。宋本「遂」字誤在「不能」上，今本「徒」字又誤作「徙」，遂致文不成義。《太平御覽·人事部》引《史記》正與《漢書》同。

袁盎鼂錯列傳

與

「妾主豈可與同坐哉」。念孫案：「與」猶「以」也，故《漢書》作「以」。《貨殖傳》曰「智不足與權變，勇不足以決斷，仁不能以取予」，「與」亦「以」也，互文耳。「以」、「與」一聲之轉，故古或謂「以」爲「與」。說見《釋詞》。

乃以刀決張道從醉卒直隧出

「乃以刀決張，道從醉卒，直隧出」。集解：「如淳曰：『決開當所從亡者之道，張音帳。』」《漢書》顔師古注義同。念孫案：「道」與「決張」義不相屬，如、顔皆以「道」爲道路之道，上屬爲句，非也。「道」讀曰「導」，下屬爲句。「隧」字當在「直」字上，「醉卒隧」三字連讀，「直出」二字連讀。今本「直」字誤在「隧」字上，則文不成義。《漢書》作「道從醉卒，直出」。「醉卒隧」者，當醉卒之道也。謂決開軍帳，導之從醉卒道直出也。《說苑·復恩篇》作「乃以刀決帳，從醉卒道出」，宋本《說苑》「從醉」誤爲「醉從」，今本又誤爲「率徒」。「醉卒道」即「醉卒隧」也。「隧」訓爲「道」，則上「道」字非謂道路明矣。

後曹輩

「梁刺客後曹輩，果遮刺殺盎安陵郭門外」。念孫案：「後曹」下本無「輩」字，「曹」即「輩」也。且「後曹」二字即承上「後刺君者十餘曹」而言，則「曹」下愈不當有「輩」字，蓋因上《集解》内有「如淳曰：曹，輩」而誤衍也。《漢書》無「輩」字。

張釋之馮唐列傳

一人

「廷尉奏當，一人犯蹕當罰金」。念孫案：「一人」二字於義無取，當從宋本作「此人」，此涉上文「有一人從橋下走出」而誤也。《藝文類聚·水部》引《史記》作「一人」，亦後人依誤本《史記》改之。《初學記·地部》《太平御覽·儀式部》引《史記》竝作「此人」，《漢書》同。

昂

「匈奴新大入朝那，殺北地都尉昂」。念孫案：「昂」本作「卬」，淺學人改之也。《索隱》本作「卬」，注云：「都尉姓孫名卬。」今既改正文爲「昂」，又删去注内「名卬」二字矣。《孝文紀》《匈奴傳》及《惠景間侯者表》竝作「卬」，《漢書》《漢紀》同。

萬三千

「遣選車千三百乘，彀騎萬三千」。念孫案：「萬三千」下脱去「匹」字。《蘇秦傳》曰「車千乘，騎萬匹」，又曰「車六百乘，騎五千匹」，皆以「乘」、「匹」對文，此亦當然。《太平御覽·兵部》引此正作「轂騎萬三千匹」，《漢書·馮唐傳》同。《李牧傳》亦云「具選車，得千三百乘，選騎，得萬三千匹」。

南友

「西抑彊秦，南友韓魏」。念孫案：「友」當從宋本、游本作「支」，字之誤也。《太平御覽·兵部九》引此正作「支」，《漢書》同。

田叔列傳

劇易處

「邑中人民俱出獵，任安常爲人分麋鹿、雉兔，部署老小當壯劇易處」。念孫案：「劇易」下本無「處」字。「部署老小當壯劇易」者，當，丁也；劇，難也。今俗作「劇」。言部署其人之老小丁壯及事之難易也。《羣書治要》引《六韜·龍韜篇》曰「知人飢飽，習人劇易」，《後漢書·章帝紀》曰「駕言出游，欲親知其劇易」，《列女傳》曰「執務私事，不辭劇易」，李賢注：「劇猶難也。」是古謂「難易」爲「勮易」也，「勮易」下不當有「處」字。《太平御覽·人事部》《資産部》《獸部》引此皆無「處」字。

扁鵲倉公列傳

終日

「終日，扁鵲仰天歎曰」。念孫案：此「終日」非謂終一日也。「終日」猶「良久」也。言中庶子與扁鵲語良久，扁鵲乃仰天而歎也。《吕氏春秋·貴卒篇》曰「所爲貴鏃矢者，今本「鏃」譌作「鏃」，辯見《淮南·兵略篇》。爲其應聲而至。終日而至，則與無至同」，言良久乃至，則與不至同也。高注「終一日乃至」，失之。《素問·脈要精微論》曰「言而微，終日乃復言者，此奪氣也」，亦謂良久乃復言也。「良久」謂之「終日」，猶「常久」謂之「終古」矣。鄭注《考工記》曰：「齊人之言終古，猶言常也。」

破陰絶陽之色已廢脈亂

「上有絶陽之絡，下有破陰之紐，破陰絶陽之色已廢脈亂，故形静如死狀」。念孫案：「破陰絶陽」以下十字文不成義。此本作「破陰絶陽，句色廢脈亂，句故形静如死狀句」。上文「血脈治也」，《正義》引此文云「色廢脈亂，故形静如死狀」，是其證也。今本「色」上有「之」字，乃涉上文兩「之」字而衍，其「已」字即「色」字之誤而衍者耳。《太平御覽·方術部》引此有「之」、「已」二字，乃後人依誤本《史記》加之。其《人事部·脈類》引此無「之」「已」二字。

疑殆

「良工取之，拙者疑殆」。念孫案：此「殆」字非危殆之殆，「殆」亦「疑」也，古人自有複語耳。言唯良工爲能取之，若拙工，則疑而不能治也。襄四年《公羊傳》注曰：「殆，疑也。」《論語·爲政篇》「思而不學則殆」，言無所依據，則疑而不決也。又曰「多聞闕疑，慎言其餘，則寡尤。多見闕殆，慎行其餘，則寡悔」，「殆」亦「疑」也，「悔」亦「尤」也，變文協韻耳。《大雅·生民篇》「庶無罪悔」，鄭箋曰：「無有罪過。」襄二十九年《公羊傳》「天苟有吴國，尚速有悔於予身」，何注曰：「悔，咎也。」《吕氏春秋·去尤篇》「以黄金投者殆」，《莊子·達生篇》作「以金注者殙」。殙，迷也。殆即疑殆之殆，亦迷惑之意也。

體病

「後五日，桓侯體病」。念孫案：「體病」當爲「體痛」，字之誤也。桓侯之病，由腠理而血脈，而腸胃，而骨髓，至此則病發而體痛。故《養生論》曰「桓侯以覺痛之日，爲受病之始」，若言「體病」，則非其指矣。《太平御覽·人事部》《方術部》引此作「體病」，則所見本已誤。《文選·爲石仲容與孫晧書》注引此正作「體痛」，《韓子·喻老篇》《新序·雜事篇》亦作「體痛」。

所

「受讀解驗之，可一年所」。念孫案：「一年所」猶言「一年許」也。「許」與「所」聲近而義同。《小雅·伐木篇》「伐木許許」，《説文》引作「伐木所所」。《漢書·疏廣傳》「數問其家金餘尚有幾所」，顔師古曰：「幾所猶言幾許也。」是其證。下文曰「要事之三年所」，又曰「今慶已死十年所」，又曰「腎部上及界要以下者，枯四分所」，又曰「十八日所而病愈」，《續滑稽傳》曰「率取婦一歲所者，即棄去」，《漢書·游俠傳》曰「原涉居谷口半歲所」，《檀弓》注「封高四尺所」，正義曰「所是不定之辭」，義竝與此同。

蹷人中　前溲

「齊郎中令循病，衆醫皆以爲蹷人中，而刺之。臣意診之，曰：『涌疝也。令〔一〕人不得前後溲。飲以火齊湯，一飲得前溲，再飲大溲，三飲而病愈。』」今本「病」誤作「疾」，據宋本及《太平御覽》引改。念孫案：「蹷人中」，「人」當爲「入」，字之誤也。「蹷」亦作「厥」，《釋名》曰「厥，逆氣從下厥起，上行入心脅也」，故曰「蹷入中」。《太平御覽・方術部》引此正作「蹷入中」。下文「齊北宫司空命婦出於病，衆醫皆以爲風入中，病主在肺，刺其足少陽脈。臣意診其脈，曰『病氣疝，客於旁光，難於前後溲』」，事與此相類也。又案：「一飲得前溲」，「前」下當有「後」字，言一飲而前後溲始通，再飲則大溲也。「大溲」二字兼前、後言之，則上句原有「後」字明矣。《太平御覽》引此正作「一飲得前後溲」。下文「齊王太后病，臣意飲以火齊湯，一飲即前後溲」，事與此相類也。

〔一〕令，原作「合」，據《國學基本叢書》本改。

順清

「并陰者脈順清而愈」。念孫案：「清」讀爲動静之「静」。上文「肝氣濁而静」，徐廣曰「一作清」，下文「病重而脈順清」，「清」竝與「静」同。

流汗出⿰氵盾

「病得之流汗出⿰氵盾。⿰氵盾者，去衣而汗晞也」。「⿰氵盾」劉伯莊音「巡」。引之曰：「⿰氵盾」當爲「滫」，讀與「脩」同。《王風·中谷有蓷篇》「嘆其脩矣」，毛傳曰：「脩，且乾也。」《釋名》曰：「脯又曰脩，脩，縮也，乾燥而縮也。」《小雅·湛露》傳曰：「晞，乾也。」是脩、晞皆乾也。作「滫」者，假借字耳。「流汗出滫」者，流汗出而乾也。故下文曰「滫者，去衣而汗晞也」。隸書「循」、「脩」二字相似，故「滫」譌作「⿰氵盾」。《繫辭傳》「損德之脩也」，釋文曰：「脩，馬作循。」《莊子·大宗師篇》「以德爲循」，釋文：「循，本亦作脩。」《史記·曆書》「朕唯未能循明也」，《漢志》「循」作「脩」。《商君傳》「湯武不循古而王」，索隱曰：「《商君書》作『脩古』。」漢《北海相景君碑陰》「故⿸疒盾行都昌台丘暹」，《金石録》曰：「案：《後漢書·百官志》注，河南尹官屬有循行一百三十人，而《晉書·職官志》州、縣吏皆有循行，今此碑陰載故吏『都昌台丘暹』而下十九人，皆作『⿸疒盾行』，他漢及晉碑數有之，亦與此碑陰所書同。豈『循』、『脩』字畫相近，遂致訛謬邪？」《隸續》曰：「『⿸疒脩』、『⿸疒盾』二字，隸法只爭一畫，書碑者好奇，所以從省借用。」考《說文》《玉篇》《廣韻》皆無「㴇」字。《集韻》「㴇，松倫切，流皃」，引《史記》「汗出㴇」，「㴇」既誤沿劉氏之音，又誤以「㴇㴇」二字連讀而訓爲「流皃」，其失甚矣。

關内

「濟北王召臣意診脈諸女子侍者，各本脱「臣」字，據宋本補。至女子豎，豎無病。臣意告永巷長曰：『豎傷脾，不可勞，法當春嘔血死。』病得之流汗。流汗者，同法病内重，毛髮而色澤，脈不衰，此文有脱誤。此亦關内之病也」。念孫案：「關内」當爲「内關」，上文「齊侍御史成自言病頭痛，臣意診其脈，曰『此内關之病也』」，此文云「此亦内關之病也」，「亦」字即承上文言之。下文「齊丞相舍人奴從朝入宫，臣意望其色有病氣，即告宦者平曰『此傷脾氣也，當至春鬲塞不通，不能食飲，法至夏泄血死』。脈法曰『病重而脈順清者曰内關』，内關之病，人不知其所痛，心急然無苦。奴之病得之流汗數出，炙於火而以出見大風也」，事與此相類。以上三人皆内關之病，内關之病死不治，故三人皆如期而死。「内關」猶「内閉」也。《靈樞經·終始篇》曰「脈口四盛，且大且數者，名曰溢陰，溢陰爲内關，内關不通，死不治」，此之謂也。

諸客坐

「齊王黄姬兄黄長卿家有酒召客，召臣意諸客坐」。念孫案：「諸客」上脱「與」字，《太平御覽》引此作「與諸客坐」。

即弄之

「黄氏諸倩見建家京下方石，即弄之」。念孫案：「即弄之」三字文不成義。《太平御覽》引此作「取弄之」，於義爲長。

病蟯　寒薄吾

「臨菑氾里女子薄吾病甚，臣意診其脈曰：『蟯瘕。』病蟯得之於寒溼」。念孫案：「病蟯」之「蟯」因上文而誤衍也。凡篇内稱「病得之於某事」者，皆不言其病名，竝見上下文。以病名已見於上文也。又下文「臣意所以知寒薄吾病者」，「寒」字亦因上文而衍。凡篇内稱「所以知某之病」者，皆不言其致病之由，亦見上下文。亦以致病之由已見上文也。或謂「寒」字當在「薄吾」下，非也。宋本無「寒」字。

皆異之

「病名多相類，不可知。有數者皆異之，無數者同之」。念孫案：「皆」當從宋本作「能」，字之誤也。此言病同名而異實，唯有數者能異之，無數者則不能也。《索隱》本作「能異之」，注曰「謂有術數之人乃可異其狀也」，是其證。

古傳方

「臣意聞菑川唐里公孫光善爲古傳方」。念孫案：「古傳方」當作「傳古方」。《索隱》曰「謂好能傳得古方也」，《正義》曰「謂全傳寫得古人之方書」，皆其證。

邪逆順

「及氣當上下出入，邪逆順」。念孫案：「邪」下脱「正」字，《太平御覽》引此作「邪正逆順」。

吴王濞列傳

益鑄錢

「濞則招致天下亡命者益鑄錢」。念孫案：「益鑄錢」當依《正義》作「盜鑄錢」，字之誤也。《文選・吴都賦》《蕪城賦》注引此竝作「盜」，《漢書》亦作「盜」。

億亦

「願因時循理，棄軀以除患害於天下，億亦可乎」。念孫案：「億」讀爲「抑與之與」之「抑」，《文王世子》注「億可以爲之也」，正義曰：「億是發語之聲。」「億亦」即「抑亦」也。《漢書》作「意亦」，《繫辭傳》作「噫亦」，竝字異而義同。説見《經義述聞》「噫亦」下。

及

「王苟以錯不善，何不以聞？及未有詔虎符，擅發兵擊義國」。念孫案：「及」當爲「乃」，言王何不以聞，而乃擅發兵也。《漢書》亦誤作「及」。又《朝鮮傳》「將率不能，前及使衛山諭降右渠」，「及」亦當爲「乃」，言前以將帥不相能，乃使衛山往諭右渠也。《漢書》正作「乃」。

魏其武安列傳

子姪

「蚡往來侍酒魏其，跪起如子姪」。引之曰：古者唯女子謂昆弟之子爲「姪」，男子則否。「子姪」當依《漢書》作「子姓」，顔師古曰「姓，生也。言同子禮，若己所生」，是也。凌稚隆反以「姓」爲「姪」之譌，謬甚。古謂子孫曰「姓」，或曰「子姓」，説見《吕氏春秋》「子姪」下。

郡國諸侯

「天下士、郡國、諸侯愈益附武安」。念孫案：「國」字後人所加，「郡、諸侯」謂郡與諸侯也。《漢書·百官表》曰「列侯所食縣曰國」，此言「郡、諸侯」，即是「郡國」，若既言「諸侯」，而又言「國」，則文不成義矣。《索隱》本出「士郡、諸侯」四字，注曰：「謂仕諸郡及仕諸侯王國者，猶言仕郡國也。」則正文内無「國」字明矣。《漢書》亦作「郡、諸侯」，顔師古曰「郡及諸侯猶言郡國也」，是其證。徐孚遠曰：「《索隱》説小曲。天下士，士人也。郡國諸侯，列侯也。言此兩種皆附武安。」案：徐以「士」爲士人，是也。而不知正文内本無「國」字，且云「郡國諸侯，列侯也」，斯爲謬矣。

李將軍列傳

大軍誘之

「今我留，匈奴必以我爲大軍誘之，「大軍」本或作「大將軍」，非，《史詮》已辯之。必不敢擊我」。念孫案：「大軍誘之」當作「大軍之誘」，言匈奴必以我爲大軍之誘敵者，不敢擊我也。上文曰「匈奴數千騎見廣，以爲誘騎」是也。若云「大軍誘之」，則非其指矣。《漢書·李廣傳》正作「大軍之誘」。

如

「漢法，博望侯留遲後期，當死，贖爲庶人。廣軍功自如，無賞」。念孫案：「自如」者，「自當」也。謂廣爲匈奴所敗，又能敗匈奴，其軍功與過自相當，故無賞也。《漢書》「自如」作「自當」，是其證。又《匈奴傳》「匈奴自度戰不能如漢兵」，亦謂不能當漢兵也。《漢書》作

「不能與漢兵」，「如」、「與」聲相近，「與」亦「當」也。說見《漢書・朝鮮傳》「恐不能與」下。古者「如」「與」「當」同義。《衛策》曰：「夫宋之不足如梁也。寡人知之矣。」高注曰：「如，當也。」《漢書・董仲舒傳》：「乘富貴之資力，以與民爭利於下，民安能如之哉？」言民不能當之也。

軍曲折

「因問廣、食其失道狀，青欲上書報天子軍曲折」。正義曰：「言委曲而行迴折，使軍後大將軍也。」念孫案：「軍曲折」，「軍」上當有「失」字。廣、食其軍與大將軍軍相失，故曰「失軍」。「報失軍曲折」者，報失軍之委曲情狀也。《漢書》作「失軍曲折」，師古曰「曲折，猶言委曲」是也。《正義》謂「委曲而行迴折」，失其指矣。

史記弟六

匈奴列傳

橐駞 驒騱

「其奇畜則橐駞、驢、驘、駃騠、騊駼、驒騱」。念孫案：「駞」當爲「佗」，《漢書·匈奴傳》作「橐佗」。字或作「它」，《大宛傳》「驢、騾、橐它以萬數」是也。又作「他」，《楚策》「趙、代良馬、橐他」是也。作「駞」者，俗字耳。《索隱》本作「橐他」，注曰：「他，或作駞。」今則正文、注文俱改爲「駞」，下文「請獻橐他一匹」，「他」字尚未改。又删去「或作駞」三字矣。《説文》「佗，負何也」，徐鉉曰：「《史記》匈奴奇畜有橐佗。」則徐所見本正作「佗」也。又「驒騱」，《索隱》本作「驒奚」，注曰：「鄒誕[一]本『奚』字作『騱』。」案：「驒」字徐廣音「顛」，而「騱」字無音，則本

[一] 鄒誕，《史記索隱》作「鄒誕生」。

作「奚」可知。《漢書》亦作「奚」，皆古字假借也。今則正文改爲「騱」，又改注文曰「鄒誕本『騱』字作『奚』」矣。

彎

「士力能彎弓」。念孫案：「彎」本作「毌」，此後人據《漢書》改之也。《史記》「彎弓」字，或作「貫」，《陳涉世家》「士不敢貫弓而報怨」、《五子胥傳》「貫弓執矢」是也。《説文》：「毌，穿物持之也。」是「毌」爲古「貫」字。《六國表》《田完世家》竝云齊宣公「伐衛取毌」，正義引《括地志》曰：「故貫城即古貫國。」故「貫弓」之「貫」又作「毌」也。《索隱》本出「毌弓」二字，注曰：「上音彎。」今本既改「毌」爲「彎」，又改注文曰「彎音烏還反」，不知「毌」爲「彎」之借字，故必須音釋，若本是「彎」字，則無須音釋矣，凡《史記》「彎弓」字，《索隱》皆無音。何不思之甚也。

侵燕代

「南并樓煩、白羊河南王。侵燕代悉復收秦所使蒙恬所奪匈奴地者」。念孫案：「侵燕代」三字因下文「遂侵燕代」而衍，冒頓既至河南，并樓煩、白羊，遂復收秦所奪地，二事正相因。秦所奪地，即河南地也。若加入「侵燕代」句，則別爲一事，與上下不相聯屬。且下文

「遂侵燕代」四字爲贅語矣。《漢書》《漢紀》竝無「侵燕代」三字。

青駹馬　烏驪馬

「其西方盡白馬，東方盡青駹馬，北方盡烏驪馬，南方盡騂馬」。念孫案：「青駹」、「烏驪」下本無「馬」字，後人依上下文加之也。「西方盡白馬」、「東方盡青駹」、「北方盡烏驪」、「南方盡騂馬」，皆五字爲句。其馬色之一字者，則加「馬」字以成文，兩字者則省「馬」字以協句。《爾雅·釋地》之説「八方」，「東」、「西」、「南」、「北」之下皆有「方」字，而「東南」、「西南」、「西北」、「東北」之下皆無「方」字，例與此同也。後人不知古人屬文之體，而於「青駹」、「烏驪」下各加一「馬」字，則累於詞矣。《藝文類聚·獸部上》《太平御覽·獸部五》引此，「青駹」、「烏驪」下皆無「馬」字。

令約

「匈奴無入塞，漢無出塞，犯令約者殺之」。念孫案：「令約」當爲「今約」，謂犯今日之約也。《漢書》正作「今約」。

負私從馬

「乃粟馬發十萬騎，負私從馬凡十四萬匹」。念孫案：「負私從馬」文不成義，當依《漢書》作「私負從馬」，寫者誤倒耳。「負從馬」者，負衣裝以從之馬也，非公家所發，故曰「私負從馬」。顔師古曰「私負衣裝者及私將馬從者」，分私負與從馬爲二事，亦非。《正義》曰：「謂負擔衣糧，私募從者。」則所見本「私負」已誤爲「負私」矣。下文曰「糧重不與焉」，《正義》言負糧，亦非。

士卒

「初，漢兩將軍大出圍單于，所殺虜八九萬，而漢士卒物故亦數萬，漢馬死者十餘萬」。念孫案：「卒」字後人所加。「漢士」與「漢馬」對文，「士」即「卒」也，無庸更加「卒」字。《索隱》本及《漢書》皆無「卒」字。

今單于能即前與漢戰

「今單于能即前與漢戰，天子自將兵待邊；單于即不能，即南面而臣於漢」。念孫案：「能即」當爲「即能」，「即能」與「即不能」文正相對。《漢書·西南夷傳》注曰：「即，猶若也。」昭十二年《左傳》「即欲有事，何如」，言若欲有事也。莊三十二年《公羊傳》「寡人即不起此病，吾將焉致乎魯國」，言若不起此病也。僖三十三年《傳》「爾即死，必於殽之嶔巖」，言爾若死也。襄二十七年《傳》「我即死，女能固納公乎」，言我若死也。《爾雅·釋地》「西方有比肩獸焉，與邛邛岠虛比，爲邛邛岠虛齧甘草。即有難，邛邛岠虛負而走」，言若有難也。僖二十三年《左傳》「公子若反晉國，則何以報不穀」，《晉世家》作「子即反國，何以報寡人」。昭七年《傳》「我若獲沒，必屬說與何忌於夫子」，《孔子世家》作「吾即沒，若必師之」。尤其明證也。詳見《釋詞》。言單于若能與漢戰，則天子方自將待邊；若不能，則南面而臣於漢也。《酷吏傳》曰：「所治即上意所欲罪，予監史深禍者；即上意所欲釋，予監史輕平者。所治即豪，必舞文巧詆；即下户羸弱，時口言，雖文致法，上財察。」《續龜策傳》靈龜卜祝曰：「某欲求某物。即得也，頭見足發，内外相應；即不得也，頭仰足肣，内外自隨。」是「即」與「若」同義。今本作「能即」者，後人不解「即」字之義，而顛倒其文耳。後人倒「能」字於上者，斷「今單于能」爲句，以對下文「單于即不能」；又斷「即前與漢戰」爲句，以對下文「即南面而臣於漢」也。不知「即能前與漢戰」之「即」訓爲「若」，與「即南面而臣於漢」之「即」不同。且「單于即不能」者，謂不能與漢戰也，不言「與漢戰」者，義見於上而文省於下也。若發端之句不云單于能與漢戰，而但云單于能，則文不成義矣。《漢書·匈奴傳》正作「即能前與漢戰」。

衞將軍驃騎列傳

大將軍

「驃騎所將常選，然亦敢深入，常與壯騎先其大將軍，軍亦有天幸，未嘗困絶也」。董份曰：「『常與壯騎先其大將軍』爲句，『軍亦有天幸』承上文來，皆言驃騎也。王右丞詩『衞青不敗由天幸』，則是以『大將軍』别起爲句矣。不知太史公此傳專右大將軍而貶驃騎，謂驃騎受上寵，又有天幸，所以不困絶而成功也。」念孫案：「先其大將軍」本作「先其大軍」，謂驃騎敢於深入，嘗棄其大軍而先進也。上文曰「與輕勇騎八百直棄大軍數百里赴利」，是其證也。「棄大軍」，《漢書》亦誤作「棄大將軍」，蓋篇内稱「大將軍」者甚多，因而致誤矣。棄大軍而先進，則寡不敵衆，易致困絶，故下文曰「軍亦有天幸，未嘗困絶也」。若云「先其大將軍」，則「其」字之義不可通矣。王右丞詩「衞青不敗由天幸」，此是誤記霍事爲衞事，非以「大將軍」别起爲句也。如以「大將軍」别起爲句，則上文「常與壯士先其」六字不能成句矣，恐右丞不如是之鹵莽也。董氏知正右丞之失而不知「將」字之爲衍文，亦誤也。《漢書·衞青霍去病傳》無「將」字。

使人先遣使向邊境要遮漢人令報天子要邊

「渾邪王與休屠王等謀欲降漢，使人先遣使向邊境要遮漢人令報天子要邊」。念孫案：自「使人」至「要邊」十八字，蕪累不成文理。蓋正文但有「使人先要邊」五字，其「遣使向邊境要遮漢人令報天子」十三字乃《集解》之誤入正文者也。當在「使人先要邊」之下，今誤入「使人先」之下，「要邊」之上。《索隱》本出「先要邊」三字，注曰：「謂先於邊境要候漢人，言其欲降。」《漢書》作「使人先要道邊」。此皆其明證矣。

平津侯主父列傳

意忌

「爲人意忌，外寬内深」。索隱曰：「謂外寬内深，意多有忌害也。」念孫案：小司馬以「意」爲「志意」之「意」，非也。「意」「忌」二字平列，「意」者，「疑」也。内多疑忌，故曰「外寬内深」也。《陳丞相世家》曰「項王爲人意忌信讒」，《酷吏傳》曰「張湯文深意忌」，義竝與此同。古者謂「疑」爲「意」，説見《孟嘗君傳》。

恐竊病死

「恐竊病死，無以塞責」。索隱曰：「案：人臣委質於君，死生由君。今若一朝病死，是竊死也。」念孫案：小司馬説甚迂。「恐竊」當爲「竊恐」，寫者誤倒耳。《漢書》作「恐病死，無以塞責」，意亦同也。

澤鹹鹵

「地固澤鹹鹵，不生五穀」。念孫案：「鹹」字後人所加。《集解》引瓚曰：「其地多水澤，又有鹵。」則「鹵」上本無「鹹」字。又引徐廣曰：「澤，一作斥。」《漢書》作「澤鹵」，《漢紀》作「斥鹵」。是「澤鹵」即「斥鹵」，「斥」、「鹵」之閒加一「鹹」字，則文不成義矣。又案《夏本紀》「海濱廣潟」，徐廣亦曰：「『潟』一作『澤』，又作『斥』。」《禹貢》作「斥」。《河渠書》「溉澤鹵之地」，索隱曰：「澤，一作舄，本或作斥。」「舄鹵」、「澤鹵」竝與「斥鹵」同，薛瓚以「澤」爲水澤，「鹵」爲鹹鹵，分「澤」、「鹵」爲二義，亦失之。

下脩近世之失　脩其故俗　後世脩序

「夫上不觀虞夏殷周之統，而下脩近世之失」。念孫案：「脩」與「失」義不相屬，「脩」當依《漢書》作「循」，謂因循近世之失而不改也。又下文「秦不行是風而脩其故俗」，「脩」亦當依《漢書》作「循」。上文云「變風易俗」，與此正相反也。又《太史公自序》「扁鵲守數精明，後世脩序，弗能易也」，「脩」亦當爲「循」。《周頌·閔予小子》傳曰：「序，緒也。」言後世皆循其緒，莫之能易也。隸書「循」、「脩」相似，傳寫易譌，説見《管子》「廟堂既脩」下。

朝鮮列傳

朝鮮不肯心附樓船

「朝鮮大臣乃陰閒使人私約降樓船，往來言，尚未肯決。左將軍數與樓船期戰，樓船欲急就其約，不會；左將軍亦使人求閒郤降下朝鮮，朝鮮不肯心附樓船：以故兩將不相能」。念孫案：「朝鮮不肯心附樓船」，「朝鮮」二字蒙上而衍。此言樓船不會左將軍，左將軍亦不肯心附樓船，故曰「兩將不相能」，非謂朝鮮不肯心附樓船也。《漢書》「不肯」上無「朝鮮」

二字。

西南夷列傳

巴蜀

「始楚威王時，使將軍莊蹻將兵循江上，略巴蜀黔中以西」。念孫案：「蜀」字因上文「巴蜀」而衍，莊蹻將兵循江上，自巴黔中以西，至滇池，不得至蜀也。《漢書》作「略巴黔中以西」，是其證。又《貨殖傳》「巴蜀寡婦清」，「蜀」字亦因下文「巴蜀」而衍，索隱曰：「《漢書》作『巴寡婦清』。巴，寡婦之邑；清，其名也。」

地方三百里

「蹻至滇池，地方三百里」。念孫案：此言滇池方三百里，「池」下不當有「地」字，《索隱》本及《漢書》皆無「地」字。「池」、「地」字相似，又因下句「地」字而誤衍也。下句云「旁平地肥饒數千里」，乃始言池旁之地耳。

開蜀故徼

「秦時常頗略通五尺道，諸此國頗置吏焉。十餘歲，秦滅。及漢興，皆棄此國而開蜀故徼」。念孫案：「開」當爲「關」，言秦時常於諸國置吏，及漢初，則棄此諸國而但以蜀故徼爲關也。《匈奴傳》「悉復收秦所使蒙恬所奪匈奴地者，與漢關故河南塞」，彼言「關故河南塞」，猶此言「關蜀故徼」矣。下文曰「巴蜀民或竊出商賈」，即謂出此關也。若云「開蜀故徼」，則與上下文皆不合矣。「關」字俗書作「関」，唐顔元孫《干禄字書》曰：「関、關，上俗下正。」「開」字俗書作「開」，二形相似，故「關」誤爲「開」。《楚策》「大關天下之匈」，《淮南·道應篇》「東關鴻蒙之光」，《説文》「管，十二月之音。物關地而牙，故謂之管」，今本「關」字並誤作「開」。《漢書·西南夷傳》正作「關蜀故徼」。

道西北牂柯

「蒙問所從來，曰：『道西北牂柯，牂柯江廣數里，出番禺城下。』」念孫案：「道西北牂柯」下亦當有「江」字。道，從也，言從西北牂柯江來也。《索隱》本出「道牂柯江」四字，《漢書》《漢紀》並作「道西北牂柯江，江廣數里」，是其證。

司馬相如列傳

相如乃與馳歸家居徒四壁立

「相如乃與馳歸，家居徒四壁立」。念孫案：「馳歸」下脱「成都」二字，當從宋本補。《文選·左思〈詠史詩〉》注引此亦有「成都」二字，《漢書》同。「家居徒四壁立」本作「居徒四壁立」，「居」即「家」也。「家」「居」二字古聲、義並相近，故《説文》曰「家，居也」，《周官·典命》注曰「國家，國之所居」。《索隱》引孔文祥云「家空無資儲，但有四壁而已」，「家」字正釋「居」字，故《漢書》作「家徒四壁立」。宋本及各本皆作「家居徒四壁立」，則文不成義。此後人依《漢書》旁記「家」字，而寫者因誤入正文也。汲古閣單行《索隱》本本作「居徒四壁立」，後補入「家」字，而字形長短不一，補刻之迹顯然。《文選·詠史詩》注引作「居徒四壁立」，《六帖》二十二曰「司馬相如居徒四壁」，則無「家」字明矣。

不能復

「是以王辭而不能復，何爲無用應哉」。念孫案：「能」字後人所加。此言王不敢言游戲之樂、苑囿之大，又以客禮待先生，是以辭而不復，非無以應也。若云「不能復」，則即是無以應，與下句義相反矣。《漢書》《文選》及《藝文類聚·産業部》引此竝作「王辭不復」。《索隱》本作「王辭而不復」，皆無「能」字。

邛都

「通零關道，橋孫水，以通邛都」。念孫案：「邛都」本作「邛、筰」，此淺學人改之也。上文言「邛、筰、冉、駹」「皆請爲内臣」，下文言「朝冉從駹，定筰存邛」，則此不得但言「通邛都」也。《索隱》本出「通筰」二字，案：此脱「邛」字。注曰：「案：《華陽國志》云：『相如卒開僰道通南中，開越嶲郡[一]。韓説開益州，唐蒙開牂柯，斬筰王首，置牂柯郡。』」則正文内有「筰」字明矣。《漢書》正作「通邛、筰」。

結軌

「結軌還轅」。念孫案：《索隱》本「軌」作「軼」，注曰：「音『轍』，《漢書》作『軌』。」據此則《史

[一] 開越嶲郡，《史記索隱》作「置越嶲郡」。

記》本作「結軼」，《孝文紀》：「結軼於道。」《田完世家》：「伏式結軼西馳。」凡《史記》《莊子》《戰國策》「轍」字多作「軼」。與《漢書》不同。今本依《漢書》改爲「結軌」，又删去注内「音『轍』」，《漢書》作『軌』」六字，而加入「軌，車迹也」四字，斯爲謬矣。

阻深

「阻深闇昧，得燿乎光明」。《索隱》本「阻深」作「曶爽」，注曰：「《三蒼》云：『曶爽，早朝也。曶音昧。』《字林》又音忽。」念孫案：作「曶爽」者是也，《漢書》《漢紀》《文選》竝作「曶爽」。「曶」，《説文》作「昒」，「尚冥也」。《封禪書》「昧爽」，《郊祀志》作「昒爽」，顔師古曰：「昒爽，未明之時也。昒音忽。」「曶爽」與「闇昧」義相近，若作「阻深」，則與下句「得燿乎光明」義不相屬。蓋後人見上文有「山川阻深」之語而妄改之也。乃或於注内加「『阻深』，《漢書》作『曶爽』」七字以牽合已改之正文，則其謬益甚矣。

綢繆

「綢繆偃蹇怵㚖以梁倚」。念孫案：「綢繆」本作「蜩蟉」，淺學人改之也。《漢書》作「蜩蟉」，張揖曰「蜩蟉，掉頭也」，顔師古曰「蜩，徒釣反。蟉，盧釣反」，音、義與「綢繆」迥别。《索隱》本正作「蜩蟉」，注曰：「蜩音徒弔反，蟉音來弔反。」「徒弔」之音與「雕」相近，故《集解》引徐廣曰「蜩，一作雕」。今并《集解》《索隱》内之「蜩」字皆改爲「綢」，而不知其與「徒弔」之音不合也。

泳沫

「邇陜游原，迥闊泳沫」。念孫案：「沫」本作「末」，「泳末」與「游原」相對。今作「沫」者，因「泳」字而誤加「水」旁耳。《文選》亦誤作「沫」，唯《漢書》不誤。

葴蔪　沆瀣　楟榛　茘枝　娬媚　杳渺　葳蕤

念孫案：《索隱》本「葴蔪」作「葴析」，《子虚賦》「葴蔪苞茘」，《索隱》本「蔪」作「析」，注曰：「『針』、『斯』二音」，「『析』，《漢書》作『斯』」，孟康云：『斯，禾，似燕麥。』《埤蒼》又云：『生水中，華可食。』《廣志》云『涼州地生析草，皆如中國燕麥』是也」。今本《漢書》作「析」，張揖曰「析似燕麥」，蘇林曰「『析』音『斯』」。《文選》作「菥」。案：《説文》無「菥」、「蔪」二字，則作「析」作「斯」者是也。「析」、「斯」聲相近，故古字通用。其作「菥」作「蔪」者，皆因上下文而誤加「艸」耳。又案：此賦言析草生於高燥，則非《埤蒼》所云「生水中，華可食」者。張揖、孟康以爲似燕麥，是也。「沆瀣」作「沆溉」，《上林賦》「澎濞沆瀣」，《索隱》本「瀣」作「溉」，注曰：「『溉』亦作『瀣』。司馬彪云：『沆溉，徐流。』郭璞云：『鼓怒鬱鯁之皃也。』」正義曰：「溉，胡代反。」案：《索隱》《正義》竝作「溉」，蓋舊本相承如是。《説文》無「瀣」字，則作「溉」者是也。今本既改「溉」爲「瀣」，又改《索隱》之「『溉』亦作『瀣』」爲「『瀣』亦作『溉』」，斯爲謬矣。《漢書》《文選》竝作「溉」。「楟榇」作「楟柰」，「楟榇厚朴」，《索隱》本「榇」作「柰」。「荔枝」作「離支」，「榙櫟荔枝」，《索隱》本「荔枝」作「離支」，注曰：「晉灼云：『離支大如雞子，皮麤，剥去皮，肌如雞子中黄，其味甘多酢少。』『離』字或作『荔』，音力智[一]反。」案：《説文》「荔，艸也，似蒲而小」，不以此爲「荔枝」字。《索隱》本及《漢書》《文選》竝作「離支」，是古皆通用「離支」也。今本正文及注皆改爲「荔枝」，又改注内之「『離』字或作『荔』」爲「『荔』字或作『離』」，斯爲謬矣。「娬媚」作「嫵媚」，「娬媚姌嫋」，《索隱》本「娬」作「嫵」，注曰：「《埤蒼》云：『嫵媚，悦也。』《通俗文》云：『頰輔謂之嫵媚。』」案：《漢書》《文選》竝作「嫵」，《説文》「嫵，媚也」，則作「嫵」者是。「杳渺」作「杳眇」，《大人賦》「紅杳渺以眩湣兮」，《集解》及《索隱》本、宋本「渺」竝作「眇」，集解曰：「《漢書音義》曰：『杳眇，眩湣，闇冥無光也。』」索隱曰：「晉灼云：『杳眇，深遠也。』」案：《漢書》正作「眇」。上文《上林賦》「俛杳眇而無見」，字亦作「眇」。此獨作「渺」者，後人妄改之耳。《説文》無「渺」字，古書中「杳眇」字亦無作「渺」者。「葳蕤」作「威蕤」，《封禪書》「紛綸葳蕤」，《索隱》本「葳」作「威」，注曰：「胡廣云：『威蕤，委頓也。』張揖云：『亂皃。』」案：《漢書》《文選》竝作「威」，《説文》無「葳」字，則作「威」者是也。凡「威蕤」之「威」，或作「葳」者，皆因「蕤」字而誤。上文《子虚賦》「錯翡翠之威蕤」、張衡《東京賦》「羽蓋威蕤」，字竝作「威」。又案：「威蕤」與「紛綸」連文，張揖以爲「亂皃」，是也。陸機《文賦》「紛威蕤以馺遝」，義與此同。胡廣以爲「委頓」，失之。較之今本，皆爲近古。

[一] 智，《史記索隱》作「致」。

淮南衡山列傳

奉以二千石所不當得

「聚收漢諸侯人及有罪亡者，匿與居，爵或至關内侯，奉以二千石，所不當得」。索隱曰：「『所不當得』謂有罪之人不當得關内侯及二千石。」念孫案：小司馬説非也。「所不當得」衍「不」字。《漢書》作「奉以二千石所當得」，如淳曰：「賜亡畔來者如賜其國二千石也。」薛瓚曰：「奉畔者以二千石之秩禄也。」《集解》引此二説爲解，則正文内本無「不」字明矣。

遂考

「上即令丞相、御史遂考諸縣傳送淮南王不發封餽侍者，皆棄市」。念孫案：「遂」當從宋本作「逮」。逮，捕也。考，問也。言捕問之也。《漢書》正作「逮」。師古曰：「逮，追捕之也。」

道從長安來

「諸使道從長安來」。念孫案：「道」即「從」也。《漢書》作「諸使者道長安來」，顔師古曰：

「道，從也。」鄭注《禮器》曰：「道猶由也，從也。」《鼂錯傳》「道軍所來」，集解引薛瓚曰：「道，由也。」《大荒西經》「風道北來」，郭璞曰「道猶從也」，引《韓子·十過篇》曰「玄鶴二八道南方來」。是「道」與「從」同義。今本《史記》作「道從長安來」者，一本作「道」，一本作「從」，而後人誤合之耳。《索隱》引姚丞云「道，或作從」，是其明證矣。《漢書·西南夷傳》「道西北牂柯江」，《漢紀》「道」作「從」。

爲僞　僞爲

「使徐福入海求神異物，還爲僞辭曰」。念孫案：「僞」上本無「爲」字，「僞」即「爲」字也。「還僞辭」者，求神異物不得，既還而爲之辭也。後人誤讀「僞」爲「詐僞」之「僞」，故又加「爲」字。不知無其事而爲之辭，即是詐僞，無庸更言「僞」也。《太平御覽·珍寶部》引此作「還僞辭曰」，是其證。《堯典》「朕堲讒説殄行」，《五帝紀》作「殄僞」。「僞」與「爲」同字，「爲」與「行」同義。昭二十五年《左傳》「臧昭伯之從弟會爲讒於臧氏」，《魯世家》「爲」作「僞」。此傳下文「使人僞得罪而西」「僞失火宫中」，《漢書》竝作「爲」。是《史記》「爲」字多作「僞」也。又《堯典》「平秩南僞」，「僞」，衛包改作「訛」，今據《周官·馮相氏》注、影宋本《周官釋文》及《羣經音辨》改正。《五帝紀》作「南爲」。今本「爲」作「譌」，亦後人依衛包改之，今據《索隱》改正。《唐風·采苓》

篇》「人之爲言」，正義曰：「定本作『僞言』。」《月令》「毋或作爲淫巧」，鄭注曰：「今《月令》『作爲』爲『詐僞』。」成九年《左傳》「爲將改立君者」，釋文：「爲，本或作僞。」《爾雅》「造，爲也」，《王風・兔爰》傳作「僞也」。《楚策》「孫子爲書謝」，《韓詩外傳》作「僞書」。今本作「僞喜」，亦後人所改。《逸周書・史記篇》「上衡氏僞義弗克」，「僞義」即「爲義」。《荀子・儒效篇》「其衣冠行僞已同於世俗矣」，「行僞」即「行爲」。「衣冠行僞」四字平列，下文「其言議談説已無以異於墨子矣」，「言議談説」亦四字平列。考《韓詩外傳》正作「衣冠行爲」。楊倞注以爲「行僞而堅」，謬矣。凡《荀子》「爲」字多作「僞」，楊注皆失之。又《正論篇》曰「不能以義制利，不能以僞飾性」，《禮論篇》曰「無性則僞之無所加，無僞則性不能自美」，《正名篇》曰「心慮而能爲之動謂之僞，慮積焉能習焉而後成謂之僞」，《性惡篇》曰「人之性惡，其善者僞也」，《論衡・本性篇》引此而釋之曰：「性惡者，人生皆得惡性也。僞者，長大之後勉使爲善也。」案：此篇内「爲」字皆作「僞」。《淮南・俶真篇》曰「趨舍行僞」，《詮言篇》曰「道理通而人僞滅」，義竝與「爲」同。是諸書「爲」字亦多作「僞」也。又此傳下文「僞爲丞相御史請書」、「僞爲左右都司空上林中都官詔獄書」，兩「爲」字亦後人所加。「僞」即「爲」字也。《漢書・伍被傳》作「爲丞相御史請書」、「爲左右都司空上林中都官詔獄書」，是其證。

王氣怨結而不揚涕滿匡而横流

「於是王氣怨結而不揚，涕滿匡而横流，即起歷階而去」。念孫案：「氣怨結而不揚」二句指伍被而言，非指淮南王而言，「王」字衍文也。若指淮南王而言，則與下文「即起歷階而去」不相承接矣。《漢書・伍被傳》作「被因流涕而起」，是其證。《通鑑・漢紀十一》作「王涕泣而起」，蓋所見《史記》本已衍「王」字，因以致誤耳。

汲鄭列傳

段宏

「濮陽段宏」。念孫案：《索隱》本「段宏」作「段客」，注曰：「《漢書》作『段宏』。」據此則《史記》本作「段客」。而今本作「段宏」，則後人據《漢書》改之也。凡隸書「厷」字，或作「右」形，與「各」相似，故從厷、從各之字，傳寫往往相亂。《漢書・成帝紀》「中山憲王孫雲客」，《漢紀》作「中山憲王孫宏」。又《外戚傳》「中黄門田客」，《漢紀》作「田閎」。《説文》「閣，所以止扉也」，今本《爾雅》「閣」作「閎」。《越語》「王孫雒」，今本「雒」作「雄」。《海外西經》「肅慎之國有樹名曰『雄常』」，「雄」或作「雒」。《吕氏春秋・聽言篇》「空洛之遇」，《淫辭篇》作「空雄」。

儒林列傳

從容

「寬在三公位，以和良承意從容得久」。念孫案：「從容」者，從諛也。言以承意從諛，故得久居其位也。《汲黯傳》「從諛承意」，是其證。下文曰「董仲舒以宏爲從諛」。《酷吏傳贊》曰「杜周從諛」。「諛」、「容」一聲之轉，「從諛」之爲「從容」，猶「縱臾」之爲「從容」，《漢書・衡山王傳》「日夜縱臾王謀反事」，《史記》作「從容」。「鬼臾區」之爲「鬼容區」矣。《漢書・郊祀志》「問於鬼臾區」，師古曰：「《藝文志》云『鬼容區』，而此志作『臾區』。『臾』、『容』聲相近，蓋一也。」

因以起其家

「孔氏有古文《尚書》，而以今文讀之，因以起其家。逸《書》得十餘篇」。《索隱》出「起其家逸《書》」五字，解曰：「『起』者，謂起發以出也。」引之曰：當讀「因以起其家」爲句，「逸書」二字連下讀。起，興起也。家，家法也。《後漢書・順帝紀》曰「先能通經者，各令隨家法」，《儒林傳》曰「立五經博士，各以家法教授」，《徐防傳》曰「漢立博士十有四家」。漢世《尚書》多用今文，自孔氏治古文經，讀之説之，傳以教人，其後遂有古文家。《論衡·感類篇》説《金縢》曰：「古文家以『周公奔楚，故天雷雨以悟成王』。」是古文家法自孔氏興起也，故曰「因以起其家」。《漢書·蓺文志》曰「凡《書》九家」，謂孔氏古文，伏生《大傳》，歐陽、大小夏侯説，及劉向《五行傳》，許商《五行傳記》，《逸周書》，石渠《議奏》也。《劉歆傳》曰「數家之事，皆先帝所親論，今上所考視」，謂逸《禮》、古文《尚書》、《春秋左氏》也。是古文《尚書》自爲一家之證。《書序》正義引劉向《别録》曰：「武帝末，民閒有得《泰誓》者，獻之。與博士，使讀説之，數月皆起。」《後漢書·桓郁傳》注引《華嶠書》曰明帝「問郁曰：『子幾人能傳學？』郁曰：『臣子皆未能傳學，孤兄子一人學方起。』上曰：『努力教之，有起者即白之』」。是「起」謂其學「興起」，非謂「發書以出」也。逸《書》已自壁中出，何又言「起發以出」邪？

酷吏列傳

罪常釋聞即奏事

「罪常釋聞。即奏事，上善之」。集解斷「罪常釋聞」爲句，引徐廣曰：「詔，荅聞也，如今制曰『聞』矣。」念孫案：如徐説則「罪常釋聞」四字義不相屬。「聞」當依《漢書》作「閒」，字之誤也。「罪常釋」爲句，謂其罪常見開釋也，此結上之詞。「閒即奏事」爲句，「閒即」猶今人言「閒或」也，此起下之詞。「閒即奏事，上善之」，對上文「奏事即譴」而言，兩「即」字竝與「或」同義。言湯奏事或遇譴責，則謝罪曰「正、監、掾史某，固爲臣議，如上責臣，臣弗用，以至於此」；閒或奏事而上善之，則曰「臣非知爲此奏，乃正、監、掾史某爲之」也。下文曰：「所治即上意所欲罪，予監史深禍者；即上意所欲釋，予監史輕平者。所治即豪，必舞文巧詆；即下户羸弱，時口言，雖文致法，上財察。」此四「即」字亦與「或」同義。

上黨郡

「補上黨郡中令」。念孫案：此本作「補上黨中令」。今本「上黨」下有「郡」字者，因《索隱》内「上黨郡」而誤也。《索隱》本出「上黨中令」四字，注曰：「謂補上黨郡中之令。」若正文内本有「郡」字，則《索隱》爲贅語矣。又案：篇内所稱郡名，凡一字者，其下必加「郡」字；若兩字者，則不加「郡」字。此文「上黨」下本不當有「郡」字，而《漢書》亦有，疑後人依誤本《史記》加之也。

捕其爲可使者

「楊可方受告緡，縱以爲此亂民，部吏捕其爲可使者」。念孫案：《索隱》本出「求爲可使」

四字，注曰：「謂求楊可之使。」據此則正文本作「求爲可使者」，今本作「捕其爲可使者」，疑後人依《漢書》改之也。

徙諸名禍猾吏

「徙諸名禍猾吏與從事」。集解引徐廣曰：「有殘刻之名。」《索隱》本作「徒請名禍猾吏」。《漢書》作「徒請召猜禍吏」，應劭曰：「徒，但也。猜，疑也。取吏好猜疑作禍害者任用之。」念孫案：此當作「徒請召猾吏與從事」。上文云「猾民佐吏爲治」是也。《索隱》本作「徒請名禍猾吏」，「名」即「召」之譌，「禍」即「猾」之譌而衍者也。隸書「猾」、「禍」相似。說見《漢書·高祖紀》「禍賊」下。今本作「徙諸」，又「徒請」之譌。《漢書》作「徒請召猜禍吏」，「猜」、「禍」二字皆「猾」字之譌。此是一本作「猜」，一本作「禍」，而寫者又誤合之也。「禍猾吏」、「猜禍吏」、「名禍猾吏」皆文不成義。

以君大豪

「舞文巧詆下户之猾，以君大豪」。集解：「徐廣曰：『君音熏。』」《索隱》本作「熏」，注曰：「熏猶熏炙之。謂下户之中有姦猾之人，今案之，以熏逐大姦。」《漢書》作「動」，顏師古曰：「治下户之狡猾者，用諷動大豪之家。」念孫案：《史記》舊本當作「動」，「勳」即「動」之誤，故《漢書》作「動」也。《樂記》「讙以立動」，鄭注：「『動』或爲『勳』。」其作「熏」作「焄」者，又皆「勳」之誤。《吕氏春秋·離謂篇》「衆口動天」，高注：「動，感動也。」今本「動天」作「熏天」，此亦是「動」誤爲「勳」，又誤爲「熏」也。因文求義，當以作「動」者爲是。《索隱》「熏炙」之説，其失也迂矣。

小群盜

「小群盜以百數」。念孫案：「盜」字後人所加。上文「大群至數千人」，「群」下無「盜」字，即其證。蓋前既云「盜賊滋起」，故後但云「大群至數千人，小群以百數」，無庸更言「盜」也。《漢書》無「盜」字。

能因力行之

「然獨宣以小致大，能因力行之，難以爲經」。念孫案：「因」當爲「自」。言獨宣能自力行之而他人則不能，故曰「難以爲經」也。隸書「因」字或作「囙」，見漢《泰山都尉孔宙碑》《魯相史晨饗孔廟後碑》。形與「自」相似，故「自」誤爲「因」。《漢書》作「能自行之」，是其證。

推減

「天水駱璧推減」。集解：「徐廣曰：『一作成。』」索隱曰：「『推減』，上音直追反，下音減。一作『成』，是也。謂推繫之以成獄也。」念孫案：「推減」者，「椎咸」之譌。「咸」，又「成」之譌也。「椎」即「椎擊」之「椎」，故音直追反，若「推」字，則當音尺追、湯回二反，不當音直追反矣。「咸」有「減」音，故云「音減」。《萬石君傳》「九卿減宣」，《漢書》作「咸宣」，服虔曰：「『咸』音『減損』之『減』。」《攷工記·輈人》注「輪軹與軫轐大小之咸」，釋文：「咸，本又作減，同洽斬反。」《桌氏》注「消湅之精，不復咸也」，釋文：「咸，洽斬反，本亦作減。」若本是「減」字，則不得云「音減」矣。且「咸」與「成」字相近，故徐廣曰「咸，一作成」也。注内「推繫」乃「椎擊」之譌。椎擊之以成獄，故曰「椎成」，所謂棰楚之下，何求而不得也。今本「椎咸」譌爲「推減」，又删去《索隱》内「下音減」三字，以牽合已誤之正文，斯爲謬矣。

螁鷙

「京兆無忌、馮翊殷周螁鷙」。索隱曰：「『螁』音『螁蛇』，『鷙』音『鷙鷹』也。言其酷比之螁毒鷹攫。」念孫案：小司馬說甚謬。「螁」讀爲「愎」，愎、鷙皆很也，言其很戾不仁也。《廣雅》曰：「愎、鷙，很也。」宣十二年《左傳》「剛愎不仁」，杜預曰：「愎，很也。」《漢書·匈奴傳》「天性忿鷙」，顔師古曰：「鷙，很也。」「愎」字從复得聲，故與「蝮」通。字又作「復」，《趙策》曰「知伯之爲人，好利而鷙復」是也。《韓子·十過篇》「復」作「愎」。又作「覆」，《管子·五輔篇》曰「下愈覆鷙而不聽從」是也。

大宛列傳

大王長

「大夏與大宛同俗，無大王長，往往城邑置小長」。念孫案：「王長」當依《漢書》《漢紀》作「君長」。上文曰「條枝往往有小君長」，即其證。《太平御覽·四夷部》引《史記》正作「大君長」。

破匈奴西城數萬人

「漢遣驃騎破匈奴西城數萬人」。凌稚隆曰：「『西城』，《漢書》作『西邊』，是。」念孫案：「邊」與「城」形、聲俱不相近，若《史記》本是「邊」字，無緣誤爲「城」也。「城」當爲「域」，字之誤也。《呂氏春秋·勿躬篇》「平原廣域」，《漢書·敘傳》「方今雄桀帶州域者」，今本「域」字竝誤作「城」。又《漢書·天文志》「爲其環域千里内占」，《史記·天官書》「域」誤作「城」。域者，界也。《史記》作「西域」，《漢書》作「西邊」，其義一也。下文曰「單于復以其父之民予昆莫，令長守於西城」，「城」亦「域」之誤。上文曰：「昆莫之父，匈奴西邊小國也。」又《漢書》作「破匈奴西邊，殺數萬人」，《史記》脱「殺」字。

善眩人

「以大鳥卵及黎軒善眩人獻于漢」。念孫案：「眩」上本無「善」字。後人以上文云「條枝國善眩」，因加「善」字也。不知此言「眩人」，即是善爲眩術之人，無庸更加「善」字。《漢書·張騫傳》正作「眩人」，顔師古曰：「『眩』讀與『幻』同。」《後漢書·陳禪傳》「西南夷撣國人獻幻人」，「幻人」即「眩人」也。《索隱》本出「犂軒眩人」四字，注曰：「韋昭云：『眩人，變化惑人也。』」則無「善」字明矣。

偵而輕之

「王申生去大軍二百里，偵而輕之」。《漢書》「偵」作「負」，師古曰：「負，恃也。恃大軍之威而輕敵也。」念孫案：如《漢書注》，則《史記》「偵」字乃「偩」字之誤。《淮南·詮言篇》「自偩而辭助」，高注曰：「自偩，自恃也。」《史記·太史公自序》曰「栗姬偩貴」，又曰「偩愛矜功」，「偩」竝與「負」同。後人多見「偵」少見「偩」，故「偩」誤爲「偵」矣。

瑤池

「《禹本紀》言『河出崑崙。崑崙其高二千五百餘里，日月所相避隱爲光明也。其上有醴泉、瑤池』」。念孫案：「瑤池」本作「華池」。後人多聞「瑤池」，寡聞「華池」，故以意改之耳。《論衡·談天篇》曰：「太史公曰：《禹本紀》言『河出崑崙，其高二千五百餘里，其上有玉泉、華池』。」《藝文類聚·山部》《太平御覽·地部》《白帖·崑崙山類》引《史記》竝作「華池」。又《文選·遊天台山賦》「嗽以華池之泉」，李善注引《史記》曰「崐崘其上有華池」。又洪興祖《楚辭補注·離騷篇》曰「《禹本紀》言『崑崙山高二千五百餘里，其上有醴泉、華池』」，此注即本於《史記》。是洪氏所見本尚作「華池」，而今本作「瑤池」，則元以後淺人改之也。又案：《海内西經》「崑崙之虚方八百里，高萬仞」，郭璞曰：「自此以上二千五百餘里，上有醴泉、華池，見《禹本紀》。」是《禹本紀》自作「華池」，與他書言「瑤池」者異也。

本紀所謂崑崙者

「惡覩本紀所謂崑崙者乎」。念孫案：《索隱》本出「惡覩夫謂昆侖者乎」八字，注曰：「惡，於何也。言張騫窮河源，至大夏、于窴，於何而見昆侖爲河所出？」據此則正文本作「惡覩夫謂昆侖者乎」，「夫」字即指《禹本紀》而言。今本作「惡覩本紀所謂崑崙者乎」，疑是後人增改。《漢書》作「惡睹所謂昆侖乎」，亦無「本紀」二字。又「昆侖」作「崑崙」，亦是俗改。

余不敢言之也

「至《禹本紀》《山海經》所有怪物，余不敢言之也」。念孫案：《索隱》本出「余敢言也」四字，注曰：「余敢言也，謂《山海經》難可信耳。」據此則正文本作「余敢言也」。「也」與「邪」同。昭六年《左傳》「今豆有加，下臣弗堪，無乃戾也」，《魯語》「主亦有以語肥也」，《論語·爲政篇》「子張問：十世可知也」，《雍也篇》「仁者，雖告之曰『井有仁焉』，其從之也」，《孟子·告子篇》「然則飲食亦在外也」，「也」字竝與「邪」同。《顔氏家訓·音辭篇》：「邪者，未定之詞，北人即乎爲『也』字。」《荀子·正名篇》注：「『也』當爲『邪』。」《大戴禮·五帝德篇》「請問黃帝者人邪，抑非人邪」，《樂記》正義引此「邪」作「也」。《淮南·精神篇》「其以我爲此拘拘邪」，《莊子·大宗師篇》「邪」作「也」。《史記·張儀傳》「此公孫衍所謂邪」，《秦策》「邪」作「也」。「余敢言邪」即是不敢言，後人不達，而增字以申明之，殊爲多事。乃或改注内之「余敢言也」爲「余不敢言」者，以牽合已增之正文，則其謬益甚矣。

游俠列傳

況

「陽翟薛況」。念孫案：「況」本作「兄」，古多以「兄」爲「況」字。見《大雅・桑柔》《召旻》二篇、《管子・大匡篇》及漢《樊毅脩華嶽碑》。又《吕后紀》之「酈兄」，《漢書・翟方進傳》之「竇兄」，《儒林傳》之「翟子兄」，又《尹翁歸傳》「翁歸字子兄」，皆讀爲「況」。《索隱》本出「薛兄」二字，注曰「音況」。今本改「兄」爲「況」，而删去其音，斯爲妄矣。

藏命作姦剽攻不休及鑄錢掘冢

「以軀借交報仇，藏命作姦剽攻，不休及鑄錢掘冢，固不可勝數」。念孫案：「及」當爲「乃」，「休乃鑄錢掘冢」爲一句，「休」上「不」字，後人以意加之也。此因「乃」譌作「及」，後人不得其解，遂於「休」上加「不」字，以曲通其義耳。《漢書》作「臧命作姦剽攻，句休乃鑄錢掘冢句」，顔師古曰：「不報仇剽攻，則鑄錢發冢也。」是「休」字下屬爲句。《貨殖傳》曰「起則相隨椎剽，休則掘冢」，此又一證也。

佞幸列傳

抗

「高祖至暴抗也」。念孫案：「抗」本作「伉」。淺學人多見「抗」，少見「伉」，故改「伉」爲「抗」耳。《索隱》本出「暴伉」二字，注曰：「伉，音苦浪反。言暴猛伉直。」《酷吏傳贊》云「郅都伉直」是也。今并注文亦改爲「抗」，不知正文作「伉」，故須作音。若作「抗」，則不須作音矣。何弗思之甚也。

滑稽列傳

幸雨立

「女雖長，何益，幸雨立。我雖短也，幸休居」。念孫案：「幸雨立」本作「雨中立」。今本「雨」上「幸」字涉下「幸休居」而衍，又脱去「中」字，遂致文不成義。《太平御覽・天部》引此作「幸雨立」，亦後人依《史記》改之。《初學記・人部》、《御覽・人事部》《樂部》引此竝作「雨中立」。

宧署

「金馬門者，宧署門也」。念孫案：「宧」下脱去「者」字。《藝文類聚》《太平御覽》「居處部」及《文選・西都賦》、《别賦》注引此竝有「者」字。

行十餘日

「爲治齋宫河上，張緹絳帷，女居其中。爲具牛酒飯食，行十餘日」。念孫案：此謂居齋宫中十餘日也，「十餘日」上不當有「行」字，蓋涉下文「浮，行數十里」而誤衍耳。《太平御覽·方術部》引此無「行」字。

治鄭

「子産治鄭，民不能欺」。念孫案：「治鄭」本作「相鄭」。今作「治」者，因下文「治單父」「治鄴」而誤。《索隱》本於下文兩「治」字，皆避諱作「理」，而此獨作「相」。是正文本作「相」，非作「治」也。

日者列傳

誇嚴

「夫卜者多言誇嚴以得人情」。《索隱》曰：「謂卜者自矜誇而莊嚴，説禍福以誑言也[一]。」念孫案：「莊嚴」與「矜誇」事不相類。「嚴」讀爲「譀」。《説文》曰：「譀，誕也。」

[一] 説禍福以誑言也，《史記索隱》作「以得人情也」。

「誇，譀也。」《廣雅》同。《廣韻》引《東觀漢記》曰：「雖誇譀猶令人熱。」「誇譀」猶言「誇誕」，此謂卜者多言誇誕以惑人。「譀」與「嚴」，古今字也。《管子·法法篇》「國毋怪嚴，毋雜俗，毋異禮」，「嚴」亦與「譀」同，「怪譀」猶「怪誕」耳。

龜策列傳

松根

「伏靈者，今作「茯苓」。千歲松根也」。念孫案：「松根」本作「松脂」。後人以上文言「茯苓在地中」，故改爲「松根」，不知茯苓乃松脂所化，非松根也。《淮南·説山篇》「下有茯苓，上有兔絲」，高注曰：「茯苓，千歲松脂也。」《博物志》引《神仙傳》曰：「松脂入地，千年化爲茯苓。」《藝文類聚·木部》引《玄中記》曰：「松脂淪入地中，千歲爲茯苓。」《太平御覽·藥部》引《典術》曰：「松脂入地千歲爲茯苓。」又《御覽》及《爾雅翼》竝引《龜策傳》曰：「茯苓者，千歲松脂也。」皆其明證矣。又案：《吕氏春秋·精通篇》曰：「人或謂兔絲無根，兔絲非無根也，其根不屬也，伏苓是。」然則松脂入地爲茯苓，茯苓之氣上爲兔絲，謂茯苓爲兔絲之根則可，謂爲松根則不可。

滿百莖

「傳曰：天下和平，王道得，而蓍莖長丈，其叢生滿百莖」。念孫案：「滿百莖」本作「百莖共根」，今本有「滿」字無「共根」二字者，後人依上下文改之也。不知上下文言「滿百莖」，皆褚先生之語，此言「百莖共根」，乃褚引古傳之文，不與上下同也。《藝文類聚·草部》《太平御覽·百卉部》引此竝作「其叢生百莖共根」，無「滿」字。上文「蓍百莖共一根」，徐廣曰：「劉向云：『蓍百年而一本生百莖。』」此《洪範五行傳》語，見《藝文類聚》。《春秋繁露·奉本篇》曰：「蓍百莖而共一本。」皆其證也。邢昺《爾雅·釋魚》疏引《史記》作「滿百莖」，則所見本已誤。

有神龜在江南嘉林中

「有神龜在江南嘉林中」。引之曰：《水經·決水注》云：「灌水導源廬江金蘭縣西北東陵鄉大蘇山，褚先生所謂『神龜出於江、灌之閒，嘉林之中』，蓋謂此水也。東北逕蓼縣故城西而北注決水。」今灌水出光州商城縣，北流入決水。《漢書·地理志》曰：「廬江郡金蘭西北有東陵鄉，灌水所出。」又曰：「雩婁有灌水，北至蓼入決。」是此傳原文，本作「神龜出於江、灌之閒」，且其地在江北，非在江南。今本云「神龜在江南」，蓋後人多聞江水，少聞灌水，故以意改之耳。

務以費民

「務以費民」。「民」字與「常」、「郎」、「方」、「囊」、「彊」、「嘗」、「傍」、「行」、「祥」、「成」、「亨」、「冥」、「光」、「綱」、「長」、「亡」十六字爲韻。念孫案：「民」當爲「氓」。「氓」字古讀若「芒」，本在陽部，故與「常」、「郎」諸字爲韻。說文：「氓，從民，亡聲。」字或作「甿」，通作「萌」。《管子・輕重乙篇》「則以賜貧甿」，與「兵」、「糧」爲韻。《韓子・八姦篇》「五曰民萌」，與「牀」、「旁」、「兄」、「殃」、「行」、「强」、「方」爲韻。楊雄《幽州牧箴》「偃我邊萌」，與「康」、「唐」、「忘」、「芒」、「傍」爲韻。其「成」、「冥」二字，則閒用耕部也。若「民」字，則在真部，去陽部較遠矣。

理達於理

「理達於理，文相錯迎」。念孫案：「理達於理」，文不成義。「理達」當爲「程達」，「程」、「理」右半相似，又涉下「理」字而誤也。「程」與「呈」古字通。《廣雅》：「程，見示也。」張衡《西京賦》「侲僮程材」，薛綜曰：「程，猶見也。」灼龜爲兆，其理縱橫呈達於外，故曰「程達於理，文相錯迎」也。《太平御覽・方術部》引此正作「程達於理」。

諸靈數箣

「諸靈數箣莫如女信」。集解：「徐廣曰：『音策。』」《索隱》本作「蓛」，注曰：「『蓛』音近『策』，或『蓛』是『策』之别名，此卜筮之書，其字亦無可覈。」念孫案：《説文》《玉篇》無「箣」、「蓛」二字，此皆「莿」之誤也。今本作「箣」者，因徐廣音「策」而誤。《索隱》本作「蓛」者，「莿」字俗書作「莿」，因誤而爲「蓛」。《説文》：「莿，茦也。從艸，刺聲。」《玉篇》音「刺」。「刺」與「策」聲相近，故《索隱》曰「『蓛』音近『策』」。「莿」字又有「策」音，故徐廣音「策」。《集韻》「策，著也，或作莿」，義即本於徐廣。

求財

求財買臣妾。顧子明曰：「財」下脱「物」字，前後文竝作「求財物」。

貨殖列傳

幣

「無息幣」。《索隱》本「幣」作「弊」。念孫案：《太史公自序》「維幣之行，以通農桑」，《索隱》本亦作「弊」，注曰：「『弊』音『幣帛』之『幣』。」是《史記》「幣」字通作「弊」也。今本皆改「弊」爲「幣」，并删去其音矣。古字多以「弊」爲「幣」。《管子·四時篇》「謹禱弊梗」，《鹽鐵論·錯幣篇》「故教與俗改，弊與世易」，《太玄·玄掜》「古者寶龜而貨貝，後世君子易之以金弊」，字竝與「幣」同。《莊子·則陽篇》「摶幣而扶翼」，《釋文》作「弊」。《秦策》「必卑辭重幣以事秦」，《趙策》「受其幣而厚遇之」，姚本竝作「弊」。《趙策》「啟關通幣」，《史記·虞卿傳》作「弊」。宋本、游本、王本皆如是。《史記·司馬相如傳》「發巴蜀士民各五百人以奉幣帛」，《漢書》作「弊」。

什倍其償

「求奇繒物，閒獻遺戎王。戎王什倍其償與之畜」。念孫案：《索隱》本「償」作「當」。注曰：「謂戎王償之牛羊十倍也。」「當」字《漢書》作「償」。據此則《史記》自作「當」，與《漢書》不同。而今本作「償」，則後人依《漢書》改之也。案：「當」者，直也。見《廣雅》。謂什倍其物之直也。又案：「償」之爲言猶「當」也。《漢書・匈奴傳》「漢出三千餘騎入匈奴，捕虜得數千人還，匈奴終不敢取當」，「取當」即「取償」也。《秦策》曰「亡於秦而取償於齊」。《廣韻》：「償，當也。」則「當」與「償」亦同義，無庸改爲「償」。

果隋

「楚越之地，果隋嬴蛤，不待賈而足」。索隱曰：「隋，音徒火反。」正義曰：「『隋』，今爲『種』，今本「種」譌作「搖」。音同。果種猶種疊包裹也，今楚、越之俗尚有『裹種』之語。楚、越水鄉，足螺蛤魚鼈，民多採捕積聚，種疊包裹，煮而食之。班固不曉『裹種』之方言，脩《太史公書》述《地志》，乃改云『果蓏嬴蛤』，非太史公意，班氏失之也。」引之曰：《說卦傳》「艮爲果蓏」，京房作「果墮」，「墮」與「隋」通，則「果隋」即「果蓏」，班氏不誤。守節不識古字，乃以唐時俗語說之，甚矣其謬也。

走死地如鶩

「其在閭巷少年，攻剽椎埋，劫人作姦，掘冢鑄幣，任俠并兼，借交報仇，篡逐幽隱，不避法禁，走死地如鶩，其實皆爲財用耳」。念孫案：宋本、游本「走死地如鶩」下皆有「者」字，是也。上文「不避湯火之難」下，下文「不擇老少」下，皆有「者」字。

千章之材

「山居千章之材」。《集解》：「徐廣曰：『材，一作楸。』駰案：韋昭曰：『楸木所以爲轅，音秋。』」《漢書》作「千章之萩」。孟康曰：「萩任方章者千枚也。」念孫案：《史記》「材」字當爲「秋」字之誤。襄十八年《左傳》「伐雍門之萩」，釋文：「萩，本又作秋。」《莊子·人閒世篇》「宜楸柏桑」，《釋文》「楸」作「秋」。《史記·朝鮮傳》「封韓陰爲萩苴侯」，《漢書》「萩」作「秋」。

醬千甔

「醯醬千瓨，醬千甔」。念孫案：下句「醬」字當從《漢書》作「漿」，此涉上句而誤也。《北堂書鈔・酒食部》《太平御覽・飲食部》引《史記》竝作「漿千甔」。

鯫千石

「鮐鮆千斤，鯫千石，鮑千鈞」。集解：「徐廣曰：『鯫，音鯫。鯫，魚也。』」本作「鮿音輒，膊魚也」。說見下。索隱曰：「鯫音輒，一音昨苟反，小魚也。」又曰：「注『鯫音輒，膊魚也』，『膊』音鋪博反。破鮑不相離謂之膊。《聲類》及《韻集》雖爲此解，而『鯫生』之字見與此同。鯫者，小雜魚也。」自「鯫音輒」以下至此，今本皆删去，唯單行本有。念孫案：「鯫」音昨苟反，字從魚取聲，《說文》「白魚也」。「鮿」音「輒」，字從魚耴聲，「耴」音「輒」。《玉篇》「膊魚也」。《方言》：「膊，暴也。燕之北郊、朝鮮洌水之閒，凡暴肉謂之膊。」兩字絶不相通，此文以鮐、鮆爲一類，鮿、鮑爲一類。「鮿」音「輒」，字從耴，不從取，世人多見「取」，少見「耴」，故「鮿」誤爲「鯫」。今俗書「輒」字作「輙」，誤與此同也。「鯫千石，鮑千鈞」，當作「鮿鮑千鈞」。「鮐鮆千斤」、「鮿鮑千鈞」相對爲文，「鮿」下不當有「千石」二字，蓋因上文「榻布皮革千石」而誤衍也。當依《漢書》删。徐廣注「鯫音鯫。鯫，魚也」，當作「鮿音輒，膊魚也」。《索隱》引徐廣注正作「音輒，膊魚也」，《正義》同。考《漢書》正作「鮿鮑千鈞」，顔師古曰：「鮿，膊魚也，即今不著鹽而乾者也。鮿音輒。」是其證矣。《索隱》不用徐廣之說，乃云「鯫，音輒，一音昨苟反，小魚也」，且云「鯫生」之字與此同，是直不辨「鯫」、「鮿」之爲兩字矣。且魱爲膊魚，鮑爲鹽漬魚，見《玉篇》。二類相近，故以「魱鮑」連文，若改「魱」爲「鯫」而訓爲小魚，比之於「鮑」，斯爲不類矣。《正義》説亦與《索隱》同誤。

椎髻

「賈椎髻之民」。念孫案：「椎髻」，《索隱》本作「魋結」，注曰：「上音椎，下音髻。」今改「魋結」爲「椎髻」，而删去其音，斯爲妄矣。《陸賈傳》「尉他魋結箕踞」，《朝鮮傳》「魋結蠻夷服」，《西南夷傳》「魋結耕田」，索隱竝曰「上直追反，下音計」，正與此同。《漢書·陸賈傳》《貨殖傳》竝作「魋結」，《李陵傳》《西南夷傳》《朝鮮傳》竝作「椎結」。《史記》《漢書》皆無「髻」字。《方言》「覆結謂之幘巾」，《楚辭·招魂》「激楚之結，獨秀先些」，字竝作「結」。《説文》無「髻」字。

拙

「田農，拙業」。念孫案：「拙」本作「掘」，故徐廣《音義》曰：「古『拙』字亦作『掘』也。」後人改「掘」爲「拙」，則與《音義》相左矣。《班馬字類》引此正作「掘」，《淮南·説林篇》「所重者在外，則内爲之掘」，亦以「掘」爲「拙」。

用之富

「田農，掘業，而秦陽以蓋一州。掘冢，姦事也，而曲叔以起。博戲，惡業也，而桓發用之富。行賈，丈夫賤行也，而雍樂成以饒」。念孫案：「桓發用之富」本作「桓發用富」，「用」亦「以」也，《一切經音義》卷七引《蒼頡篇》曰：「用，以也。」與上下三「以」字互文。後人於「用」下加「之」字，則失其句法矣。《史記》多以「以」「用」互文，《秦楚之際月表序》曰「以德若彼，用力若此」，《天官書》曰「歲星出常東方，以晨，入於西方，用昏」，《老莊申韓傳》曰「儒者用文亂法，而俠者以武犯禁」，《游俠傳》曰「魯人皆以儒教，而朱家用俠聞」，《自序》曰「智足以應近世之變，寬足用得人」，皆其證也。《皋陶謨》曰「侯以明之，撻以記之，書用識哉」，《管子·小問篇》曰「臣聞取人以人者，其去人也亦用人」，《荀子·非相篇》曰「故君子之度己則以繩，接人則用抴」，《吕氏春秋·疑似篇》曰「此褒姒之所用死，而平王之所以東徙也」，《韓子·揚榷篇》曰「下匿其私用試其上，上操度量以割其下」，皆以「以」、「用」互文。

太史公自序

糲粱

「墨者亦尚堯舜道，言其德行曰：『糲粱之食，藜藿之羹。』」《漢書・司馬遷傳》同。念孫案：服虔曰「糲，粗米也」，賈逵注《晉語》曰「粱，食之精者」，見《文選・陸機〈君子有所思行〉》注。是糲粗而粱精，不得以「糲粱」連文。「粱」當爲「粢」，字之誤也。「粢」、「粱」字形相近，傳寫往往譌溷。《曲禮》「稷曰明粢」，釋文：「一本作『明粱』。」《淮南・人間篇》「飯黍粱」，今本「粱」誤作「粢」。《爾雅》曰：「粢，稷。」桓二年《左傳》曰「粢食不鑿」，《玉藻》曰「稷食菜羹」，《論語・鄉黨》曰「疏食菜羹」，「粢食」、「稷食」、「疏食」，異名而同實也。「粢」與「糲」皆食之粗者，《李斯傳》曰「堯之有天下也，粢糲之食，藜藿之羹」，《韓子・五蠹篇》曰「堯之王天下也，糲粢之食，藜藿之羹」，《淮南・精神篇》曰「珍怪奇味，人之所美也。而堯糲粢之飯，藜藿之羹」，《主術篇》曰堯「太羹不和，粢食不毇」，皆其證也。《列子・力命篇》「北宮子謂西門子曰『朕衣則裋褐，食則粢糲，子衣則文錦，食則粱肉』」，以「粢糲」與「粱肉」對言。《淮南・人間篇》「陳駢子對孟嘗君曰『臣之處於齊也，糲粢之飯，藜藿之羹。以身歸君，食芻豢，飯黍粱』」，今本「粱」誤作

「粢」，上文云「豢以芻豢黍粱」，下文云「服輕煖，乘牢良」，「良」與「粱」爲韻，今據改。以「糲粢」與「黍粱」對言，是「粱」精而「粢」粗，可言「糲粢」，不可言「糲粱」也。

聖人不朽

「聖人不朽，時變是守」。《漢書·司馬遷傳》「朽」作「巧」。顔師古曰：「無機巧之心，但順時也。」念孫案：《史記》原文蓋亦作「聖人不巧」，今本作「朽」者，後人以「巧」與「守」韻不相協而改之也。不知「巧」字古讀若「糗」，正與「守」爲韻。《韓子·主道篇》「不自操事而知拙與巧」，《素問·徵四失論》「更名自巧」，竝與「咎」爲韻。《參同契》「非種難爲巧」，與「酒」爲韻。皆其證也。上文云「以虚無爲本，以因循爲用」，「以虚無爲本」即所謂「聖人不巧」也，「以因循爲用」即所謂「時變是守」也。又云「有法無法，因時爲業。有度無度，因物與舍」，亦是此意。此皆言道家無爲之術，故顔師古曰「無機巧之心，但順時也」。《韓子·揚榷篇》亦云「聖人之道去智與巧」。若改爲「聖人不朽」，則與「時變是守」之義迥不相涉矣。《索隱》本出「聖人不朽」四字，《正義》云「言聖人教迹不朽滅」，則所見本皆誤。

諸侯謀之

「惠之早霣，諸吕不台；崇彊禄、産，諸侯謀之；殺隱幽友，大臣洞疑」。念孫案：「諸侯謀之」本作「諸侯之謀」。之，是也。若《詩》言「先君之思」、「嬿婉之求」、「維子之好」之類。言吕后崇彊禄、産而謀劉氏，故下文即云「殺隱幽友」也。後人以「謀」與「台」、「疑」韻不相協，故改「之謀」爲「謀之」，而不知「謀」字古讀若「媒」，詳見《唐韻正》。正與「台」、「疑」爲韻。且吕后稱制之時，諸侯未敢謀之也。

洞疑

「殺隱幽友，大臣洞疑」。索隱曰：「洞是洞達爲義，言所共疑也。」引之曰：《索隱》以「洞疑」爲「共疑」，其説迂而難通。「洞」讀爲「恫」。恫疑，恐懼也。言吕后殺隱王如意，幽幽王友，而大臣皆恐也。《蘇秦傳》「秦恐韓、魏之議其後也，是故恫疑虚喝，驕矜而不敢進」，《索隱》以「恫」爲「恐懼」，是也。「疑」亦「恐」也。《雜記》曰「五十不致毁，六十不毁，七十飲酒食肉，皆爲疑死」，鄭注：「疑，猶恐也。」《大戴禮·曾子立事篇》曰：「君子見善，恐不得與焉；見不善，恐其及己也：是故君子疑以終身。」《荀子·宥坐篇》「其赴百仞之谷，不懼」，《大戴禮·觀學篇》「懼」作「疑」。《管子·小問篇》曰「駮食虎豹，故虎疑焉」，是「疑」亦「恐」也。《燕世家》曰「衆人恫恐」，「恫恐」即「恫疑」也。作「洞」者，假借字耳。馮衍《顯志賦》亦曰「終悇憛而洞疑」。

來古

「比樂書以述來古」。索隱曰：「『來古』即『古來』也。言比樂書，以述自古以來樂之興衰也。」念孫案：小司馬倒釋「來古」二字，非也。「比樂書以述古來」，則文不成義。「來古」即「往古」也。「來」與「往」義相反，而謂「往」爲「來」者，亦猶「亂」之爲「治」，「故」之爲「今」，「擾」之爲「安」也。《大雅·文王有聲篇》「遹追來孝」，遹，辭也；來，往也；孝者，美德之通稱。言上追前世之美德也。前世之美德，故曰「往孝」，所謂追孝于前文人也。鄭箋訓「遹」爲「述」，「來」爲「勤」，謂「述追王季勤孝之行」，失之，辯見《經義述聞》。《晉語》「自今以往，知忠以事君者，與詹同」，《呂氏春秋·上德篇》作「自今以來」。《呂氏春秋·察微篇》「自今以往，魯人不贖人矣」，《淮南·道應篇》作「自今以來」。是「來」即「往」也。《呂氏春秋·淫辭篇》「自今以來，秦之所欲，爲趙助之。趙之所欲，爲秦助之」，《韓策》「顏率曰『自今以來，率且正言之而已矣』」，本書《秦始皇紀》曰「自今以來，操國事不道，如嫪毐、不韋者，籍其門」，皆謂「自今以往」也。

高祖

「維高祖元功，輔臣股肱」。念孫案：「祖」上本無「高」字，後人以此是述高祖功臣，因加「高」字耳。今案應劭注《漢書·文帝紀》曰「始取天下者爲祖」，故但言「祖」而其義已明，無庸加「高」字。《文選·吴都賦》注、《漢高祖功臣頌》注、《弔魏武帝文》注三引此文皆作「維祖元功」，則無「高」字明矣。下文述《荆燕世家》云「維祖師旅，劉賈是與」，又其一證也。

其極則玩巧并兼兹殖

「其極則玩巧，句并兼兹今本此下載「《索隱》曰『玩音五官反，巧音苦孝反』」。殖，此字上屬爲句。争於機利。句」念孫案：此以「其極則玩巧」爲句，《貨殖傳》曰：「故其民益玩巧而事末也。」「并兼兹殖」爲句，「争於機利」爲句。《索隱》本「玩音五官反」云云，本在「玩巧」下，今本列入「兹」字之下、「殖」字之上，則是以「其極則玩」爲句，「巧并兼兹」爲句，「殖争於機利」爲句矣，大謬。

姜姓解亡

「田闞争寵，姜姓解亡」。徐廣曰：「解，一作遷。」念孫案：「姜姓解亡」，殊爲不詞，「解」當爲「鮮」，字之誤也。凡從魚之字，或譌從角。漢《北海相景君銘》「元元鰥寡」，「鰥」字作「⿰角果」，《史記・賈生傳》「細故慸薊兮」，「薊」字作「⿱艹⿰角刂」，皆其證也。漢《魯峻石壁殘畫象》「鮮明騎」，「鮮」字作「觧」，俗書「解」字作「觧」，二形相似，故「鮮」字譌而爲「解」。《月令》「穀實鮮落」，《吕氏春秋・季夏紀》《淮南・時則篇》竝作「穀實解落」。《墨子・魯問篇》「鮮而食之」，《節葬篇》作「解而食之」。《爾雅・釋山》「小山別大山，鮮」，釋文曰「鮮，或作嶰字」。《文選・吴都賦》「嶰澗閴岡」，李善引《爾雅》曰「小山別大山曰嶰」。皆其證也。「鮮」之言「斯」也。《小雅・瓠葉》箋曰：「今俗語斯白之字作『鮮』，齊、魯之閒聲近『斯』。」《爾雅・釋詁》釋文曰：「『鮮』本或作『誓』，沈云：古『斯』字，『斯』與『鮮』聲相近，故字相通。」阮氏伯元《揅經室文集》曰：「《尚書・無佚》曰『文王懷保小民，惠鮮鰥寡』，『鮮』即『斯』字，言文王惠斯鰥寡，即祖甲『保惠于庶民，不敢侮鰥寡』之義。『斯』者，語詞，故《漢石經》及《漢書・谷永傳》竝作『惠于鰥寡』。僞孔《傳》訓『鮮』爲『少』，失之也。《釋山》曰『小山別大山，鮮』，言小山之別離於大山者曰『鮮』。『鮮』即『斯』，故《釋言》曰『斯，離也』。」謂田恒與闞止争寵，弑簡公，專齊政，而姜姓斯亡也。「鮮」與「遷」聲相近，故徐廣曰「一作遷」。若作「解」，則聲與「遷」遠而不可通矣。

傳兵論劒

「非信廉仁勇，不能傳兵論劒」。顧子明曰：「此本作『非信仁廉勇，不能傳劒論兵書』。」

「信」、「仁」爲一類，「廉」、「勇」爲一類，「劍論」與「兵書」對文。顏師〔一〕古曰：「劍論，劍術之論也。」言非信仁廉勇之人，不能傳此二術也。上文云「在趙者以傳劍論顯」，《漢書·司馬遷傳》同。服虔曰：「世善劍也。」晉灼曰：「《史記·吴起贊》曰『非信仁廉勇，不能傳劍論兵書也』。」見《集解》。是其證。今本「仁」、「廉」二字倒轉，「劍」、「論」、「兵」三字上下錯亂，又脱去「書」字。

不既信

「不既信，不倍言，義者有取焉」。念孫案：不既信，不失信也。《方言》《廣雅》竝云「既，失也」。

統業

「維我漢繼五帝末流，接三代統業」。念孫案：「統業」當從《漢書》作「絶業」，字之誤也。「絶業」與「末流」相對爲文，下文「秦撥去古文，焚滅詩書」云云，正申明「絶業」二字之意。

〔一〕師，原作「司」，據《國學基本叢書》本改。

司馬相如云「反衰世之陵夷，繼周氏之絶業」，意與此同也。若作「統業」，則非其指矣。《文選·頭陀寺碑文》「惟齊繼五帝洪名，紐三王絶業」，李善注引《史記》正作「絶業」。

俟後世聖人君子

「俟後世聖人君子」。念孫案：此本作「以俟後聖君子」，今本無「以」字，有「世」、「人」二字，皆後人所改也。哀十四年《公羊傳》曰：「制春秋之義，以俟後聖，以君子之爲亦有樂乎此也。」史公之言即本於此。案：《傳》稱「君子有樂乎此」，本指孔子言之，此稱「以俟君子」，則指後賢言之，雖意有不同而文出於彼。《詩譜序》曰「其諸君子亦有樂於是與」，亦指後賢言之，與《公羊》文同而意異。《索隱》本出「以俟後聖君子」六字，注曰「此語出《公羊傳》」，是其證。後人不知，而以意改之，謬矣。《漢書》正作「以竢後聖君子」。

索隱本異文

案：《史記》《漢書》每多古字。《漢書》顏注即附於本書之下，凡字之不同於今者，必注曰「古某字」，是以後人難於改易，而古字至今尚存。《史記》則《索隱》《正義》本係單行，其附見於本書者，但有《集解》一書，注與音皆未晐備，是以《史記》中古字多爲淺學人所改。後人以《集解》《索隱》《正義》合爲一書，乃不肯各仍其舊，而必改從今本以歸畫一，殊失闕疑之義。今《正義》已無單行本，唯汲古閣所刻《索隱》本尚存，其今本中正文、注文皆經改易者，已附辯於各篇之下，其餘異文尚多，略記百餘字，以資考正。如：「磐石」作「盤石」。《孝文紀》：「此所謂磐石之宗也。」《索隱》本「磐」作「盤」，他皆仿此。「惉滯」作「苫滯」。《樂書》：「則無惉滯之音矣。」「黄鐘」作「黄鍾」。《律書》：「黄鐘長八寸七分一。」「菽」作「叔」。《天官書》：「戎菽爲。」「髯」作「頿」。《封禪書》：「有龍垂胡髯下迎黄帝。」「佞」作「倿」。《魯世家》：「生子佞。」「第」作「弟」。《晉世家》：「君第毋會。」《陳丞相世家》：「陛下第出僞游雲夢。」《司馬相如傳》：「長卿第俱如臨邛。」「暮」作「莫」。《五子胥傳》：「吾日暮塗遠。」「礪」作「厲」。勝自礪劍。「嶺」作「領」。《商君傳》：「魏居嶺阸之西。」「効」作「效」。《蘇秦傳》：「今茲効之。」「虚喝」作「虚猲」。「是故恫疑虚喝，驕矜而不敢進」。「饜」作「厭」。《張儀傳》：「吾請令公饜事。」「輝」作「煇」。《賈生傳》：「覽德輝而下之。」「爐」作「鑪」。「天地爲爐」。「缻」作「缶」。《李斯傳》：「擊甕叩缻。」「鎰」作「溢」。「鑠金百鎰」。「壍」作「塹」。「陗壍之埶異也」。「愈」作「俞」。《蒙恬傳》：「若知賢而愈不立。」「嚮」作「鄉」。《韓王信傳》：「及其鋒東嚮。」「肮」作「亢」。《劉敬傳》：「不搤其肮。」「佯」作「詳」。《田叔傳》：「以爲任安爲佯邪。」「稚」作「穉」。《匈奴傳》：「右谷蠡王伊稚斜。」「轊」作「轊」。《司馬相如傳》：「軼野馬而轊騊駼。」「貤」作「貤」。「貤丘陵」。「烽」作「熢」。「聞烽舉燧燔」。「贍」作「澹」。「瀌沈贍菑」。「撰」作

「選」。「歷選〔一〕列辟」。「倣」作「放」。《日者傳》:「倣文王八卦。」「甗」作「檐」。《貨殖傳》:「醬千甗。」以二者相較，則《索隱》本皆古字，而今本皆俗書也。又如：「子貢」作「子贛」。《孔子世家》:「唯子貢廬於冢上。」「盤」作「槃」。《平原君傳》:「毛遂奉銅盤。」「訊」作「誶」。《賈生傳》:「訊曰。」「箕倨」作「箕踞」。《張耳陳餘傳》:「高祖箕倨詈。」「誚」作「譙」。《樊噲傳》:「誚讓項羽。」「裙」作「帬」。《萬石君傳》:「取親中裙廁牏。」「齚」作「齰」。《魏其武安傳》:「杜門齚舌自殺。」「鄗」作「鎬」。《司馬相如傳》:「酆鄗潦潏。」「崖」作「厓」。「察之無崖」。「野」作「壄」。「跨野馬」。「網」作「罔」。《酷吏傳》:「昔天下之網嘗密矣。」皆與説文相合。又如：「蒼」作「倉」。《項羽紀》:「異軍蒼頭特起。」《將相名臣表》:「張蒼爲計相。」「救」作「捄」。《十二諸侯表》:「吴王夫差十一年，救陳。」「高苑」作「高宛」。《高祖功臣侯者表》:「高苑制侯丙倩。」「莊」作「壯」。「棘陽莊侯杜得臣。涅陽莊侯吕勝。中水莊侯吕馬童。菌莊侯張平」。「陸梁」作「陸量」。「陸梁侯須毋」。「恭」作「共」。《惠景閒侯者表》:「管恭侯劉罷軍。楊虚恭侯劉將廬。」《建元以來王子侯者表》:「牟平恭侯劉渫。」「陪」作「倍」。《建元以來王子侯者表》:「陪繆侯劉明。」「條侯」作「脩侯」。《將相名臣表》:「中尉條侯周亞夫。」「噍殺」作「焦殺」。《樂書》:「其聲噍以殺。」「大荒落」作「大芒落」。《曆書》:「彊梧大荒落四年。」「協洽」作「汁洽」。「作噩」作「作鄂」。「涒灘」作「汭漢」。竝同上。「藩」作「蕃」。《天官書》:「環

〔一〕選，當作「撰」。

之匡衛十二星藩臣。」「婺女」作「務女」。同上。「橢」作「隋」。《平準書》：「三日復小橢之。」「管」作「筦」。「欲擅管山海之貨」。「犂鉏」作「犂且」。《齊世家》：「犂鉏曰。」「闞止」作「監止」。「闞止有寵焉」。「徐州」作「徐州」。「田常執簡公于徐州」。「費王」作「弗王」。《晉世家》：「子穆侯費王立。」「荀躒」作「荀櫟」。《趙世家》：「荀躒言於晉侯。」「熒惑」作「營惑」。《孔子世家》：「匹夫而熒惑諸侯者。」「圯」作「汜」。《留侯世家》：「步游下邳圯上。」「旗」作「期」。《三王世家》：「降旗奔師。」「佚」作「軼」。「毋侗好佚」。「寓」作「偶」。《老子韓非傳》：「大抵率寓言也。」「端木賜」作「端沐賜」。「漆雕開」、「漆雕哆」、「漆雕徒父」，「漆雕」竝作「漆彫」。「公伯僚」作「公伯繚」。「公堅定」作「公肩定」。「申黨」作「申堂」。「公西蒧」作「公西箴」竝《仲尼弟子傳》。「舫」作「枋」。《張儀傳》：「舫船載卒。」「得」作「德」。《孟嘗君傳》：「齊湣王不自得。」「屩」作「蹻」。躡屩而見之。「洒」作「灑」。《范雎傳》：「群臣莫不洒然變色易容者。」「馳」作「施」。譬若馳韓盧而搏蹇兔也。「愍」作「惛」。《屈原傳》：「離愍之長鞠。」「誹」作「非」。「誹俊疑桀」。「賈誼」作「賈義」。《賈生傳》。「洛」作「雒」。《呂不韋傳》：「食河南洛陽十萬户。」「匣」作「柙」。《刺客傳》：「秦舞陽奉地圖匣。」「辯」作「别」。《李斯傳》：「辯白黑而定一尊。」「渡」作「度」。《淮陰侯傳》：「陳船欲渡臨晉。」「革」作「卑」。「革山而望趙軍」。「狡兔」作「郊兔」。「狡兔死」。「湩」作「重」。《匈奴傳》：「以示不如湩酪之便美也。」「廬朐」作「盧朐」。「築城鄣列亭至廬朐」。「稽且」作「稽沮」。《衛將軍驃騎傳》：「捕稽且王。」「敝」作「弊」。《主父傳》：「靡敝中國。」「勞浸」作「勞寑」。《西南夷傳》：「其旁東北有勞浸靡莫。」「諸蔗」作「諸柘」。《司馬相如傳》：「諸蔗猼且。」「雕胡」作「彫胡」。「東蘠雕胡」。「衈削」作「戍削」。「揚衪衈削」。「嫳珊」作「盤姍」。「勃窣」作「勃猝」。「嫳珊勃窣上金隄」。「酆」作「豐」。「酆鄗潦潏」。「踰」作「隃」。「踰波趨浥」。「鷛鸈」作「鷛渠」。「煩鶩鷛鸈」。「鷏鴜」作「葴鴜」。「鷏鴜鵁鸕」。「鮮枝」作「鮮支」。「鮮枝黃礫」。「榙樑」作「荅遝」。「榙樑荔枝」。「胥餘」作「胥邪」。「留落胥餘」。「卉吸」作「卉歙」。「瀏莅卉吸」。「嫺」作「閑」。「姣冶嫺都」。「筰」作「笮」。「邛筰之君長」。「浸潯」作「浸淫」。「浸潯衍溢」。「昡滑」作「泫滑」。「紅杳眇以昡滑」。「漨」作「逢」。「漨涌原泉。」「經」作「徑」。《大宛傳》：「經匈奴。」「導」作「道」。「爲發導驛抵康居」。「黎軒」作「犂軒」。「北有奄蔡黎軒」。「謫」作「適」。《滑稽傳》：「罰謫譖之者。」「竿」作「干」。《貨殖傳》：「竹竿萬个。」「黿」作「蚖」。《太史公自序》：「黿鱓與處。」亦可見古書多假借之字，故并記之。